MARIA VENEGAS

Chaleco antibalas

Maria Venegas nació en Zacatecas y emigró a Estados
Unidos cuando tenía cuatro años. Ha escrito para *The
New York Times Book Review*, y sus relatos han sido publi-
cados en *Granta*, *The Guardian*, *Ploughshares* y *Huizache*.
Chaleco antibalas es su primer libro. Enseña escritura cre-
ativa en la Universidad Wesleyan y es tutora de un programa de lectura y escritura para niños, Still Waters in
a Storm, en Bushwick, Brooklyn. Actualmente vive en
Nueva York.

Chaleco antibalas

Chaleco antibalas

Corrido
de un prófugo
y su hija

MARIA VENEGAS

Traducción de Laura Lecuona

VINTAGE ESPAÑOL
Una división de Penguin Random House LLC
Nueva York

PRIMERA EDICIÓN VINTAGE ESPAÑOL, FEBRERO 2016

Información de catalogación de publicaciones disponible en la Biblioteca del Congreso de los Estados Unidos.

Algunas partes de este libro son adaptaciones de material anteriormente publicado en *Granta*.

Algunos nombres y detalles particulares sobre ciertas personas y lugares fueron cambiados para proteger la privacidad de los involucrados.

Vintage Español ISBN en tapa blanda: 978-1-101-97219-9

Para venta exclusiva en EE.UU., Canadá, Puerto Rico y Filipinas.

www.vintageespanol.com

Impreso en los Estados Unidos de América
10   9   8   7   6   5   4   3   2   1

Para mi querido viejo

José Manuel Venegas. Zacatecas, México, 1967

No sería extraño que yo no tuviera padre y que me hubiese muerto una noche, veinte años antes de haber visto la luz. No sería extraño que sólo pudiera salvarme yendo… al lugar donde mi vida ya había cesado antes de haber comenzado realmente.

WILLIAM FAULKNER, *Luz de agosto*

EMBOSCADA

Zacatecas, México, 1998

La carretera rural 44 es el único camino de México que lleva de las cantinas de Valparaíso de vuelta a su rancho. A menos que decida pasar la noche en un burdel, tarde o temprano estará en esa carretera. Pero helo ahí, parado frente a la barra: un pie sobre el tubo de cromo, en el que encaja el tacón de su bota vaquera, con una cerveza en la mano y los músicos tocando un corrido sólo para él.

Pide una cerveza fría para el camino, paga la cuenta. Las llantas de su camioneta Chevrolet gris se adhieren al concreto; el vehículo se sacude con cada cambio de velocidad. Las luces de Valparaíso se debilitan a la distancia mientras él se dirige hacia la quietud de la noche desértica. Mete una cinta en la casetera y sube el volumen. El hedor de algún animal muerto llena la cabina. Tambores y trompetas salen tronando de la gran bocina que instaló detrás de su asiento; cada nota retumba en él al oír un corrido tras otro: baladas sobre héroes, forajidos y bandoleros de tiempos pasados.

Su música y las estrellas allá arriba son su única compañía. La camioneta da volantazos a voluntad. Los faros cortan la negra oscuridad. Insectos cruzan de un lado a otro frente a las luces: algunos golpean contra el parabrisas y dejan manchas lechosas sobre el vidrio. Pasa la zanja donde su amigo y él hace poco cayeron en un accidente; aquella vez la camioneta dio dos vueltas antes de chocar contra un mezquite; se quedó seis horas con el brazo atrapado en el cofre, hasta que alguien los encontró. Más vale ir despacio y con cuidadito, piensa. Irse por en medio de la carretera, no queremos terminar besando a un árbol otra vez.

Las luces alumbran las calaveras de un coche azul parado a un lado del camino, frente al matadero. Pobre pendejo, piensa. Pasa a vuelta de rueda frente al carro y ve que está vacío. Da un trago a la cerveza y por el retrovisor ve los faros de una camioneta que se acerca. Enseguida está pegada a él, echándole las luces con desesperación, prácticamente empujándolo para que se haga a un lado. Él se desvía ligeramente hacia el acotamiento para dejarla pasar. La camioneta acelera hecha una furia y muy pronto desaparece en la única curva del camino que va de la ciudad a su casa. Ha de traer prisa. Alarga el brazo para tomar la cerveza, pero antes de que la lata toque sus labios, su camioneta se ilumina con una lluvia de balas. Cada músculo de su cuerpo se contrae y lo jala hacia el volante. Una presión caliente perfora su cuerpo, las balas pasan rozando su cuero cabelludo y le chamuscan el pelo. A su alrededor, el vidrio se hace añicos mientras la camioneta se detiene por completo. La música se ha interrumpido: la bocina detrás de su asiento está retacada de plomo.

El ruido de su respiración llena la cabina y un chorro caliente le baja por la cara y el cuello. Por el espejo lateral, todo agrietado, ve encenderse los faros del coche azul. De las cunetas a ambos lados del camino surgen dos hombres con cuernos de chivo: corren por enfrente de las luces y se trepan al coche de un brinco. Las llantas rechinan al arrancar a toda velocidad en la dirección opuesta. Pinches culeros, piensa, viendo las rojas luces traseras desaparecer a la distancia.

Les reza a la Virgen de Guadalupe, al santo Niño de Atocha, a san Francisco de Asís, a cualquier santo que lo quiera escuchar. Pueden pasar horas antes de que otro coche pase por ahí, y la sangre ya está acumulándose adentro de su camisa y el brazo derecho se le empieza a entumecer. Mira las llaves, que siguen metidas en el interruptor. Se estira para alcanzarlas, suavemente les da la vuelta y, para su sorpresa, la camioneta se enciende enseguida. Es un pinche milagro. Alcanza la palanca de velocidades con perilla de alacrán, consigue moverla a *drive*. Momentos después ha dejado atrás la curva y va lentamente camino a casa.

Los ruidos del metal que cruje y del vidrio hecho añicos llenan la cabina de la camioneta. Da vuelta a la izquierda en el camino de tierra que lleva a La Peña. La camioneta gana velocidad al bajar por la pendiente y se tambalea con fuerza al pasar por los baches que dejaron las riadas con las últimas lluvias. Pasa volando frente al altar a la Virgen de Guadalupe y se santigua con la mente: arriba, abajo, izquierda, derecha. La camioneta se desliza hacia el río, sube lentamente por la ligera pendiente al otro lado y alcanza la entrada a La Peña. Sólo que con el ascenso ha perdido velocidad, y mientras sigue acumulándose la sangre en su camisa, la vista se le empieza a nublar. La camioneta pasa despacio frente a la iglesita de piedra caliza; la campana está quieta y silenciosa en la torre. Ya alcanza a verse la entrada al patio de su casa. El brazo derecho se le cae del volante, y la camioneta vira y se sale del camino de tierra para chocar contra un muro de concreto. Se abre el cofre; lanza vapor caliente silbando hacia la noche fría.

Él se queda dormido, se despierta, abre la puerta y pierde la conciencia.

Se oyen ladridos a lo lejos; parecen estar pasando por un largo túnel frente a él. Luego siente unas garras clavándosele en el hombro, lenguas húmedas deslizándosele por la cara y el cuello. Abre los ojos y sus dos perros están frente a él parados en las patas traseras. Se inclina hacia ellos y se cae de la camioneta. Una nube de polvo lo envuelve al golpear el suelo. Se incorpora y se recarga en el vehículo. Echa mano de toda su fuerza para arrastrarse hacia la casa. Tambaleándose, sube por el camino de tierra, pasa frente a los dos eucaliptos donde duermen los pollos, por los troncos de encino que cortó hace poco, y finalmente llega a la reja del patio, la empuja, y pasa a trompicones por la jaula del periquito, el tanque de propano, la media llanta llena de agua para los perros, las plantas en grandes latas oxidadas acomodadas a lo largo del muro de concreto, hasta finalmente alcanzar la puerta azul de metal de la casa. Allí se desploma.

En las primeras horas de la madrugada, cuando los pollos siguen acurrucados en sus árboles y aún se respira el fresco de la noche, doña Consuelo, la anciana que vive al otro lado del camino, sale a dar su caminata matutina. Se acomoda la pañoleta en la cabeza y se recarga en un bastón mientras se encamina a la iglesia con su chihuahueño, que brincotea junto a ella. Dobla la esquina y ahí está, apretujado contra el muro, como un pájaro metálico al que le hubieran disparado en la noche, el pellejo cubierto de balas. Tan sólo en la puerta del lado del conductor hay más de cuarenta agujeros. Las ventanas están hechas añicos; la puerta sigue entreabierta, el asiento cubierto de sangre. Empiezan a circular los rumores: *José está muerto. Bañado de plomo. Su camioneta completamente destruida.*

Para cuando la noticia cruza el desierto, atraviesa alambradas, viaja en dirección al norte y llega al otro lado, hay historias encontradas.

—¿Supiste lo de apá? —mi hermana Sonia llamó para preguntarme.

—No —le respondo; estoy en el trabajo, tratando de decidir qué pedir de comida—. ¿Qué pasó?

—Le tendieron una emboscada —explica—. Parece ser que fueron dos tipos con ametralladoras.

—Oh —sigo ojeando el menú—; ¿entonces está muerto?

LIBRO UNO

1. CHALECO ANTIBALAS
Afueras de Chicago, 1987

El primer disparo me hace despertar con un sobresalto. Me quedo acostada en la cama y miro fijamente las dos lucecitas rojas intermitentes de mi despertador: 12:35 a.m. Es jueves a medianoche y mi padre ha estado jugando cartas con los vecinos. Casi puedo ver la boca de la pistola apuntando a su objetivo, y entonces resuena el segundo disparo, y el tercero... Hay algo diferente. Cada vez que bebe y dispara su .45 lo hace en veloz sucesión, cuatro o cinco balas una tras otra en el pasto de la entrada o afuera, hacia el cielo nocturno.

Mi hermana Sonia es la primera en levantarse. Oye a alguien tosiendo, como si se estuviera atragantando, afuera de la ventana de su cuarto. Sale y camina rodeando la casa, sigue la raya roja a lo largo del revestimiento de aluminio blanco. Mi padre está recargado en la pared, abajo de la ventana de su cuarto. Está cubierto de sangre; la pistola sigue en su mano.

—Escóndala —dice, y le da el arma. Sigue caliente al tacto. Ella la toma y lo ayuda a entrar a la casa.

Para cuando salgo de mi recámara, él está de pie en medio de la sala, balanceándose suavemente hacia adelante y hacia atrás. Está viéndome a mí, pero su mirada se siente como si estuviera viéndome desde la cima de una montaña lejana. Mi madre está junto a él, en su camisón blanco, presionando una toalla contra su barbilla.

—Se está desangrando. Se está desangrando. Se está desangrando —le dice mientras la toalla se empapa y delgadas líneas rojas le escurren por el brazo hacia el camisón. Quita la toalla y la vuelve a acomodar.

Bajo su barbilla hay un tajo como de cinco centímetros. Sangre espesa fluye de ahí y le resbala por el cuello. Su camiseta blanca ya está empapada. En el piso de madera se está formando un charco oscuro que avanza hacia mis pies descalzos. Dice algo entre dientes sobre ese pinche pendejo, algo de que alguien lo instigó a esto. Pero que junto con él, todos esos culeros dan vueltas en círculos, como perros persiguiendo su cola. Que él no se va a pudrir en la cárcel por culpa de ese hijo de su puta madre.

—¡Salvador! —llama a gritos a mi hermano, hace a un lado a mi madre, atraviesa a trompicones el comedor, choca contra el aparador y hace temblar la vajilla. Se mete a su recámara y le grita a Salvador que mueva el coche a la parte de atrás.

Salvador hace lo que le ordena, y para cuando mi padre sale de su cuarto ya hay luces rojas y azules destellando a través de todas las ventanas de la casa y bailoteando en su cara. Sale por la puerta trasera, trepa por la alambrada y atraviesa agachado el jardín trasero del vecino. Salvador, sentado en el coche con el motor encendido y los faros apagados, está esperando en la siguiente calle. Mi padre se sube en el asiento trasero, se acuesta, y Salvador arranca. Hay un trajín de llantas rechinando y sirenas de policía en toda la casa.

—Dios nos tenga en su santa mano —ruega mi madre en voz alta.

Al poco tiempo las sirenas se pierden en la distancia, mientras allá afuera, en la carretera 45, Salvador está pisando a fondo el acelerador, pasándose los altos y zigzagueando en el tráfico mientras un enjambre de luces y sirenas lo empieza a cercar. Mi padre todo el tiempo le grita que acelere y que no se detenga, pase lo que pase. Pero un poco más adelante una fila de patrullas está bloqueando el camino, y los policías ya están colocados tras las puertas abiertas con las pistolas desenfundadas. Salvador golpea el freno, echa el carro en reversa, pero antes de que pueda acelerar, una patrulla se detiene derrapando atrás de él. Una voz que brama por el megáfono le ordena que ponga las manos donde puedan verlas. Suelta el volante y levanta las manos despacio, viendo cómo cuatro policías con la pistola apuntándole se acercan y le gritan que salga del carro.

—Tengo que llevar a mi padre al hospital —dice Salvador, señalando con la cabeza hacia el asiento trasero—; se está desangrando.

Un policía apunta su linterna hacia mi padre, que está inconsciente y con toda la ropa empapada de sangre. Una patrulla los escolta al hospital más cercano, que está a quince minutos de camino.

Una hora después, mis dos hermanos menores y yo estamos afuera, recargados en la alambrada al lado de la casa de Rocky, nuestro perro. Aunque son casi las dos de la mañana, se siente como mediodía. Patrullas con luces intermitentes se extienden desde nuestra entrada iluminando toda la cuadra. Todos los vecinos están en la calle. La colombiana que vive en la acera de enfrente está parada en su porche con las manos sobre los hombros de su hija. La anciana blanca que vive sola en la casa de tres pisos junto a la de la colombiana mira desde atrás de su puerta mosquitero. Las cinco niñas güeritas que viven al lado nos miran boquiabiertas del otro lado de la alambrada, en piyama, formando una fila atrás de su madre, con los dedos enganchados de la cerca. Algunos policías escudriñan el jardín del frente con sus linternas; se asoman debajo de la mesa para picnic y alrededor de la morera cerca de la entrada. Mateo y Julio, que viven al final de la calle y que van en mi salón, están del otro lado de la cinta amarilla. Mateo me saluda con la mano y yo le devuelvo el saludo. Salvador pasa por abajo de la cinta, pero lo detiene un hombre que lleva una cámara colgada del cuello.

Uno de los policías se abre paso hacia nosotros mientras ilumina con su linterna la hortaliza de calabacitas y jitomates que sembró mi madre, con retoños a todo lo largo de la alambrada que separa nuestra casa de la casita azul de junto, donde viven seis hombres mexicanos. La policía los interroga y los observamos hacer una recreación de la escena alrededor de su mesa de jardín: cómo Joaquín atacó a mi padre con un cuchillo, mi padre lo hizo a un lado, Joaquín se le fue encima de nuevo e intentó clavárselo por la izquierda o por la derecha, y finalmente le clavó el cuchillo por abajo de la barbilla. Mi padre sacó su pistola y le disparó una vez. Joaquín se cayó hacia atrás dando traspiés, se levantó y lo volvió a atacar. Mi padre le dio otros dos disparos.

—Hola —nos dice en español el policía. Pone una rodilla en el suelo, apunta su linterna hacia la casa de Rocky y se asoma. Rocky gruñe.

—¿Qué clase de perro es? —pregunta el policía, ya en inglés.

—Es un dóberman —responde Jorge.

—¿Es amigable?

—A veces.

Apaga la linterna y se pone de pie.

—¿Cómo se llama?

—Rocky.

Se sacude pedacitos de pasto del pantalón.

—¿José es su padre?

—Ajá —asentimos con la cabeza.

Nos mira, aprieta los labios e inhala profundamente. Los orificios nasales se le ensanchan.

—¿Es bueno con ustedes?

—Ajá —respondemos con indiferencia.

—Menos cuando está borracho —dice Yesenia.

—Sí, cuando se emborracha puede ser malo —dice Jorge.

El policía voltea a verlo, luego a Yesenia y luego a mí.

—¿Les pega?

"No"… "Sí"… "A veces"…, decimos uno encima de otro.

—Sólo cuando nos portamos mal —dice Yesenia.

Él la mira, cruza los brazos y echa la cabeza atrás, como si estuviera contando estrellas.

—¿Y tienen idea de dónde pueda estar su pistola?

Mi hermano y yo nos encogemos de hombros.

—Sonia la tomó —dice Yesenia—, y…

Me pongo atrás de ella y le pellizco el brazo. Se queda callada. El policía la mira, luego a mí, y dice que si sabemos dónde está la pistola y no les decimos podríamos meternos en problemas. Nos sigue a la casa; los otros policías están en la sala, buscando abajo de los cojines, atrás de la televisión, adentro del aparador, abajo de la mesa del comedor.

—No vayan a decir en dónde está la pistola —masculla mi madre en español cuando entramos en la casa.

—Amá, ya saben —le digo.

—Ni se les ocurra decir nada de las otras pistolas —dice entre dientes.

—¿Qué dijo? —pregunta el policía.

—Nada —respondemos mientras nos dirigimos al cuarto de Sonia.

El policía levanta la almohada y allí está la .45 de mi padre, negra y pesada, sobre la sábana con estampado de amibas. Saca su *walkie-talkie*.

—Arma homicida localizada —dice por el aparato.

Enseguida llegan más policías al cuarto. Una agente, con guantes blancos de látex, levanta la pistola y la echa en una bolsa de plástico transparente. Seguimos a los oficiales de regreso a la sala, donde hay todavía más policías. La frase "Arma homicida localizada" brinca entre la estática de sus *walkie-talkies*.

—¿Tu papá tiene más armas en la casa? —pregunta uno.

Le decimos que no, a pesar de que en el clóset detrás de la mesa del comedor hay un baúl de acero lleno de rifles, pistolas y ametralladoras.

Al día siguiente en un periódico mencionan a Salvador y lo describen como un vecino sin parentesco con José Venegas. El titular dice: UN HOMBRE MUERTO Y OTRO GRAVEMENTE HERIDO TRAS DISCUTIR SOBRE CERVEZA. Según los periódicos, todo empezó por una discusión sobre quién se tomaría la última cerveza. Desde ese día no creo nada que haya leído en el periódico. Sabíamos que no tenía nada que ver con la cerveza. Joaquín probablemente ni siquiera había terminado de desempacar sus pertenencias en la casa de al lado cuando los hombres de las cantinas del rumbo ya le estaban advirtiendo a mi padre que se cuidara, que no bajara la guardia con su nuevo vecino. A mi madre se lo advirtió incluso un hombre en la iglesia, el gerente de una fábrica de marcos para foto, que había oído a los trabajadores, casi todos mexicanos, hablar de cómo alguien había contratado a Joaquín para matar a mi padre.

No era fácil saber quién o por qué, pues mi padre había dejado un puñado de enemigos en México. Que nosotros supiéramos, hasta podían haber sido los tres hermanos que mataron a Chemel, mi hermano mayor, seis meses antes. Debían de saber que sólo era cuestión de tiempo para que mi padre regresara a México para vengar a su hijo, así que a lo mejor pensaron que debían atacar antes. O quizá se habían enterado de las llamadas telefónicas que había estado haciendo mi padre para ofrecer un intercambio de cabezas: tú te encargas de éste por mí y yo luego me encargo de otro por ti.

Mi padre pasa dos semanas en el hospital en terapia intensiva. Después de la escuela pasamos a visitarlo.

—Su padre tiene suerte de estar vivo —dice el doctor, y nos explica cómo la yugular se salvó de la navaja por un pelo, pero si la hubieran cortado se habría desangrado y muerto en pocos minutos. Me siento junto a su cama y veo fluidos oscuros escurriendo por el tubo azul de plástico sujeto al corte bajo su barbilla, y pienso que quizá morirá, que quizá merezca morir. Si yo pudiera intercambiar cabezas, daría la suya para tener a mi hermano de vuelta. Para entonces se rumoraba que el asesinato de mi hermano tenía algo que ver con mi padre, por alguna vieja *vendetta* o algo. Oímos que alguien había pagado para que mataran a José Manuel Venegas, y habían matado al equivocado. Hasta mi madre decía que era culpa de mi padre. Según ella, Dios se había llevado a mi hermano para "ocuparse" de mi padre: eso era lo único que haría a mi padre rendirse a los pies del Señor de una vez por todas. Mi madre ya se había rendido: unos años antes había renunciado al catolicismo y se había convertido en una cristiana renacida.

Poco después de que dieran de alta a mi padre empezamos a oír nuevos rumores. Había dos hermanos de Joaquín en la zona y habían estado haciendo preguntas: ¿Dónde vive José? ¿Cuántos hijos tiene? ¿Cuántos hombres y cuántas mujeres? Mi padre se compra un chaleco antibalas, negro y pesado, y antes de salir de la casa por las tardes se lo pone sobre la camiseta y abrocha las correas de velcro. Luego se pone encima la camisa vaquera y se la mete en los jeans.

—¿Se nota que traigo puesto un chaleco? —nos pregunta mostrando un lado y luego el otro.

—Un poco —le decimos, señalando la hebilla con forma de herradura de su cinturón, que parece estar presionando el borde inferior del chaleco—. ¿Y si se sacas un poco la camisa?

Vuelve a fajarse la camisa pero ahora la deja un poco más suelta y se pone encima un chaleco de cuero negro.

—¿Todavía se nota?

—No, ya no —respondemos.

Guarda una de sus pistolas atrás de sus Wranglers, coge su sombrero vaquero negro y sale por la puerta: metal, cuero, chaleco antibalas… Indestructible.

A principios de octubre empieza a preparar su viaje anual a México. Compra ropa blanca y una licuadora para su madre, y camisetas Hanes, calcetines y una televisión pequeña para su padre. Buscamos entre los clósets y vamos amontonando en una esquina del comedor todo lo que ya no usamos. El día anterior a su partida saca sus pistolas de los baúles del clóset y las ordena en el suelo de la sala. Forra cada una por separado en varias capas de papel de aluminio y luego las envuelve en toallas de la fábrica en la que mi madre trabaja. Cada toalla tiene su propio estampado brillante: mariposas amarillas, rosas rojas o flamencos rosados; todas huelen a la misma tintura a la que huele mi madre cuando regresa del trabajo. Por último, ciñe cada artilugio con cinta para ductos. Acomoda la mayoría de los bultos en el fondo de los baúles de acero y los cubre con la ropa que habíamos apilado en el comedor.

Esa noche vienen sus dos amigos y lo ayudan a equipar su camioneta gris. La suben a dos rampas rojas de metal en la entrada, abren el cofre, quitan la llanta de refacción de atrás, les arrancan a las puertas los paneles interiores y meten allí los artilugios que no cupieron en los baúles. Carlos, el puertorriqueño que va a ir con mi padre de copiloto, llega unas horas después con una maleta de lona y una gran sonrisa. Está emocionado porque nunca ha ido a México. Tampoco tiene idea de que según los papeles él es el legítimo propietario de la camioneta gris con asientos rojos de piel. Parten antes del amanecer, cuando todavía está oscuro, y cuando nos levantamos y nos alistamos para la escuela mi padre tiene horas de haberse ido.

—Su padre nunca volverá —nos dice mi madre unos días después.

—¿Cómo sabe? —preguntamos.

—Porque Dios me mostró en una visión que se lo llevaba para siempre. Además, se llevó todas sus cosas.

—¿Ah, sí?

—Sí —dice—; no dejó una sola cosa, ni en el clóset, ni en la cómoda ni en ningún lado. Nada.

Qué cobarde, pienso. Él provocó todo este relajo, ¿y qué hace? Se compra un chaleco antibalas y se va. Huyó, se puso a salvo, y ni siquiera tuvo las agallas para despedirse.

Tras su partida empezamos a observar ciertas cosas, como los dos hombres que estacionan su carro negro y se sientan en la acera frente a nuestra casa por la mañana. Salimos por la puerta trasera, brincamos la alambrada, atravesamos el jardín del vecino y tomamos el camión en otra calle. De noche oímos ruidos. Cada vez que oigo algo afuera de mi ventana me bajo de la cama a la alfombra y me arrastro con los codos hacia la sala, donde, cerca del frío piso de madera, normalmente choco con alguna de mis hermanas. Ellas también oyeron un ruido. Gateamos hacia el teléfono, estiramos el brazo para bajarlo de la repisa y ponerlo en el suelo, marcamos 911.

—Novecientos once, ¿cuál es su emergencia? —pregunta la operadora.

—Alguien está tratando de entrar a nuestra casa —susurramos.

Al poco tiempo oímos patrullas que pasan como bólidos por la calle de atrás, por la calle de adelante, y acelerando rodean la casa con las luces y sirenas apagadas. Sentadas abajo de la repisa, respirando en el auricular, vemos a las linternas abrirse paso desde las ventanas de la cocina hasta las ventanas de la sala.

—¿Señorita? ¿Bueno, señorita, está usted ahí? —pregunta la operadora.

—Sí —susurramos.

—Parece que no hay moros en la costa —dice—. Hay un policía en su puerta; ábrale, por favor.

Mi madre se despierta cuando tocan a la puerta.

—¿Qué andan haciendo? —dice; sale de su recámara con su camisón blanco; los tirantes le caen como a la mitad del brazo—. ¿Otra vez llamaron a la policía? —pregunta bostezando—. Ay, no, no, no; la próxima vez nos van a querer cobrar.

—Amá, es el novecientos once. Es gratis —decimos mientras le abrimos la puerta al policía.

—¿Exactamente dónde oyeron el ruido? —pregunta.

—Afuera de esa ventana —digo señalando hacia la recámara que Yesenia y yo compartimos.

—¿Como a qué sonaba? —da unos pasos hacia la puerta de la recámara, alumbra entre las literas—. ¿Sonaba como si alguien estuviera tratando de abrir la ventana?

—Ajá —dice Yesenia—; era un ruido como de arañazos.

Otras veces había sido una sombra afuera de la ventana de la sala, unos golpecitos en la puerta trasera, un ruido extraño en el porche. El policía voltea a ver a mi madre y luego de nuevo a nosotros.

—¿Dónde está José? —pregunta.

—En México —decimos.

—¿Cuándo regresa?

—No va a regresar.

—¿No tiene una fecha para acudir al tribunal? —pregunta. Aunque se demostró que había sido en defensa propia, mi padre estaba libre bajo fianza y tenía pendiente comparecer ante un juez por posesión de un arma no registrada.

Nos encogemos de hombros.

El policía nos mira como si estuviera contemplando algo.

Años después Sonia se topó con un policía retirado de esa población.

—Los niños Venegas... —le dijo—. Solíamos hablar de ustedes en la comisaría. Nos preocupaba qué sería de ustedes.

Quizá lo que les preocupaba era que cuando creciéramos siguiéramos dándoles mucho que hacer.

—¿No podría estacionar una patrulla en nuestra entrada y dejarla allí? —pregunto, aunque ya hemos hecho esta petición y les hemos hablado de los hermanos de Joaquín. Pero como no nos han amenazado directamente, y no sabemos cómo se llaman ni podríamos describir su aspecto, no hay nada que la policía pueda hacer para protegernos.

—Tal vez deberían cambiarse de casa —dice.

Tras la partida de mi padre siempre nos llegan noticias de su paradero. Yo estoy segura de que sólo es cuestión de tiempo para que aparezca muerto: de un tiro de los federales, en un pleito de cantina, en la cárcel o prensado en su camioneta la enésima vez que se sale de la carretera. Sé que tarde o temprano recibiremos esa llamada, y supongo que estaré preparada. Nos enteramos de que ya está en México, luego en Colorado, luego de regreso a México, en la cárcel. Cuando sale de la cárcel regresa a La Peña, la vieja hacienda donde nació y creció. La casa lleva varios años abandonada; me imagino que llega sin otra cosa que algunas prendas de ropa a la espalda, unos pesos en el bolsillo y la cuerda que tejió en la cárcel colgada del hombro. Quizá saque del pozo una cubeta de agua fría y se eche un poco en la cara antes de entrar y abrir los postigos de metal, desempolvar las sillas de montar y rescatar ese espacio de los alacranes que lo han infestado.

Es allí donde está viviendo cuando años después voy a visitarlo. Después de la primera visita, finalmente regreso y paso con él los veranos y las fiestas decembrinas, y cuando no está arreando al ganado o poniéndoles alambre de púas a unos postes, empieza a contar historias. Un lazo le recuerda una de las últimas conversaciones que tuvo con su padre. De allí va encadenando historias hasta llegar a la vez que lo extraditaron de Estados Unidos por asesinato. Luego va más atrás, hasta que estaba recién casado y los federales le hicieron una tajada en un rodeo. Con los años me doy cuenta de que él sigue volviendo a las mismas historias, como si hubieran estado grabadas y él fuera la aguja atorada en un surco que siempre vuelve sobre lo mismo. Había identificado los momentos definitorios de su vida, y aunque podía localizar con exactitud los ires y veni-res que lo habían moldeado por el camino, no había nada que pudiera hacer para librarse de su pasado.

Al hacerme partícipe de sus historias, lo que intenta es tal vez explicar por qué tuvo una vida tan violenta y autodestructi-va, o quizá entender qué camino lo condujo de vuelta al mis-mo rincón polvoriento del mundo en donde comenzó su vida y donde acabaría también. Doce años después de la emboscada, los agentes federales lo encontrarán cerca de la misma curva, al pie de un huizache, con el cráneo aplastado contra el tronco.

Después de su muerte, sus vecinos, parientes e incluso mi madre parecen ansiosos por contar historias sobre él, y, más allá de ligeras variaciones, son las mismas historias que él mis-mo contaba. Era como si ya hubiera escrito la balada de su vida, su propio corrido.

2. MÉNDIGO COJO

—¿Qué relación dijo que tiene con el paciente, señor? —pregunta la mujer tras el mostrador, levantando la vista de su tabla.

—Soy su primo segundo —dice aclarándose la garganta, y posiblemente la manera de juguetear con su abrigo o su modo de recorrer el vestíbulo con la mirada lo estén delatando.

La sola idea de estar cara a cara con ese méndigo cojo le hace hervir la sangre. Una de las primeras cosas que hizo al volver a México fue ir a la cárcel de la plaza para hacerle una visita, pero se le informó que el hombre al que buscaba había sido transferido a una prisión de mayor seguridad en la ciudad grande más cercana. Después de dos horas al volante llegó a la cárcel, donde le informaron que el susodicho interno había sido considerado mentalmente inestable, y en consecuencia había sido transferido a un hospital psiquiátrico en una ciudad todavía más grande. Al cabo de un trayecto de seis horas en autobús está de pie en el iluminado vestíbulo, con la pistola pesando en el bolsillo de su abrigo.

—Probablemente él no se acuerde de mí —le dice a la mujer—. Han pasado algunos años, pero andaba por aquí y se me ocurrió que sería bueno visitarlo —le muestra una sonrisa encantadora y la mira revisar los expedientes, consciente de la fila que se está formando detrás de él, los pies inquietos, los esporádicos carraspeos de impaciencia.

La mujer saca un sobre manila y revisa los papeles que hay en él.

—Ese paciente fue dado de alta hace tres meses —dice.

—¿Dado de alta? —pregunta entre dientes.

Él sabe exactamente cómo funcionan las cosas en México, un país donde la gente tiene más tiempo que dinero, y en el que los que tienen dinero pueden comprarse todo el tiempo que necesiten. Quiere preguntarle a la mujer cuánto se pagó y quién recibió la mordida: quién fue el cabrón que dio la orden de liberar al hijo de puta que mató a su hijo. Siente el sofoco bajo la piel; siente las manos temblarle y aprieta los puños.

—Dado de alta. Qué bien —casi muerde esta última palabra—. ¡Mire nomás! Mi primo anda por allá afuera —dice señalando hacia la ventana—, y yo aquí adentro buscándolo.

Aunque lo invaden las ganas de carcajearse, se contiene porque sabe que si empieza, la risa puede volverse en su contra. Inhala profundamente, pone una sonrisa forzada.

—¿De casualidad no sabe quién dio la orden para su liberación?

Ella otra vez busca entre los papeles.

—La licenciada Bárcena —dice levantando la vista hacia él.

Tenía que ser una mujer, piensa mientras sale hacia el sol caliente de la tarde y se encamina a la terminal de autobuses. Si hubiera sido un hombre, habría averiguado su paradero, sólo para ver su reacción cuando lo mirara a los ojos y le recordara que, en aquellos lares, recibir mordidas era tan fácil como canjear cabezas. Al abordar el siguiente autobús para salir de aquel lugar, las ideas ya se le agolpan en la cabeza. Si el méndigo cojo ya no se encuentra tras las puertas protectoras del sistema, entonces debe de estar allá afuera en alguna parte. Mira los nopales y los huizaches pasar. Ese hijo de puta pudo haber inventado que está loco, pero si estuviera tan mentalmente inestable, ¿cómo es que no se olvidó de salir corriendo después de haber apretado el gatillo? Había pasado casi exactamente un año desde el asesinato de su hijo, y no tenía que hacer memoria para acordarse de esa fría noche de invierno. Los sucesos de aquella tarde se reproducían en su mente como un carrete incesante. Su hijo y él estaban en La Peña preparándose para su viaje de regreso a Chicago. Era Nochebuena; las mujeres estaban en la cocina haciendo buñuelos: su risa y el aroma de la canela invadían la casa. Él estaba en el cuarto de visitas, boleando sus botas, cuando Chemel atravesó el patio y se detuvo en la entrada.

—Ahorita regreso —dijo, estirándose para poner las manos en el marco de la puerta—. Voy a Las Cruces a despedirme de unos amigos.

Levantó la mirada y vio la silueta de su hijo con la luz del sol poniente incendiando el cielo detrás de él. Conocía la verdadera razón por la que Chemel iba a Las Cruces: a despedirse de su novia.

—¿Sí nos vamos a ir en la mañana? —preguntó el joven.

—Antes de que cante el primer gallo.

Las cosas ya estaban empacadas en cajas de madera y maletas; todo estaba prácticamente listo para el viaje.

—Está bien —dijo Chemel, y le dio un sólido golpecito al marco de la puerta, como si estuviera probando la estructura, asegurándose de que era lo suficientemente fuerte para superar la prueba del tiempo. Era la habitación más grande de la casa: la acababa de construir él mismo como ampliación de la casa de sus abuelos. Al pie del marco que daba a la bodega, sobre el cemento húmedo había grabado el año de su construcción: 1986.

—Nos vemos al ratito —dijo, dio media vuelta y se fue.

"Nos vemos al ratito", ésas fueron las últimas palabras que le dirigió su hijo. Si hubiera sabido con qué se iba a encontrar su muchacho habría detenido la marcha del sol, porque no sólo él sabía adónde iba Chemel: los tres hermanos también sabían adónde se dirigía su hijo, y ya lo estaban esperando. No habían pasado ni dos horas cuando tocaron a la puerta. Ya había oscurecido y acababa de terminar de empacar la última maleta. Sonó otro golpe; las mujeres se callaron. No esperaban visitas, pero claro, era Nochebuena, así que podía ser cualquier persona, un familiar o vecino que vino a traerles tamales o atole. Caminó hacia la puerta y salió a la fría noche de diciembre.

—¿Quién era, José? —preguntó su madre cuando él apareció en la cocina, con la cara ya perdiendo todo el color. La manteca siseaba en el sartén sobre la estufa mientras la masa cruda borboteaba y se agitaba en el calor. Vio a su madre, pero fue incapaz de pronunciar una sola palabra.

—¿Estás bien, José? —preguntó su hermana, y comentó lo pálido que se veía. Echaron otro buñuelo en la manteca hirviendo; enseguida se empezó a inflar.

Dio media vuelta y de regreso en su recámara hizo una serie de movimientos sin detenerse a pensar en lo que estaba haciendo, sin perder el impulso. Buscó abajo de su almohada, sacó la pistola, se aseguró de que estuviera cargada, la metió en la parte trasera de sus jeans, tomó de la cómoda las llaves de la camioneta, y cuando quiso darse cuenta ya había salido de La Peña. Cuando llegó a la calle principal dio vuelta a la derecha y no a la izquierda, pues pensaba ir al centro por los federales, asegurarse de que quien fuera responsable fuera llevado a la justicia, pero al llegar a la curva recapacitó, así que dio la vuelta y se encaminó a Las Cruces.

Cuando llegó había coches y camionetas estacionados desordenadamente cerca del muro que se extendía por el río, y hombres con lámparas de queroseno daban vueltas por la orilla del agua, donde una muchedumbre se había congregado. Bajó de la camioneta y se dirigió a la multitud; el resplandor rojo de las lámparas se reflejaba arriba en las ramas espinosas de un mezquite. Se abrieron para dejarlo pasar; cuando llegó al centro ahí estaba su hijo, boca abajo en el río. En ese momento, más que ver, oyó algo como unas palmadas ensordecedoras. Nadie había tocado a su hijo; estaban esperando que llegaran los federales. Se dejó caer de rodillas y lo volteó. Sus ojos seguían abiertos; la cara tenía raspones y moretones donde había golpeado contra las piedras del fondo del río.

Más tarde, todos los testigos oculares narraron la misma versión. Estaban alrededor de sus camionetas, junto al río, platicando y riendo con Che y despidiéndose de él: todos sabían que antes de las primeras luces del amanecer partiría hacia el otro lado. Acababa de oscurecer cuando vieron algo que parecía un chapulín humano moviéndose a lo largo del muro. Vieron al hombre acercarse lentamente, apoyándose en un bastón y arrastrándose arriba y adelante antes de volver a caer. Había algo casi mecánico en su manera de caminar.

—¿No tienen un poco de vino? —preguntó al llegar al círculo; de su cuerpo ya emanaba alcohol.

Le dijeron que no, que no tenían vino, y se quedó allí, como intentando hacerse un juicio del grupo de una manera fuera de lugar, pero no le dieron importancia. Todos sabían quién era: El Cojo de Las Cruces. Siempre estaba pidiendo aventón para salir de la ciudad o para entrar a ella, y todos en algún momento se lo habían dado; incluso Che varias veces lo había llevado por la calle principal, y había ido más allá de La Peña hasta Las Cruces para dejarlo prácticamente en la puerta de su casa.

—¡Ándenle! Alguno de ustedes ha de tener una botella, ¿no? —dijo, y otra vez le aseguraron que no tenían nada.

—Bueno, yo sí tengo una botella —dijo al tiempo que metía la mano en el bolsillo de la chamarra y sacaba una Magnum .357.

Apuntó a Che y disparó tres veces. El círculo se dispersó. Algunos subieron corriendo la colina, otros tomaron hacia la carretera o saltaron atrás de sus camionetas; Che corrió hacia el agua. La casa de su novia se asentaba en una roca justo al otro lado del río; tal vez pensó que alcanzaría a llegar a la puerta, pero no fue así. Aunque ella debió de haber oído los tres estallidos, y quizá también oyó a alguien atravesando penosamente el río por debajo de la ventana de su cuarto, ¿cómo iba a saber que era él? Que en ese momento su enamorado estaba perdiendo la vida y la corriente se llevaba su sangre como un largo listón rojo que fluía a lo largo de los campos, cercaba las montañas, subía a las cumbres y adiós, adiós, se desplegaba hasta el mar. Una de las balas se había perdido, otra le había dado en el brazo al joven que estaba junto a Che, y la tercera se había alojado hondo en el pecho de éste, justo arriba del corazón.

El Cojo trató de escaparse. Sus dos hermanos lo esperaban cerca de ahí en un coche, con el motor encendido y las luces apagadas, pero los federales los agarraron esa misma noche. Arrestaron a El Cojo y lo metieron en la cárcel, y ahora, cuando no había pasado siquiera un año, ya era un hombre libre.

Pues muy bien, piensa José mientras el autobús entra en la terminal: si ya no está tras las puertas protectoras del sistema, entonces está allá afuera en alguna parte. Va a dejar que se siga corriendo la voz. Sabe que es sólo cuestión de tiempo para que ese méndigo cojo aparezca.

Lo primero que hace a su regreso al pueblo es localizar a la licenciada Bárcena. Contrata a un abogado y entabla una demanda contra ella. Al día siguiente aparece en los periódicos una foto de él con un sombrero vaquero blanco y luciendo una barba negra completa. El pie dice: José Manuel Venegas, de cuarenta y cinco años, entabla una demanda contra la licenciada Guadalupe Bárcena por haber ayudado a la fuga de un homicida.

3. PROGRAMA DE PROTECCIÓN DE TESTIGOS

—Ya cuéntanos de qué se trata —dice Norma mientras se desliza en la banca junto a Fabiola y acomoda su charola anaranjada frente a ella.

En algún momento pensé no decir nada, dejar que sacaran sus propias conclusiones el lunes en la mañana cuando yo no llegara a la escuela, ni ese día ni nunca más. Sólo que ya es demasiado tarde: ya les dije a mis amigas que tengo algo que decirles, y ahora todas están en la mesa del comedor frente a mí, esperando.

—Me voy a cambiar de casa.

—¿Qué? ¿Por qué? —preguntan prácticamente al unísono. Todas están aquí: Frida Chávez, Mirna Escobar, Fabiola Huertas, Maribel Torres, Juana Moreno, Norma García y Araceli Ortega: son mi grupo de amigas, o mi "banda", como el señor Kauffman se refirió a ellas el día que me mandaron llamar a la dirección. Sentado en su gran escritorio de madera, con sus dedos regordetes cruzados encima de la tersa superficie, me observaba.

—¿Cómo se llama tu banda?

—¿Qué banda? —pregunté, pensando: "Qué tipo más idiota. No puedo creer que me haya sacado de la clase para preguntarme eso".

—No me salgas con chistecitos, Venegas. Sé que estás en una banda y que tú eres la líder. Dime cómo se llaman.

Aunque yo no era líder de ninguna banda, en los cuatro años que había estado en su escuela —desde quinto de primaria hasta segundo de secundaria—, probablemente había pasado más tiempo suspendida o castigada que en el salón. Incluso en algún momento la escuela me puso en un programa para niños "en peligro", aunque nunca entendí exactamente en peligro de qué estábamos. Se me asignó a un mentor, un jugador de futbol americano profesional retirado.

—¿Qué quieres ser de grande? —me preguntó en nuestra primera reunión.

—Una diseñadora de modas famosa —dije.

—*Okaaay* —dijo—, y sólo por si eso no sale bien, ¿hay algo más que quieras ser?

—Una supermodelo —dije sin pensarlo dos veces.

—¿Es por tu vecino? —pregunta Frida.

—Ajá.

Todos saben del vecino y sus dos hermanos. Frida, Mirna y Fabiola viven en la misma calle que yo y oyeron los balazos esa noche, igual que todas las otras noches, cuando mi padre llegaba a casa a altas horas de la madrugada, con la música a todo volumen, y vaciaba su pistola en el jardín. Al principio los vecinos llamaban a la policía y avisaban que habían oído balazos, pero a la larga se acostumbraron y ya nadie se tomaba la molestia de llamar a la policía. Una vez tuve una discusión en la biblioteca con Marcos, uno de los niños que vivían en la misma calle.

—Bueno, por lo menos mi padre no llega a la casa a medianoche disparando la pistola y despertando a toda la colonia —dijo.

—Bueno, por lo menos mis hermanos no son traficantes de drogas —grité, porque en la colonia corría el rumor de que los muchachos de la preparatoria les compraban mariguana a sus hermanos mayores. La bibliotecaria nos pidió que nos calláramos, pero sus palabras siguieron escociéndome. ¿Por qué teníamos que terminar con un loco como padre? ¿Por qué no podíamos tener un papá normal, como mis amigos y mis primos? Era un alivio que se hubiera ido, y para siempre.

—¿Adónde se mudan? —pregunta Mirna.

—No puedo decirles —respondo. Mi madre nos había advertido que no debíamos decirle una sola palabra a nadie: era nuestro propio e improvisado programa de protección de testigos.

—¿Cuándo? —pregunta Norma.

—Este fin de semana —digo. Saco un cuaderno, les pido que me anoten sus direcciones y números de teléfono, y prometo que llamaré y escribiré.

A lo largo del siguiente año mantengo comunicación con varias de ellas, aunque al cabo de un tiempo dejamos de escribirnos, excepto Frida y yo. Ella me pone al día sobre todas: Maribel no entró a la preparatoria porque quedó embarazada, y poco después de que empezaron las clases también Araceli quedó embarazada y abandonó la escuela. Después de la preparatoria, Norma fue a parar a rehabilitación. Terminé por perderles la pista a todas, incluso a Frida, aunque años después supe que le había entrado a la droga y que un día se adentró al bosque en su carro y se cortó las venas.

Mi madre no está con nosotros el día de la mudanza. Ella está en México aprovechando nuestra reciente situación de residentes temporales para visitar a su madre. Nos habían concedido la residencia temporal bajo la Ley de Amnistía del presidente Reagan: a todos excepto a mi padre, que ya había tenido demasiados roces con la ley; su solicitud fue la única que se rechazó. Con todo, su permiso de trabajo le permitió seguir en Estados Unidos.

Entre la noche del viernes y la tarde del domingo, mis hermanos y yo llevamos más o menos el equivalente de cincuenta camiones de la vieja casa a la nueva. Con una cuerda amarramos sillas, mesas, colchones y bicicletas atrás de un camión prestado, y cargamos en el coche de Mary, mi hermana mayor, cajas llenas de platos y bolsas de basura con sábanas, toallas y ropa. Todo el sábado y todo el domingo vamos de ida y vuelta, hasta el último viaje el domingo en la tarde. Salimos y Mary cierra la puerta principal: el golpe del marco hace eco en la casa vacía. Es un alivio irse de esa casa para siempre, no sólo por la amenaza de los dos hermanos, sino porque se siente como si por cambiarnos a otro lado estuviéramos dejando atrás el pasado. La última vez que vi a mi hermano estaba de pie en ese zaguán, con una mano en la perilla y la otra cargando una maleta de lona. Llevaba un rompevientos azul claro, jeans y unos tenis Nike blancos de piel nuevecitos.

Se detuvo en la puerta para decirme que ya se iba. Yo estaba sentada en el sofá, tapada con una cobija, viendo una retransmisión de *Súper héroe por accidente*. Mi padre le había pedido a Chemel que fuera a México para ayudar con el ganado a mi abuelo, recientemente diagnosticado con diabetes. Sería sólo por un mes o dos, lo necesario para encontrar y entrenar a un vaquero que se quedara de forma permanente.

—Prometiste pagarme unas clases de gimnasia —le dije cruzándome de brazos, aunque yo ya había aprendido por mi cuenta a hacer prácticamente todo, desde un arco atrás hasta un *split*.

Unos años antes habíamos vivido cerca de un gimnasio y yo acostumbraba ir en moto hasta ahí y quedarme en la entrada observando las clases. Luego volvía a casa y practicaba en el jardín hasta que anochecía. Al día siguiente practicaba en el recreo: hacía innumerables puentes hacia atrás por encima del asiento de hule azul de un columpio, levantando y echando atrás la rodilla derecha, tal como veía hacer a las niñas de la clase, hasta que dejé de necesitar el columpio para ubicarme.

—Lo haré cuando vuelva —dijo.

Se quedó un rato esperando en la entrada. Él había sido quien me sugirió observar a las niñas del gimnasio y practicar por mi cuenta, pues así, cuando empezara a tomar clases ya estaría en un nivel más avanzado. Eso había hecho él con el karate: había visto una tras otra las películas de Bruce Lee para observar y practicar antes de inscribirse a clases, y en un abrir y cerrar de ojos se hizo cinta negra.

—¿No me vas a dar un abrazo? —dijo; su mano seguía sobre la perilla.

—¿Por qué? —dije—. Ni que fueras a irte para siempre.

Siguió un rato más ahí parado antes de dar media vuelta e irse; la luz de la televisión se reflejaba en sus tenis blancos al alejarse.

Mary cierra la puerta con llave y caminamos hacia su coche. Es primavera, y los carámbanos que cuelgan de la canaleta blanca frente a la casa se derriten en el sol de la tarde, gotean y forman riachuelos que bajan por el camino. Me subo al asiento del copiloto, me apretujo junto a una almohada y me pongo en el regazo la caja que llevo. Adentro están mi radio despertador, mi colección de monedas y las cartas que Chemel me había escrito desde México. Cuando llevaba seis meses allá, me senté a escribirle una carta donde le preguntaba cuándo volvería y por qué se tardaba tanto. Ya me había memorizado los tres acordes que me dejó para practicar en la guitarra y estaba harta de tocar "Estrellita, ¿dónde estás?". También le decía que su ex novia Leticia Jiménez se había casado, lo mismo que Anna nuestra vecina, y que Lucy Hurtado, de la iglesia de mi madre, le mandaba saludos. Firmé, lamí el sobre y le puse cuatro estampillas en la esquina superior derecha. Anoté la dirección que me había dado mi madre. No había un código postal, ni un número de calle, ni siquiera un nombre de calle: ¿cómo era posible que viviera en un lugar donde las calles no tenían nombre? Mandé la carta, convencida de que él nunca la recibiría. De todas formas revisaba el buzón todos los días al bajarme del camión escolar, hasta que finalmente, como un mes después, llegó una carta suya.

A lo largo del siguiente año nos escribimos algunas cartas. Él preguntaba cómo me iba en la escuela, y siempre me pedía que saludara a la banda: así se refería a mis hermanos. Me pedía que les diera un abrazo y un beso a mis padres de su parte, pero nunca lo hice, pues yo misma nunca les daba abrazos o besos a mis padres. Los dos lo tuvieron ocupado ese año: mi padre le mandaba giros telegráficos para que pudiera construir una nueva habitación en la casa de mis abuelos en La Peña, y mi madre le mandaba dinero suficiente para que le construyera una casa en un terrenito que había comprado. El terreno estaba en una colina baja en las afueras de la ciudad, junto al cementerio. Cuando terminó esos trabajos llamó a mi padre y le pidió que le mandara el dinero que necesitaría para volver a Chicago, pero mi padre lo convenció de quedarse allá un poco más. Faltaban sólo cinco meses para las fiestas, y como mi padre iría a México en diciembre, podrían volver juntos en la camioneta. Accedió a esperar a mi padre, esperar hasta las fiestas decembrinas.

Me sentí suertuda porque no había ido a México en las fiestas para ser testigo de las cosas que más adelante supe por mis dos hermanas mayores, que sí habían ido. Después de que mi padre sacó a Chemel del río, algunos hombres lo ayudaron a subir el cuerpo a la parte trasera de su camioneta. Mi hermano llevaba puestos sus tenis blancos y sus pies se balanceaban en el fondo de la camioneta mientras su cuerpo absorbía el traqueteo por los caminos de tierra. De vuelta en La Peña, lo acostaron en el suelo de piedra caliza sobre un tablón de madera, y mientras esperaban a que llegara el ataúd mi abuela había limpiado el lodo que se le había secado alrededor del nacimiento del pelo, las orejas y las fosas nasales. Cuando mi madre llegó de Chicago ya lo habían metido en el ataúd, que era una sencilla caja de madera.

—¿Y dónde está su Dios ahora? —preguntó mi padre, provocándola. ¿No era él el Dios de los milagros? ¿El que hacía regresar gente de entre los muertos? ¿Por qué mi madre no le rezaba ahora y le pedía un milagro? Pero ahora no habría ningún milagro, y en la mañana en que llevarían el cuerpo al cementerio, en un arrebato de desesperación mi padre se arrojó al ataúd, lo abrió, agarró a mi hermano por la camisa y prácticamente lo sacó de ahí, exigiéndole que se levantara, ¡que se levantara!

Mi padre mandó componer un corrido para Chemel, y cuando volvió a Chicago pasó horas interminables arrodillado frente a la bocina; la espalda le temblaba violentamente mientras lo oía una y otra vez, como si la música pudiera devolver a su primogénito a sus brazos. Mi hermano parecía encerrado para siempre en esa canción, atrapado en algún sitio entre los tambores y las trompetas gimientes. Si yo estaba en la cama, en el instante en que oía la primera nota me pegaba la almohada a las orejas, le subía todo el volumen a mi radio despertador, y al poco rato Madonna o Prince ahogaban la historia del asesinato de mi hermano. Me negaba a derramar una sola lágrima, convencida de que seguía vivo y seguía en México, eternamente montando su caballo en aquella lejana ladera. Sin embargo, por las noches, cuando la casa estaba oscura y todo mundo dormía, empezó a aparecérseme en sueños. Lo veía parado en el lindero del bosque que bordeaba el patio de la escuela, y corría hacia él, ansiosa por arrojarle los brazos, pero antes de que lo alcanzara daba media vuelta, caminaba hacia el bosque y desaparecía.

Mary gira la perilla del radio antes de echarse en reversa, y camino a la calle el coche se llena del ritmo de una cumbia. Se siente bien irse de esa casa para siempre, dejar el pasado en el pasado. Pronto vamos volando por Silver Lake Road, de un lado el lago y Paradise del otro. Paradise [paraíso] es una colina boscosa al fondo de un estacionamiento asfaltado, y cuando yo era más chica mis amigos y yo solíamos montar nuestras sucias bicicletas a la colina y jugar en el bosque a que habíamos descubierto el paraíso. Dejamos atrás Shady Lane, la calle en la que vivimos cuando llegamos de México. Mis padres habían venido antes. Nos dejaron con Tito, mi abuela materna; cruzaron la frontera, encontraron trabajo, ahorraron dinero, y dos años después mandaron buscarnos.

Mi tío Manuel, el hermano mayor de mi madre, hizo con nosotros el viaje de tres días en camión hasta la frontera con Arizona. Cuando llegamos, tres días después, se encontró con una mujer que pasaría la aduana con los cuatro hermanos más chicos: todos teníamos actas de nacimiento prestadas. Pero Chemel, que tenía catorce años, y Mary, de doce, no tenían documentos, así que mi tío los pasó por el río con un coyote.

Mi padre nos estaba esperando del otro lado, en Yuma, Arizona. Había venido manejando desde Chicago, y en la caja de su *pickup* azul había metido un colchón de espuma, almohadas, cobijas, una hielera con refrescos, paquetes de mortadela, rebanadas de queso amarillo, un frasco de mayonesa y dos bolsas de pan blanco.

Llegamos a los suburbios de Chicago en un frío día de octubre. El cielo se cernía bajo y gris sobre la casa de ladrillo de dos pisos en una pequeña colina rodeada de altos árboles de hoja perenne. Mi madre no estaba allí cuando llegamos, sino en el hotel donde trabajaba limpiando cuartos. Finalmente vino a casa, aunque no tengo ningún recuerdo de ese encuentro. Yo tenía dos años cuando se fueron y cuatro cuando nos reunimos. Enseguida me metieron al kindergarten.

—¿Y ya aprendiste inglés? —me preguntó mi tío un mes después, cuando todos estábamos sentados alrededor de la mesa de la cocina.

Dije que sí con la cabeza.

—Vamos a ver —dijo mirando alrededor y observando a mi padre, en la cabecera—, ¿cómo se dice *papá* en inglés?

Miré a mi padre y todos se quedaron callados. Clavé la vista en su barba, en sus dedos que sostenían el tenedor, como si la palabra pudiera aparecer de pronto.

—¿Y bien? —dijo mi tío. Todos estaban esperando, y finalmente mis ojos se posaron en la camiseta blanca de mi padre sobre su barriga. Era redonda, dura, y estaba estrujada como un globo contra el borde de la mesa.

—Pues *el inflado* —dije, y todos, hasta mi padre, se botaron de la risa.

—¡El inflado! —bramó mi tío, y me dijo que más me valía empezar a poner atención en clase.

No recuerdo haber aprendido inglés. Fue como si me hubiera quedado dormida soñando en un idioma y haberme despertado hablando en otro.

Cuando entré a la primaria quedaba claro que me costaba trabajo concentrarme en clase. Cada vez que no entendía nada, ponía la vista borrosa hasta casi poder ver el patio vacío tras las paredes de concreto y me imaginaba en uno de los columpios, con el viento entre mi cabellera mientras tomaba velocidad, hasta que las cadenas se sacudían en mis manos. Prácticamente podía oler el óxido que salía de ellas mientras las puntas de mis tenis casi tocaban el cielo.

—Maria, ¿cuánto es dos más dos?

La maestra señalaba los números en el pizarrón y yo imaginaba que si soltaba las cadenas saldría disparada hacia las copas de los árboles y desaparecería.

—¡Maria! —para entonces la maestra ya estaba inclinada sobre mi pupitre despidiendo un aroma a café—. ¿Cuánto es dos más dos?

Me daba cuenta de que todos los demás niños me veían, y aunque la oía, era incapaz de pronunciar palabra. Me sentía tan agobiada que me desconecté; me volví muda momentáneamente.

—¿Cuándo fue la última vez que te revisaron los oídos? —preguntó. Estallaron unas risitas en el salón; me quedé viendo mis agujetas y me encogí de hombros. Me mandó a la enfermería con un recado. La enfermera me mandó a casa con otro recado. Una de mis hermanas se lo tradujo a mis padres. Decía que era posible que yo tuviera problemas de audición y que debían llevarme al doctor a la brevedad.

Ese sábado, después de dejar a mis hermanas en la lavandería con lo que parecía sesenta cargas de ropa, mis padres me llevaron al doctor. Me senté en un catre azul de piel, con los pies colgándome, mientras ellos se quedaban en la entrada viendo al doctor, quien me insertó un frío embudo de metal en los oídos y luego me puso un gran palo de paleta seco en la lengua y me pidió que dijera "aaah". Con una linterna me vio por atrás de la garganta, como si mi problema de oídos pudiera estar en algún lugar allí adentro. Concluyó que mis oídos estaban bien, pero que quizá los músculos detrás de los tímpanos necesitaban fortalecerse. Según él, la mejor manera de hacerlo era mascar chicle.

El lunes en la mañana regresé a la escuela con un recado de mi doctor y una dotación de chicles Wrigley's, Hubba Bubba y Juicy Fruit para toda la semana. Cada vez que el maestro les hacía tirar el chicle a los otros niños, me señalaban.

—Ella también está mascando chicle —se quejaban.

—Ella tiene un problema médico —respondía la maestra.

Problema médico o no, terminé repitiendo primero de primaria. Años después me enteré de que mascar chicle es algo que suele recetarse a los niños con trastorno de déficit de atención, y pasó todavía más tiempo para que supiera exactamente de dónde surgía mi déficit.

Vivimos casi tres años en esa casa de Shady Lane, antes de que empezara a inclinarse hacia un lado y se declarara que debía demolerse. Nos dieron un mes para mudarnos a otro lado, y desde entonces seguíamos mudándonos. Parecía que cada tres o cuatro años empacábamos todo. Ésta era la cuarta vez que nos cambiábamos de casa y, con suerte, la última. Pasamos por las vías del ferrocarril y dimos vuelta a la derecha en la carretera 145, donde el límite de velocidad es más alto y el camino se alarga y se allana por muchos kilómetros. Los campos se van enrollando para ceder el paso a los manzanales hasta que finalmente, a la distancia, como si fuera un faro, se alcanza a ver el cine al aire libre.

Está en una intersección de cuatro vías en las afueras de la ciudad, y es la estructura más alta en varios kilómetros a la redonda. Después de atravesar la intersección, pasamos por la marina y cruzamos el puente de un carril que se extiende sobre el río Somerset y desemboca justo en el centro de la ciudad. Llegamos hasta la calle principal, pasamos por la pizzería Hermanos Mancini, la heladería Custard Ice, el *bar and grill* O'Brien's, la casa de hotcakes de la Tía Tillie, y el banco de ahorro de Somerset antes de dar vuelta a la izquierda en una iglesia católica en la esquina de Berry, nuestra nueva calle.

Han pasado cinco meses desde que mi padre se fue, y si cambiara de opinión y volviera a la vieja casa planeando entrar por la puerta principal y reclamar su lugar en la cabecera, no encontraría ni la mesa ni una sola silla donde sentarse. La única prueba de que él y su familia vivieron alguna vez en esa casa sería una tabla del suelo astillada en la sala, donde una de las balas que disparó en la casa desgarró la veta de la madera antes de rebotar y desaparecer en el yeso.

★ ★ ★

Llego el lunes a la escuela y casi enseguida me doy cuenta de que otros estudiantes se me quedan viendo. Se acercan a la entrada del salón y estiran el cuello tratando de asomarse a ver a la niña nueva.

—Dejen de mirarla —dice la maestra—. No es un animal en el zoológico.

Soy la única niña mexicana de todo el grado. Hay un niño mexicano y otro puertorriqueño, pero fuera de ellos todos los demás son blancos. No sé si me llevaré con estas niñas blancas, nunca antes he tenido una amiga y ni siquiera estoy segura de que me caigan bien. Unos días después descubro que hay otra mexicana en mi grado. Se llama Rosalba, pero sólo va a la escuela medio día, tiene clases con los niños de educación especial y no asistirá a la preparatoria porque está embarazada.

Un día estamos haciendo fila después del recreo, del más bajo al más alto, y yo sigo atrás de la fila, donde siempre he estado. Natalie Miller, la niña que va adelante de mí, se sacude el pelo hacia atrás y me echa un vistazo a través de sus anteojos.

—Dios mío, ¡eres tan sofisticada!

Sofisticada. No tengo idea de lo que signifique esa palabra, pero algo en su manera de decirlo lo hace sentir como insulto. En realidad Natalie Miller no me cae bien, porque hace no mucho tiempo señaló que yo hablaba chistoso y me dijo: "Se dice Shicago, no Chicago". Ese día, cuando llegué a mi casa saqué el diccionario y busqué la palabra, pensando que si era humillante, al día siguiente en la escuela le daría una patada en el culo.

sofisticado: Que ha adquirido mucha experiencia o refinamiento; persona carente de una sencillez natural o ingenuidad; alguien a quien han cambiado la experiencia, la educación o las circunstancias.

Leí varias veces la definición tratando de decidir qué me había querido decir Natalie. Yo nunca habría dejado que nadie me ofendiera y se saliera con la suya, sobre todo desde la advertencia que me hizo mi padre cuando estaba en sexto y nos cachó a Frida y a mí yéndonos de pinta. Estábamos sentadas en el sillón viendo la tele cuando entró por la puerta y nos sorprendió. Llevaba su casco amarillo de construcción bajo el brazo, balanceaba en el índice los termos verdes de acero inoxidable, y en sus jeans y sus botas Timberland había manchitas de humedad por la lluvia.

—¿Por qué no están en la escuela? —gruñó por encima del ruido de la tele. En el instante en que abrí la boca ya estaba mintiendo, diciéndole que Ramona, la niña grande y gorda de nuestra parada de autobús, había empezado a meterse conmigo y que yo le tenía miedo, que había salido huyendo para regresar a la casa, y como Frida no quería ir sola a la escuela, había corrido atrás de mí.

—¿Cómo que salió huyendo? —dijo azotando la puerta tras él.

—Es mucho más grande que yo —respondí.

—No me importa qué tan grande sea —replicó—. La próxima vez que alguien se meta con usted, aunque sepa que le van a patear el trasero, se queda allí y pelea como hombre —dijo, dando dos pasos hacia mí—. No quiero volver a oír que huye de nadie, ¿entiende?

Asentí con la cabeza, aunque su enojo me tenía completamente confundida y pasarían años antes de que yo supiera de dónde salía esa advertencia.

Nos hizo alistarnos y nos llevó a la escuela, pero desde ese día, bastaba que alguien me viera un poco raro para provocar una pelea. Unas semanas después, acababa de subirme al camión después de clases y me había acomodado en el asiento cuando una mochila llegó volando y aterrizó junto a mí. Yo todavía no la recogía y ya todo el camión estaba canturreando:

—Aviéntala, aviéntala.

La levanté y la arrojé hacia atrás; la vi volar por los aires y golpear contra la salida de emergencia al fondo del camión, antes de caer a tierra. No había terminado de dar la vuelta cuando sentí el dolor agudo de una mano dándome una cachetada. Todo se puso gris; cuando pude volver a enfocar la mirada, mi labio superior estaba punzando, y un flujo caliente me salía de la nariz y me llenaba la boca con el sabor del aluminio.

En medio de la confusión pude ver a Mike González sentándose en su lugar habitual hasta atrás del camión. Su boca estaba abierta por la risa; yo quería meterme por ese hoyo negro y sacarle las amígdalas. Él iba en segundo de secundaria: era dos años mayor que yo; aunque nunca se había metido conmigo, siempre molestaba a mis amigos: azotaba las puertas de sus *lockers,* los empujaba contra el hielo o les arrebataba sus libros. No me vio venir, y quizá yo ni siquiera me di cuenta de que estaba corriendo hacia él, hasta que los dos estábamos volando hacia su asiento. Antes de que él pudiera reaccionar le inmovilicé los brazos bajo mis rodillas y le di unos fuertes puñetazos. La sangre de mi nariz caía en su cara mientras todo el autobús vibraba al unísono:

—¡Pelea, pelea, pelea!

El chofer me separó de Mike y a los dos nos hizo ir a la dirección. Como había sido en defensa propia y había testigos, me dejaron volver al camión. Cuando llegué a la casa mi padre estaba en el zaguán, con la mitad superior del cuerpo recargada en el cofre abierto de su camioneta.

—¿Qué le pasó? —preguntó cuando vio mi ropa manchada de sangre.

—Tendría que haberla visto, señor Venegas —espetó Frida—: golpeó a Mike González, y él es mucho más grande que ella.

Abrí la boca para decir algo, pero antes de poder pronunciar una sola palabra solté el llanto. Mi padre miró a Frida, luego a mí, mi ojo inyectado de sangre, mi labio hinchado, e hizo una mueca.

—Vaya a lavarse —dijo, inclinándose de nuevo en el cofre de la camioneta.

Sofisticada. No logro decidir si Natalie lo usó como insulto o como elogio, así que lo dejo estar y las dos terminamos siendo amigas, aunque nuestra amistad no duraría mucho. Estamos por graduarnos de la secundaria, y en el otoño iremos a diferentes preparatorias.

Ese verano recibimos una carta de la oficina de migración en Chicago. Nos han dado una cita para apersonarnos y presentar un examen de civismo. De cómo nos vaya en el examen dependerá si nos conceden la residencia permanente o no. Como en la escuela acabo de hacer la prueba sobre la Constitución, respondo todas las preguntas del agente migratorio casi antes de que termine de hacerlas.

Cuando llega el momento de inscribirme en la preparatoria mi madre está otra vez en México visitando a mi abuela. Sonia y yo vamos a inscribirme, tomamos los formularios, falsificamos la firma de mi madre y los entregamos el primer día de clases. Hay un descanso de tres minutos entre clases, y aunque cambio de salón y de maestro para cada materia, los alumnos de mi clase siempre son los mismos. Cada vez que suena el timbre al final del descanso, los mismos dieciséis estudiantes entran gritando al salón. Los chavos con el pelo largo hasta los hombros, jeans rotos, playeras negras de Metallica o Skid Row, y las chavas con una capa de sombra de ojos azul eléctrico recién aplicada. Una nube que apesta a humo de cigarro y espray Aqua Net deja una estela tras ellos.

En cada grado hay tres niveles: uno, dos y tres. Nosotros estamos en el tres, que es el más bajo. Educación física es la única clase en la que se cruzan los tres niveles. Las muchachas de mi clase de gimnasia usan blusas de seda metidas en jeans de diseñador, suéteres gruesos y mucho menos maquillaje. Los muchachos usan gorras de beisbol y camisetas con el escudo de su equipo favorito, o de la universidad a la que desean entrar.

—¿Qué planes tienes después de la preparatoria? —me pregunta un día la señora Flint, mi maestra de inglés, después de clases.

—No lo sé. Trabajar, supongo…

—¿No piensas entrar a alguna universidad?

—No podríamos pagarla —digo, aunque la idea de ir a la universidad nunca me ha pasado por la cabeza.

—¿En qué trabaja tu padre? —pregunta.

¿Mi padre? ¿Cómo decir que no importa en que trabaje, porque ya no forma parte de nuestra vida? Para entonces habíamos oído que había vuelto a La Peña y vivía con una mujer más joven que él.

—Ya no vive con nosotros —respondo.

—¿Y tu madre? ¿Ella qué hace?

—Ella y su amiga tienen una tiendita —digo. Poco después de que se fue mi padre, mi madre renunció a su empleo en la fábrica de toallas donde había trabajado diez años, y con una de sus amigas de la iglesia había abierto una tienda de productos mexicanos en la población vecina.

—Oh, maravilloso, tu madre tiene su propio negocio —dice. ¿Y cómo le va?

—No muy bien —me encojo de hombros, aunque sé que la tienda a duras penas cubre los gastos; que si no fuera porque al salón de belleza de Mary de pronto le está yendo muy bien, probablemente no tendríamos dónde vivir.

—No importa —dice, y explica que si quiero ir a la universidad y mantengo buenas calificaciones probablemente tenga derecho a ayuda financiera: subvenciones del gobierno, préstamos y becas—. ¿Cómo te va en las otras clases?

—Bien —le digo—. Estoy sacando puras A —yo nunca había sido estudiante de puras A, pero sin "mi banda" que me distrajera, de hecho empecé a poner atención en clase: tomar apuntes y hasta hacer preguntas. Siempre había sido estudiante de D^+ o C^-: no completamente una causa perdida, pero siempre rondando por debajo del promedio. Sólo una vez había intentado tener puras A: cuando estaba en tercero y decidí que quería un chango de mascota. Esperé a que Chemel regresara del trabajo, y en el instante en que oí su camioneta sobre el camino de grava corrí a saludarlo. Todavía no salía de la camioneta y yo ya estaba pidiéndole que me comprara un chango.

—¿Para qué quieres un chango? —preguntó mientras me cargaba de regreso a la casa. Le dije que le iba enseñar a hacer trucos y a que se sentara en mi hombro, como el que había visto en la televisión. Hizo un trato conmigo: si para el final del año escolar tenía puras A, él me compraría un chango. Me apliqué, y cuando terminaron las clases tenía puras A y sólo una B.

—¡Puras A, qué bien! —dice la señora Flint; en su cara empieza a esbozarse una sonrisa pero desaparece antes de terminarse de formar. Me explica que las clases que estoy tomando en realidad no me están preparando para la universidad, y que si en un año o dos decido que quiero entrar a una será demasiado tarde. Sugiere que me reúna con mi orientador y busque el modo de subir un nivel, y ofrece quedarse conmigo después de la escuela y darme clases particulares.

Después de ese día, ir a la universidad es lo único que importa. No tenía idea de que existiera la opción de una ayuda financiera, de que la universidad fuera una posibilidad real. La universidad no sólo es mi boleto de salida de casa de mi madre, sino también una manera de seguir corriendo; si me sigo moviendo y voy todavía más lejos, quizá incluso pueda dejar atrás mi pasado: especialmente a mi hermano, que siempre me encuentra en mis sueños. Cada vez que lo veo corro hacia él, y aunque hay muchas cosas que quiero decirle, cada palabra que pronuncio se queda atrapada en una burbuja, y veo cómo todo lo que nunca podré decirle se va flotando y forma una larga hebra, como un collar de perlas que se despliega de mi garganta a las estrellas.

Unos días después finalmente reúno el valor para hablar con el señor Nelson, mi orientador.

—¿Subir un nivel? ¿Y por qué querrías hacer eso? —pregunta—. Estás sacando puras A.

—Lo sé, pero las clases que estoy tomando no me están preparando para la universidad —le digo.

—¿Quieres ir a la universidad? —pregunta arqueando la ceja—. Recuérdame, ¿cómo se ganan la vida tus padres?

"No, por favor, ya basta con eso", quiero decir. ¿A quién le importa cómo se ganen la vida mis padres, si ellos no van a pagarme la universidad? Voy a conseguir un trabajo, sacar un préstamo —sacar diez préstamos si hace falta—, pero estoy decidida a irme. Explico que mi padre ya no está y que mi madre tiene una tiendita.

—Ya veo —dice—. ¿Y qué ingresos genera la tienda de tu madre?

—No muchos.

—No muchos —dice echando un vistazo detrás de mí, donde otros alumnos están esperando su turno para hablar con él—. Creo que esto es lo que deberías hacer —continúa—:

quedarte en las clases que estás tomando, y luego, ya que te hayas graduado, si sigues queriendo ir a la universidad puedes inscribirte por dos años en el colegio comunitario, tomar todos los otros cursos que necesites, pasar tus materias opcionales, y luego cambiarte a una universidad de cuatro años. Eso sería más económico.

—No quiero ir a un colegio comunitario: quiero irme de aquí.

Se quita los anteojos y se aprieta los párpados con la punta de los dedos.

—Hagamos esto —dice, volviendo a colocar los anteojos sobre su nariz—: si para el final del semestre sigues con puras A y me traes una carta de recomendación de dos de tus maestros, dejaré que subas un nivel general.

★ ★ ★

Cuando estamos a mitad del semestre uno de los muchachos más grandes se acerca a mi *locker*. He notado cómo un grupo de ellos se amontonan cerca de sus *lockers,* y murmuran y se me quedan viendo cuando paso enfrente.

—Hola —dice jalando su gorra de beisbol—. ¿Eres una estudiante extranjera de intercambio?

—No; estoy en primer año.

—¡No chingues!, ¿apenas estás en primero? —dice, mirando hacia donde están sus cuates—. Hemos tratado de adivinar de dónde eres. Estábamos seguros de que eras una estudiante de intercambio de España o Brasil, o algún otro lugar extraño —él sigue ahí parado, viéndome meter unos libros y sacar otros—. Y bueno, ¿de dónde eres?

—De México —respondo.

—¿Eres mexicana? —arruga la nariz como si acabara de llegarle un olor desagradable—. ¡Claro que no!, eres demasiado alta para ser mexicana.

Probablemente le dirijo la misma mirada vacía que a Natalie cuando me dijo "sofisticada". "Demasiado alta para ser mexicana", ¿qué significaba eso? ¿Había un límite de estatura para los mexicanos? ¿Una línea dibujada en una pared, de la que más nos valía no pasarnos?

Cierro mi *locker* y me voy de ahí.

* * *

Probablemente son casi las doce de la noche y afuera hay algunos copos de nieve en caída libre hacia el suelo congelado. Es la semana de exámenes de mitad del periodo y estoy sentada en mi lugar habitual en la cabecera de la mesa del comedor, junto a la gran ventana en voladizo. Tengo el libro, la calculadora, los lápices y los papeles sueltos desparramados en la mesa. Matemáticas es el único examen que me falta, y de cómo me vaya en él dependerá si mantengo mis A en la clase, si me permitirán subir un nivel general: tener o no tener. ¿Por qué no puede ser todo tan fácil como mi clase de literatura? Las matemáticas nunca se me han dado.

Y finalmente, ¿cuánto es que eran dos más dos? Yo tenía dos años cuando mis padres nos dejaron en México. Dos años después habían mandado por nosotros y yo ya tenía cuatro: eso era dos más dos. Mi hermano llevaba dos años de vuelta en México cuando lo mataron. Muerto a los veintidós: ¿eso era dos más dos? Dos años no era tanto tiempo, y sin embargo era eterno. Tantos problemas mirándome, tantas fórmulas esperando a ser memorizadas: fracciones, ecuaciones, decimales y radicales. ¿Cómo se aísla el radical? ¿Es parecido a apresar al criminal y ponerlo en aislamiento? *Aislar el radical*. Ya habíamos oído que el tipo de treinta y nueve años que mató a mi hermano había salido de la cárcel. Había alegado demencia, lo transfirieron a un hospital psiquiátrico en algún lugar de Guadalajara, y después lo liberaron. Nueve meses duró toda su condena.

Los faros del coche de mi madre iluminan la ventana. Los rayos de luz proyectan la sombra del árbol de Navidad a través de la sala y sobre la pared en la que la guitarra de mi hermano está ahora colgada junto al aparador donde mi madre guarda la vajilla. Antes de irse a México él le había comprado ese aparador, los muebles de su recámara y el comedor en el que ahora estoy sentada. Todo había pertenecido a una de las parejas que iban a su iglesia.

—¿Cuándo en la vida voy a poder comprar algo tan hermoso? —dijo mi madre cuando supo que la pareja se iba a mudar y estaba vendiendo los muebles. Chemel les hizo una oferta, trajo los muebles a la casa y le dio la sorpresa a mi madre.

Se había acumulado una gruesa capa de polvo en su guitarra, y ahí se quedó. Cada vez que me toca sacudir la sala, paso el trapo alrededor de su guitarra colgada en la pared, con miedo de tirarla. Se acerca Navidad. Vendrá y se irá, igual que las otras han venido y se han ido, e iremos a la iglesia de mi madre, presenciaremos el nacimiento del niño Jesús y nos quedaremos levantados hasta la medianoche para abrir nuestros regalos, como siempre hemos hecho, y ninguno de nosotros pronunciará su nombre: es casi como si él nunca hubiera existido.

—¿Todavía no te vas a la cama? —pregunta mi madre cuando viene por la puerta que lleva del garaje a la cocina.

—Mañana tengo examen —le digo.

—No sé para qué pierdes el tiempo con esos libros —dice dirigiéndose a la mesa del comedor y dejando su pesado bolso negro—. Deberías estar leyendo la Biblia, eso es lo que deberías hacer —saca una silla y se sienta—. Si Jesús volviera esta noche, ¿de qué te serviría todo lo que estudias? —pregunta, levantando la ceja y mirándome. Y no digo nada. Sigo enchufando números, esperando que capte la indirecta y me deje sola—. ¿De qué te servirá tanto estudio si pierdes tu alma, eh?

—Ya, amá —le digo, porque sé que si no la detengo seguirá adelante: sacará su Biblia y empezará a sermonearme… y estoy harta de que me sermoneen.

—"Ya, amá" —dice entre dientes; se estira y toma una naranja del frutero en el centro de la mesa. Empieza a pelarla y yo regreso a mis problemas—. ¿Ya te enteraste de las últimas noticias? —pregunta.

—¿Qué pasó? —levanto la vista de mi cuaderno; ya sé que, sea lo que sea, seguramente tiene algo que ver con mi padre.

—Tu padre pronto tendrá una nueva familia —dice mirándome—. La vieja con la que vive está embarazada —pone las cáscaras de naranja en una pila ordenada en la mesa—. Siempre me decía que en el momento en que quisiera podía irse y fundar una nueva familia. Ese hombre nunca se preocupó por nadie más que de sí mismo. A ti y a tus hermanos nunca los quiso.

Esto es algo que ella lleva diciendo prácticamente desde el día en que mi padre se fue. *Su padre nunca los quiso.* Siempre supe que yo no era de sus favoritas. Supuse que se debía a que yo era la única de piel oscura en la familia: la negra. Él nunca me llevó a una de las escapadas secretas a McDonald's a las que solía llevar a Jorge y a Yesenia, y aunque les pedía que no dijeran nada, inevitablemente uno de ellos terminaba por jactarse de haber ido. Después de una de esas salidas mi madre me encontró acostada en la cama con la almohada sobre la cabeza. Me preguntó qué pasaba, y entre mis esfuerzos por respirar y secarme las lágrimas conseguí decirle que mi apá no me quería porque nunca me llevaba a McDonald's. Unos días después él me sacó de la casa, me trepó a su camioneta y fuimos a McDonald's, él y yo solos. De regreso a casa, balanceaba los pies en el asiento y llevaba la mano metida en la bolsa, acariciando el juguete de mi Cajita Feliz. Cuando llegamos y me estiré para abrir la puerta del coche me puso la mano en la rodilla huesuda.

—No le ande diciendo a la gente que no la quiero —dijo dándome un suave apretón en la rodilla, y yo apreté el juguete en mi bolsillo hasta que se oyó un chasquido.

Deja que tenga un bebé, deja que tenga diez bebés, para lo que me importa. Mientras más hijos tenga, menos probable será que vuelva algún día. En lo que a mí respecta, que se haya ido es lo mejor que nos pudo haber pasado. Ya no más noches entre semana sin dormir, ni el temor de que llegará a casa a la mitad de la noche con su música a todo volumen, disparando su pistola y despertando a todo el vecindario… aunque nuestros vecinos, casi todos blancos, probablemente no aguantarían sus gracias.

★ ★ ★

Después de las vacaciones decembrinas regresamos a la escuela y hay una niña nueva. Antes de verla ya he oído hablar de ella, porque todos dicen que se parece a mí y podría ser mi hermana. Eso es imposible, pienso, pues soy la única persona morena de todo el grado; mi piel es algunos tonos más oscura que la de todos los demás. La niña nueva es lista. Muy lista. Aunque me dejaron subir un nivel en todas las materias, excepto matemáticas, educación física es la única clase que tomamos juntas. Ese primer día, cuando entra a los vestidores, sé que es ella. Es alta, delgada, tiene el pelo largo, oscuro y lacio. Lleva una minifalda de mezclilla, un suéter verde oscuro de talla más grande y un par de botas Frye cafés de piel: nadie en esa ciudad usa botas altas de piel. Quiero su atuendo: el suéter, la falda y las botas, todo.

—Hola —dice cuando se da cuenta de que estoy viendo sus botas fijamente. Estoy ahí parada, con mis shorts negros de poliéster y mi brasier negro con relleno, tan gastado que empieza a descoserse—. Soy Sophia.

—Yo soy Maria —digo mientras dejo caer mi blusa de cuello de tortuga en la banca entre nosotras.

—Yo tengo esa mismísima blusa —dice viendo mi cuello de tortuga—, sólo que la mía es verde. Mi madre me la compró en J. Crew. ¿De dónde es la tuya?

—No estoy segura —contesto, porque no le voy a decir que es de Kmart. Abro mi *locker* y saco mi apestosa camiseta de gimnasia amarilla. Ella toma mi blusa de la banca y mira la etiqueta. Es negra y dice Jazz en letras plateadas bordadas.

—Oh, no es de J. Crew —dice, soltando mi blusa de vuelta en la banca.

Decido que no me cae bien.

Una semana después hay un aviso en el vestidor de mujeres. Se avecinan pruebas para porristas. Pienso que voy a intentarlo; se me ocurre que podría ser una buena manera de conocer gente. Pocos días después de las pruebas se pone una lista en el vestidor y un grupo de niñas se apilan enfrente. Yo la recorro con la vista y leo todos los nombres de arriba abajo: Rachel Burns, Melissa Cunningham, Gina Mancini, Liz McCarthy, Trisha Shultz, hasta que llego al último renglón y ahí está mi nombre: Maria Venegas. Aunque no he hecho gimnasia en años, es asombroso todo lo que mi cuerpo aún recuerda.

* * *

Justo antes de que terminen las clases y den lugar al verano, nos enteramos de que se halló muerto al tipo que mató a mi hermano. Encontraron su cadáver en el desierto mexicano, en Mexicali, cerca de la frontera con Tijuana. Lo habían apuñalado más de cincuenta veces.

—¿Cree que haya sido mi apá? —le pregunto a mi madre.

—Probablemente —dice—. Tu padre es capaz de cualquier cosa.

* * *

Ese verano hacemos un viaje a Texas, una especie de vacación familiar: la única en la vida. Hay una convención de juventud cristiana en Brownsville y nos vamos en caravana con otros miembros de la iglesia de mi madre. Cuando volvemos, ni siquiera hemos terminado de sacar las cosas del coche cuando suena el teléfono.

—¿Bueno? —contesto.

—¿Pues dónde andaban? —pregunta. Aunque no he hablado con él desde que se fue, inmediatamente reconozco su voz y me descubro deseando no haber sido quien levantó el auricular.

—Texas —digo.

—¿Y quién les dio permiso?

—Nadie.

—¿Estaban con los aleluyos?

—Sí.

—¿Quién manejó?

—Mi amá y María Elena.

—Páseme a su madre.

Dejo el teléfono en la barra de la cocina y salgo. Jorge está arrastrando por la entrada del coche una maleta que fácil pesa más que él. Mi madre está sacando latas de refresco y bolsas de papas vacías de la cajuela de su auto.

—Adivine quién está en el teléfono —le digo cuando llego a su lado.

—¿Quién? —dice enderezándose—. ¿Tu padre?

—Sí. Quiere hablar con usted.

—¿Le dijiste dónde estábamos?

—Ya lo sabía —le digo, oteando los cables de electricidad al otro lado de la calle, casi esperando verlo posado en ellos como un cuervo, mirándonos.

—No tengo nada que decirle a ese viejo —dice, y sigue recogiendo envolturas de dulces y basura del asiento trasero—. Deberías colgarle el teléfono.

Regreso por el garaje. Jorge está en la cocina, sirviéndose un vaso de agua helada del refrigerador. Levanto el teléfono, incluso pienso en colgar, porque tampoco yo necesariamente quiero hablar con él.

—No quiere hablar con usted —le digo.

Hay un largo silencio.

—¿Y Jorge? —pregunta.

Hago un movimiento de la mano hacia Jorge y señalo el teléfono.

—Quiere hablar contigo —murmuro.

—Dile que en lo que a mí respecta él está muerto —dice Jorge, dejando el vaso y encaminándose al garaje.

—Tampoco él quiere hablar con usted —contesto, preguntándome si oyó eso último.

Otra vez hay un largo silencio.

—¿Y La Poderosa?

—Espéreme tantito —digo, y salgo a buscar a La Poderosa. Es uno de los apodos que le puso a Yesenia, la bebé de la
familia. La encuentro en el baño.

—Oye —le digo desde el otro lado de la puerta—, mi apá
está en el teléfono y quiere hablar contigo.

—¿Por qué?

—¿Quieres hablar con él o no?

—Pues no creo.

Regreso por la sala y el comedor hasta la cocina.

—Tampoco ella quiere hablar con usted —digo.

Hay un largo silencio que parece medir miles de kilómetros; trato de imaginar de dónde llama. Tal vez de alguna
caseta de teléfono público en Valparaíso o, vete tú a saber,
podría estar llamando de un teléfono de paga a unas cuadras
de aquí.

Aclara la voz y dice:

—Entonces, ¿usted cómo está?

—¿Yo? Bien.

—¿Necesitan dinero?

—No, estamos bien —digo, aunque en realidad quiero
decirle: "No necesitamos su cochino dinero, no necesitamos
nada de usted, y ciertamente no necesitamos que regrese".

—Entonces compraron esa casa en la que viven, ¿eh?

—Sí —digo. Siento con desazón que podría estar más cerca de lo que pensamos; no me extrañaría que a continuación
se apareciera en nuestra puerta.

—¿De dónde sacaron el dinero?

"¿Y a usted qué le importa?" —quisiera decirle—. "Usted es el que se fue, inició una nueva familia, ¿y todavía tiene el descaro de llamar e interrogarnos?"

—No estoy segura —digo, aunque sé que Mary, Salvador y mi madre juntaron sus ingresos y consiguieron una hipoteca.

Sigue un ratito en el teléfono antes de colgar.

4. LOS ALELUYOS

Se queda un rato en la cabina, asiendo el auricular como si el teléfono pudiera sonar, como si la misma operadora pudiera llamarle de vuelta y disculparse: decirle que había sido una mala conexión, un terrible malentendido. Quizá incluso le ofreciera compensar por la molestia, reembolsarle la llamada. La tarifa actual para llamar a Estados Unidos es de treinta pesos por los primeros dos minutos, y aunque esos largos momentos de silencio se sintieron como una eternidad, probablemente no habían llegado siquiera a los dos minutos. Noventa segundos es lo que duró la llamada: noventa segundos es el tiempo que tomó confirmar algo que él ya sospechaba.

Busca a tientas en el bolsillo de su camisa, saca sus lentes oscuros de aviador y se los pone antes de dejar la cabina. Paga la llamada y sale al deslumbrante sol de la tarde. La última vez que habló con su esposa, ella le dijo que ninguno de los niños quería saber nada de él, y aunque no le había creído, ahora lo había escuchado por sí mismo: ninguno tomó la llamada. Camina por las calles polvorientas de Valparaíso, ya con ideas agolpándosele en la cabeza, buscando la excusa: alguna manera de justificar algo que todavía no sabe que hará.

Habría podido lidiar con el rechazo de su mujer e incluso el de ese país. Su solicitud fue la única denegada, y si él alguna vez quería volver a pisar suelo estadounidense tenía dos opciones: cruzar ilegalmente o usar un nombre falso. Si cruzara ilegalmente y lo detuvieran en la frontera y revisaran sus antecedentes, verían que lo buscan las autoridades de Illinois por haberse largado en libertad bajo fianza, y lo último que necesitaba era aterrizar en prisión del lado equivocado.

Lo más seguro que podía hacer para cruzar era usar un nombre falso; cuando su esposa estuvo en México un año antes, él le habló de un hombre al que conocía, que arreglaba documentos para la gente. Si ella esperaba unas semanas más podía mandarse hacer un pasaporte chueco y podían ir en coche a la frontera y cruzarla juntos. Pero ella no quiso esperar, y además le dijo que lo del pasaporte chueco sonaba muy arriesgado. ¿Y si resultaba que el nombre que le daban era el de un delincuente? ¿Qué iba a hacer entonces? Sería mejor que ella fuera por delante, pidiera prestada un acta de nacimiento de alguno de los hermanos de su iglesia, y luego se la enviara. Entonces podría mandarse hacer un pasaporte con ese nombre.

—¿Qué pasó con esa acta de nacimiento? —le preguntó él cuando le llamó una semana después de que ella hubo regresado a Chicago.

—Mire, José —respondió—: no creo que sea buena idea que regrese todavía. Hay una orden de arresto contra usted, y se la pasan enviando cartas y pasando por la casa. Además todo mundo sabe que está viviendo con esa mujer. ¿Por qué no se queda con ella, empieza una nueva vida y nos deja en paz?

Entonces era eso. Aunque todo el tiempo ella había sabido que existía la otra mujer, se había esperado a estar del otro lado y a salvo para decirle, a dieciséis mil kilómetros de distancia, lo que nunca le habría dicho de frente. Seguramente todo ese tiempo supo que no habría acta de nacimiento prestada, ni de este hermano ni de ningún otro.

—¿Y los niños? Déjeme hablar con ellos.

—No quieren saber nada de usted.

En aquel entonces él no le creyó, pero ahora había sido testigo, y el dolor de ese rechazo lo arrastra a la fría oscuridad de la primera cantina con la que se topa. Atora el tacón de su bota contra el tubo de cromo y pide un trago fuerte: lo que sea para ayudar a apagar la furia que ya lo atormenta. Ninguno de ellos había tomado el teléfono: ni siquiera su nena, La Poderosa. Le puso ese apodo cuando ella tenía cinco años y acostumbraba hacerle cerrar los ojos antes de ponerle las manos en la cabeza para rezar por él y pedirle a Dios que le quitara la jaqueca. Cuando terminaba, siempre le preguntaba: "¿Ya se siente mejor, papi? ¿Se le quitó el dolor de cabeza?" Él siempre le decía que sí, que se sentía mejor. Sí, se le había quitado el dolor. Él prometió que nunca volvería a beber. Ella lo curó. Era La Poderosa.

Pero llegó un día en que se negó a rezar por él, incluso se negó a tocarlo. Temía que si ponía las manos en su cabeza algún espíritu maligno de su eterna cruda pudiera escaparse por sus dedos: usarlos como portal e invadir su propia alma. Él sabía que esta nena tenía miedo porque su madre le había hecho tenerlo, le había advertido que los espíritu malignos que pudiera haber en él podían traspasarse a ella, así que La Poderosa dejó de rezar por él. Pero ahora, ¿que incluso se niegue a hablar con él? Se despacha su trago y pide otro.

Los aleluyos le habían lavado el cerebro a su esposa años atrás. Sus problemas maritales empezaron aquel caluroso día de verano en que ella se las arregló para ir a un oficio religioso en el sótano de una casa. Desde ese día había habido un cambio casi imperceptible en su humor. Se sentía como aligerada, como si hubiera soltado alguna carga incómoda que por años la hubiera estado deteniendo. Sabía que eso sólo podía significar una cosa, porque aunque era su esposa, se daba cuenta de que su corazón siempre había estado cerrado para él, que podría llegar el día en que algún cabrón entrara en el lugar que a él se le había negado.

—A mí no me engaña, Pascuala —dijo una noche, mirándola desde la mesa de la cocina—. Está enamorada, ¿verdad?

Ella no lo negó. Le dijo que sí. Sí, estaba enamorada. Le había pedido a Jesús que viniera a vivir en su corazón, y él debía hacer lo mismo, para que pudiera sentir esa misma paz y felicidad que ella sentía. Aceptó acompañarla a un oficio religioso, y el domingo siguiente los dos entraron a ese sótano húmedo. Él se quitó el sombrero, tal como habría hecho si hubieran entrado a una iglesia católica. Había hileras de sillas de metal plegables bajo luces que zumbaban. Se sentaron en la última fila, cerca de la entrada, y mientras ella le hacía caballito a la bebé en su rodilla, él asimilaba el tumulto. Hombres y mujeres se volcaban en los pasillos, sacudiéndose con los ojos cerrados y chocando con sillas y paredes. Parecían, a sus ojos, pollos ciegos cloqueando de un lado a otro.

Lo único que aquel lugar tenía en común con la iglesia católica era el púlpito de madera en el que un pastor pronunciaba un sermón. Seguía dale que dale: en un momento gritaba sobre el infierno y la condenación, y al siguiente prácticamente estaba llorando mientras hablaba de un lugar en el que las calles estaban pavimentadas de oro y los mares brillaban como cristales, un lugar donde no habría más sufrimiento ni dolor. Su esposa estaba sentada a su lado, mirando impávida al pastor. Éste seguía hablando: decía que la única manera de llegar a la Tierra Prometida era a través de Jesús, pidiéndole que viniera a vivir en tu corazón. Y de repente el pastor le estaba extendiendo la mano y preguntando si el visitante no querría pedirle a Jesús que viniera a vivir a su corazón. Él dijo que no, gracias. No, no le gustaría que Jesús viniera a vivir en su corazón. Ya había visto suficiente; sus sospechas estaban confirmadas. Era tan obvio: su esposa se había enamorado del pastor. Le prohibió volver a poner un pie en esa iglesia.

Desde que ella le dio su corazón a Jesús, dejó de cortarse el pelo; dejó de usar jeans, maquillaje y alhajas: había dejado de hacer toda clase de cosas. Tanta era su devoción a Jesús que no tomaba ninguna decisión, por chica o grande que fuera, sin primero consultarle a Él. Mientras más santa se volvía, más condenado le hacía sentir. Condenado por beber demasiado y por ser católico: por adorar estatuas de yeso que no podrían oír sus plegarias. Como fuera, él nunca habría dado la espalda a la religión de sus padres, por mucho que los aleluyos trataran de convencerlo.

En más de una ocasión vinieron a su casa, con sus trajes de poliéster y su colonia barata, y le dijeron "hermano". Al principio les siguió la corriente, se tomó el tiempo de sentarse, escuchar, y hasta de hacerles preguntas.

—¿Cómo saben que existe el infierno? —preguntaba—. El pobre diablo que se va al otro lado se queda allá. ¿Cuándo han sabido de un hombre que haya ido al infierno y regresado para contarlo? Nunca.

Le dijeron que Jesús había muerto por sus pecados, había ido al infierno y de regreso, y pronto, algún día, volvería por su gente.

—Jesús ha estado viniendo desde que yo era niño, y todavía no llega —les dijo antes de acompañarlos a la puerta.

Tenían el descaro de hacerle sentir condenado y al mismo tiempo decirle "hermano". Así se decían los aleluyos unos a otros, hermanos y hermanas, como si fueran de la misma sangre y su linaje se remontara directamente a Dios mismo. Hipócritas. Una cosa era que le lavaran el cerebro a su esposa, incluso que trataran de lavárselo a él, pero que ahora su esposa y los aleluyos les hubieran lavado el cerebro a sus hijos, que los hubieran puesto en contra suya, eso sí que era imperdonable.

La idea de estar ahora con ella frente a frente hace que la cólera estalle en sus venas. Viene el cantinero y le llena el vaso vacío, lo mira como diciendo: "Ésta va por la casa y luego se pasa a retirar, José". Pero no le está poniendo atención al cantinero. Está tratando de seguir el hilo de sus pensamientos, ese enorme vacío donde una nueva idea está naciendo. Es algo que surge del mismo hoyo sin fondo que lo condujo a las rocas atrás de la casa de Pascuala cuando él tenía diecisiete años y ella catorce y lo mantuvo allí, día tras día, durante tres años, esperando, anhelando alcanzar a ver fugazmente su rostro. Aún recuerda el momento en que salió de la iglesita de Santana y entró en su vida.

Era sábado. Salvador, su hermano menor, y él acababan de terminar su servicio militar obligatorio y les tocaba participar en un desfile en Santana. Llevaban puestos sus uniformes planchados, y con los otros muchachos daban vueltas bajo la sombra de un mezquite en la plaza, cuando tres muchachas salieron de la iglesia. Aunque eran tres, él sólo la vio a ella. Su larga cabellera negra caía libremente alrededor de sus hombros y enmarcaba sus altos pómulos y sus labios carnosos.

—Que no se te caiga la baba —dijo Salvador, ahuecando las dos manos abajo de la barbilla de José, como para atrapar la saliva—. Es Pascuala, la hermana menor de Manuel.

José sabía quién era Manuel. Eran más o menos de la misma edad y a menudo competían en los rodeos locales. Cualquier toro que soltaran en el ruedo frente a alguno de ellos, con toda seguridad sería derribado.

La vio darse la vuelta; ahora las tres muchachas caminaban por la calle sin pavimentar, y cuando se quiso dar cuenta ya estaba detrás de ellas.

—Oiga, señorita —dijo, tratando de seguirle el paso y al mismo tiempo parecer desenfadado—, ¿no quisiera ser mi novia?

Ella abrió una puerta de madera, la dejó abierta para que las otras dos muchachas pasaran, y desapareció.

"Pascuala", repitió esa noche, e innumerables noches después de ésa, mientras daba vueltas en la cama. En la mañana, mientras labraba la tierra, cada vez que las mulas llegaban al final de un barbecho, aunque sabía que no la vería, de todas formas estiraba el cuello, volteaba la cabeza y veía hacia Santana. Cuando no podía pasar otro día sin volver a ver su rostro, ensillaba al caballo, montaba hasta Santana, lo enganchaba a un mezquite en la plaza y esperaba por horas, anhelando que ella volviera a salir de la iglesia o pasara por ahí.

Tras varios días de cabalgar a la plaza y esperar en vano, se trasladó a otro lugar. Atrás de la casa de Pascuala había una roca desde la que podía ver bien el patio, y desde ahí, con su espejo de bolsillo, hacía que los rayos del sol brincaran la puerta de entrada y llegaran a las ventanas de su cuarto. Esperaba que ella viera la luz y saliera; que a lo mejor platicara un poco con él. Cuando esta estrategia no funcionó, decidió escribirle una carta. Era algo a lo que le tenía pavor, pues tenía una letra horrible: no había escrito una sola palabra desde que lo expulsaron de la escuela a los doce años. En la carta le decía que no había dejado de pensar en ella desde el día que se conocieron. Ella era su estrella naciente y su sol crepuscular; si pudiera, recogería todos los colores del campo y se los daría. Estaba dispuesto a matar y morir por ella si tan sólo se lo pedía.

Le dio la carta a un niño, que a su vez se la entregó a doña Adulfa en el pozo comunal. Doña Adulfa era la vecina de Pascuala, y le dio la carta en mano. Él esperó varios días, hasta que finalmente hubo una respuesta. Leyó la carta a toda prisa en el instante en que estuvo en sus manos. Ella escribió que le agradecería mucho que la dejara en paz, pues desde el día que apareció en la roca era prácticamente una prisionera dentro de su propia casa.

"¿Una prisionera?", repitió él por la noche en una cantina local mientras se tomaba las copas de un solo trago. Sólo levantaba la cabeza de la barra el tiempo suficiente para echar más dinero para los músicos y volver a pedir las mismas dos canciones. Desde la primera vez que la vio, todas esas ñoñas baladas de amor tenían un nuevo significado. Era como si todas las canciones sobre el amor desesperado por una mujer se hubieran escrito precisamente para él. Mientras los músicos tocaban, se le ocurrió que era ella, no él, quien tenía que estar oyendo esas letras: sólo entonces podría entender cómo lo estaba atormentando.

De varios kilómetros a la redonda lo oyeron venir, con los tambores y las trompetas retumbando desde la cresta de la montaña mientras se dirigía con los músicos a la casa de Pascuala. Tomaron su posición al otro lado del río, viendo hacia su patio, y desde allí mandaron la música con gran estruendo a través de la puerta principal. Por varios meses arrastró a los músicos de los rodeos, las peleas de gallos y las fiestas, a darle serenata a su casa. Él nunca se habría podido permitir esas gracias si Pascuala hubiera tenido un padre, pero lo habían matado cuando ella tenía siete años.

Aunque nunca salió, él sabía que oía la música, y también que tarde o temprano sus caminos tenían que cruzarse de nuevo, y para ese momento preciso él había memorizado todo lo que quería decirle. Seis meses después, durante las ferias, Salvador y él iban paseando, caminando por las iluminadas calles de adoquín, cuando se toparon con Pascuala y su prima Carmela frente a rueda de la fortuna. Estar parado frente a ella mandó a la punta de su lengua el torrente de todo lo que quería decirle y lo dejó momentáneamente mudo.

—Deberían subirse a la rueda de la fortuna —dijo Salvador, y le dio a José una palmada en la espalda, como si quisiera sacarle algo—. Vengan, yo las invito —dijo ofreciéndole el brazo a Carmela, que lo tomó con entusiasmo.

Estar sentado junto a Pascuala le hizo sentir como si su ser entero estuviera vibrando en distinta frecuencia. Miró fijamente sus manos delicadas, sus finos dedos posados en la barandilla de metal, y tuvo que resistir las ganas de tomar su mano. Se agarró con fuerza las rodillas y miró fijo al frente mientras los transportaban al cielo que oscurecía. Con cada rotación sentía que el tiempo se escabullía. Habían pasado dos años y medio desde que la vio por primera vez, y quién sabe cuándo volvería a estar tan cerca; tal vez nunca. Respiró hondo y volteó hacia ella.

—Mire, Pascuala —dijo—: tengo veinte años, estoy listo para casarme y empezar una familia, y me gustaría que usted fuera la madre de mis hijos.

Ella siguió viendo el horizonte, donde la última luz del día se apagaba tras la silueta de las montañas. Él miró fijamente su perfil, trazó la delgada línea de su nariz hacia sus labios carnosos y deseó que se movieran, que dijeran algo, que dijeran que sí; por favor, diga que sí.

—No tengo pensado casarme, ni con usted ni con nadie, en realidad —dijo, y empezaron a descender. El suelo estirándose abajo de ellos, el ruido de la feria inflamándose, mientras salía humo de un foso donde un cerdo entero daba vueltas sobre las llamas—. He estado pensando qué quiero hacer con mi vida —dijo mientras se elevaban de vuelta hacia el cielo—, y he decidido meterme de monja.

La rueda de la fortuna se detuvo con una violenta sacudida y los dejó suspendidos en la cima, balanceándose para adelante y para atrás.

"¿De monja?", repitió él por la noche mientras se tomaba un trago fuerte tras otro en la cantina. ¿Pascuala una monja? No tenía sentido. Esa palabra de cinco letras —*monja*— tenía algo de barricada. No había lugar para negociar ni para discutir. No era como si pudiera desafiar a duelo a un rival. ¿Quién sería su rival? ¿El convento? ¿El sacerdote? ¿El mismo Dios? Monja. Era el alfa y omega, el principio y el fin.

En los siguientes días él empezó a contemplar algo que nunca se le había ocurrido, pero mientras más lo pensaba, más se obsesionaba con la idea, y al poco tiempo ya estaba haciendo cálculos: midiendo la distancia entre la ciudad y la casa de Pascuala en Santana. Los domingos después de misa, ella solía ir con su madre y sus tres hermanas a casa de su tía Nico en la ciudad, antes de regresar a Santana; el viaje a caballo por esos solitarios caminos de tierra tomaba como tres horas. Sería el lugar perfecto para agarrar a las mujeres de sorpresa, a menos que

Manuel estuviera con ellas. Si Manuel iba con ellas, las cosas podían complicarse. Pues que así fuera. Si llegaban a las manos, estaba listo y dispuesto a pelear por Pascuala, hasta la muerte si fuera preciso.

Escogió una fecha y reclutó a Salvador y a dos de sus primos. Había una cantina a dos cuadras de la casa de Nico; allí es donde él y sus hombres estaban esperando cuando el muchacho al que le había pagado para vigilar entró como un bólido por las puertas de vaivén para anunciarles que las mujeres estaban cargando a los caballos con sus comestibles. Los hombres se despacharon los tragos y se dirigieron hacia afuera. Todo mundo sabía qué hacer. Seguirían a las mujeres desde cierta distancia, y cuando llegaran a las afueras del pueblo se lanzarían sobre ellas, levantando polvo y desorientándolas suficiente para que él pudiera abalanzarse y reclamar a su novia. Se sentía bien, ya con la adrenalina apoderándose de él, y en el momento en que se subió a su caballo le clavó las espuelas en las costillas y jaló las riendas con tal entusiasmo que el caballo se encabritó y lo mandó volando hacia atrás. Golpeó el suelo con un ruido sordo, azotó la cabeza contra una piedra y se quedó inconsciente.

Finalmente llegó el día en que, en un arrebato de desesperación, montó su caballo hacia Santana y se metió en el patio de Pascuala. Sus padres llegaron poco después, ya disculpándose con Andrea, la madre de la joven, desde el otro lado del portón; decían que el muchacho había estado todo el día en un rodeo y había llegado a casa diciendo que necesitaba ver a Pascuala, que tenía que verla, y, bueno, antes de que pudieran detenerlo ya estaba montado en el caballo y en camino. Andrea los invitó a pasar y a tomar una taza de té. Mientras él se quedaba dormido en el sillón, sus padres le explicaban a Andrea que los muchachos recientemente habían dado una vuelta en la rueda de la fortuna y habían hablado de matrimonio. Andrea no sabía lo de la rueda de la fortuna, pero creía firmemente que el matrimonio no era algo a lo que hubiera que precipitarse. Sugirió que se pusieran un plazo de seis meses; de esa manera su hija tendría tiempo para pensarlo bien antes de decidir. Los padres de José estuvieron de acuerdo, y cuando se levantaron para irse no lo pudieron despertar. Estaba fuera de combate. Ya era tarde. Andrea les dio algunas cobijas y pasaron la noche en la sala. Aunque se levantaron y se fueron antes del amanecer, Santana y todos los ranchos cercanos ya bullían con los chismes: él había dormido en su casa.

Sus padres fueron muy puntuales y seis meses después estaban de vuelta para preguntar qué había decidido la muchacha. Para sorpresa de todos, dijo que sí. Sí, se casaría con este hombre. Un mes después se casaron en la iglesia. Ella tenía diecisiete años, y se puso un adecuado vestido blanco de novia y un largo velo de encaje blanco. Él tenía veintiuno, y los zapatos negros que llevaba estaban tan bien boleados que las puntas relucían. Tras la ceremonia atravesaron la plaza hacia la casa en expansión con los arcos de piedra caliza rosada que pertenecía a Timoteo, el abuelo de José. Allí fue la recepción, y allí pasaron juntos su primera noche como marido y mujer.

Cuando se casaron, él a duras penas podía creer que fuera ella, viva, de carne y hueso, quien respiraba a su lado. Se movió torpemente entre las cobijas, estrechó con los brazos su breve cintura y hundió la cabeza en su largo cuello.

—Si alguna vez me deja, Pascuala, la encontraré y la mataré —le susurró en el oído.

—No se atrevería —le contestó, riendo—. Usted me lleva por dentro como la sangre en sus venas.

Tenía razón. En aquel entonces ella fluía a través de él como su misma sangre, y matarla habría sido acabar con alguna parte de sí mismo, pero ahora ya sólo humea la flama que alguna vez ardió tan brillante para ella.

Pide otro trago fuerte, pensando que quizá todo el tiempo ése fue su plan: quitárselo de encima para que ella pudiera tener su bendita libertad. Para poder hacer lo que quisiera con los pastores: hacer con ellos viajes en carretera, quedarse con ellos en moteles del camino. La última vez que la vio se habían quedado juntos en un hotel de carretera a las afueras de Monterrey. Ella había ido a Valparaíso a visitar a su madre y él pasó a verla. Se sentaron en la cocina y platicaron. Él ofreció llevarla al aeropuerto. Y entonces, el día que ella partiría, ocurrió algo inesperado. Una tormenta de nieve azotó la ciudad: destruyó los cables de alta tensión, y el aeropuerto local tuvo que cerrarse.

El aeropuerto más cercano estaba en Monterrey, a seis horas de camino, y como había estado bebiendo hasta su partida, contrató a un hombre de La Peña como chofer para que manejara su camioneta. Habían salido de la tormenta y llegado al desierto, y todo el tiempo, ahí sentada junto a él, ella debió de haber estado tramando lo que haría; seguramente ya sabía que no pediría prestada ningún acta de nacimiento. Si él hubiera sabido entonces cuál era su plan, podría haberlo hecho. Qué fácil habría sido salirse del camino, manejar hasta adentrarse en el desierto, encontrar una barranca profunda y tomar todas sus identificaciones. Los niños habrían pensado que su madre fue a México y desapareció.

Se detuvieron en un motel del camino en las afueras de Monterrey y allí fue donde pasaron su última noche juntos como marido y mujer. En la mañana la llevó al aeropuerto y ella se bajó de la camioneta, tomó su maleta y se alejó caminando. Pasó por las puertas de vidrio giratorias sin mirar atrás una sola vez. Era como si temiera que, si vacilaba, las puertas del avión se cerraran de un portazo, los motores rugieran y ella se quedara atrás, encallada en el lado pobre de la frontera con él para toda la eternidad. Habían estado casados cerca de veinticinco años, tenían ocho hijos, y ella ni siquiera se había tomado la molestia de despedirse. Él podría haber vivido con el rechazo de ese país, e incluso el de ella, pero ahora, ser rechazado por su propia sangre… Era insoportable. No sólo había perdido a su primogénito: los había perdido a todos.

—La próxima vez que vea a Pascuala —le dice a alguien, nadie en particular, mientras se despacha su trago y regresa el vaso a la superficie raspada— voy a ponerle mi .45 en la frente y la mandaré derechito con su Dios.

Los hombres que están más cerca de él se ríen, le dan palmadas en la espalda, le dicen: "Deje de decir locuras, José". Quizá para ellos no sean sino locuras, pero para él es algo tan real que casi puede probarlo. Ya no es algo hipotético, algo que lo lleve a ese profundo pozo oscuro de la amargura. Ha empujado más allá de los confines de sus pensamientos, se ha abierto paso con uñas y dientes hasta la superficie: lo ha dicho, y al hacerlo le ha insuflado vida.

5. LAS UVAS DE LA IRA

Al caer la noche aparecen las polillas del otro lado de la ventana, atraídas por la luz del candil. Buscan una abertura en el vidrio, alguna manera de entrar, de acercarse a la luz. Estamos a fines de agosto, es el principio de mi segundo año de preparatoria y estoy sentada en la cabecera de la mesa del comedor, haciendo la tarea. Oigo que le jalan al escusado y luego se abre la puerta del baño e ilumina el corredor.

—Tú y tus libros —dice mi madre al caminar hacia mí por la sala, bostezando. Se ve cansada. Cierta fatiga se instaló en ella después de que mataron a mi hermano. Una fatiga que se hizo más profunda cuando, un año después, también a Juan, su hermano menor, lo mataron en México de un balazo en un rodeo por algo relacionado con un conflicto sin saldar—. Imagínate si mejor dedicaras todo el tiempo que pasas aquí sentada a hacer algo útil, como trabajar —jala una silla y se sienta—. Llamó Yolanda el otro día y dijo que en Kmart están contratando cajeras. A lo mejor deberías ir y llenar la solicitud. Suena a que es un buen trabajo, y si te contratan de tiempo completo, quién sabe, a lo mejor en una de ésas hasta te promueven a gerente. Podrías dejar la escuela, ganar buen dinero.

—No quiero trabajar en Kmart, quiero ir a la universidad.

—¿Para qué? ¿Para que puedas hacer lo que se te dé la gana? No pienses que no sé lo que ocurre en esos lugares. No, señorita. No vas a irte de aquí hasta que te cases.

No tiene ningún sentido discutir con ella. Simplemente no entiende. Creció en México, sólo fue a la escuela hasta los doce años, se casó con mi padre a los diecisiete, y esperaba que yo hiciera lo mismo: casarme, tener hijos, ser un ama de casa.

—No tengo pensado casarme —digo. Es mi cantinela de siempre cada vez que me dice cosas como ésa, o cuando me pide que planche las camisas de Jorge o le prepare el desayuno, porque ¿qué clase de esposa voy a ser si ni siquiera sé cocinar y planchar?

—Tu hermano es el que debería ir a la universidad. Él es el hombre, el que debería tener estudios, una carrera, no tú —dice.

—A Jorge ni siquiera le gusta la escuela, amá. ¿Por qué iba a querer ir a la universidad? —digo, aunque después de mi conversación con la señora Flint les dije a Jorge y a Yesenia que debían empezar a poner atención en clase, y cada vez que no entendieran algo debían hacer preguntas, quedarse después de clases y obtener ayuda si era necesario. No era demasiado tarde para nosotros.

Ninguno de mis hermanos mayores había ido a la universidad. Rose se embarazó en segundo de prepa y se casó, y Sonia se fugó con su novio al instante de haberse graduado. Salvador empezó a trabajar como carpintero prácticamente en cuanto terminó la preparatoria, se casó con una muchacha de diecinueve años de la iglesia de mi madre y se fueron a vivir a Pensilvania. Mary dejó la preparatoria cuando estaba en el segundo año y la contrataron en una fábrica, donde trabajó de tiempo completo para ayudar con los gastos, mientras tomaba clases de cosmética por las tardes. Chemel era el único que había hablado de ir a la universidad y a lo mejor ser abogado. Aunque se había graduado de la preparatoria como el mejor de su clase, también él había ido directo a trabajar en una fábrica para ayudar a llegar a fin de mes. Cuando venía a casa después del trabajo siempre olía a aguarrás. A veces me levantaba, me aventaba en el sillón y me besuqueaba toda la cara y el cuello. "¡Qué asco!", le gritaba riendo y tratando de soltarme de su abrazo, mientras su barba me raspaba en el cachete y yo inhalaba los gases de la fábrica que despedía su pelo.

—¿Has oído los rumores que ha estado propagando tu padre? —pregunta mi madre mientras se asoma a la ventana y mira más allá de las polillas que siguen buscando el otro lado del vidrio.

—¿Cuáles?

—Está recorriendo las cantinas de Valparaíso diciendo que he hecho viajes por carretera con los pastores, que debo de haberme acostado con ellos y que la próxima vez que me vea me va a matar —asiente con la cabeza y frunce el ceño, como si ya hubiera aceptado su destino.

—Qué locura —digo, levantando la vista de mi tarea—. ¿Por qué querría matarla?

—Por eso: porque está loco.

—A lo mejor no es cierto —digo, y hay una parte de mí que no le cree, que no quiere creerle—. ¿Quién se lo dijo?

—¿Cómo que quién me lo dijo? —dice levantando la voz, como si le acabara de decir mentirosa—. Todo mundo ha estado llamando: mi madre, mis hermanas, mi hermano... todo mundo ha llamado para decirme que no vuelva a México porque tu padre ha estado diciendo que los aleluyos y yo les hemos lavado el cerebro a sus hijos, que los hemos puesto en su contra, y que la próxima vez que me vea va a ponerme su .45 en la frente y mandarme con mi Dios.

—Eso no tiene sentido —digo, pensando que aunque estuviera acostándose con los pastores, que incluso si ninguno de nosotros quisiera saber nada de él, ¿por qué habría de importarle? Él es el que nos dejó, se fue y empezó una nueva familia. Para entonces ya nos habíamos enterado de que la mujer con la que vivía había tenido una bebita.

—Es sorprendente hasta dónde puede llegar el demonio —dice, mirando más allá de las polillas que siguen aferradas al vidrio, tal vez temerosas de volar de vuelta a la oscuridad, donde van a quedar momentáneamente ciegas.

Pocos días después, estoy sentada en el mismo lugar y leyendo *Las uvas de la ira* para mi clase de inglés, y me topo con una palabra o imagen que evoca una escena sombría. Prácticamente puedo ver a mi padre levantándose del polvo y apuntando su pistola a la frente de mi madre, tal como solía apuntarla a mi frente cuando tenía nueve años y sus amigos y él entraban a la casa dando traspiés después de que las cantinas hubieran cerrado. Del otro lado de la puerta de mi recámara yo estaba acostada en la cama, completamente vestida para ir a la escuela al día siguiente, porque me chocaba tener que quitarme la piyama caliente en la fresca mañana. Me quedaba viendo la línea de luz bajo la puerta, escuchando el ruido que venía de la sala.

"¡Otra!", oía decir a mi padre por encima de la música estridente. Sabía cómo se sentaba, con sus cartas cerca de él y escudriñando las caras de los demás, buscando pistas sobre las cartas que pudieran tener en las manos, aunque él nunca apostaba dinero. Tampoco fumaba, pero el olor de los cigarros pronto llenaba mi cuarto mientras yo veía a mi pececito nadar en círculos en su pecera. En esas noches, aunque tuviera que ir a orinar, me aguantaba. Recorría con la vista mi cuarto en busca de cualquier cosa que pudiera contener 250 mililitros. Incluso contemplé la posibilidad de saltar por la ventana y orinar afuera, con tal de no tener que salir a la sala. La aguja empezó a brincar en el disco; sabía que ésa era mi oportunidad. De un brinco estuve en la puerta y la abrí. Él estaba inclinado sobre la consola, con la espalda hacia mí. Crucé como flecha el corredor hacia el baño.

—¡Chuyita! —gritó, y para cuando me di la vuelta él ya estaba dando traspiés hacia mí, con su mano pesada aterrizando en mi espalda.

—Ésta debería haber sido hombre —gritó mientras me llevaba con sus dos amigos. Estaban sentados en el sillón, sonriendo y con los ojos enrojecidos.

—Tiene nervios de acero —dijo doblando el brazo. Sus amigos se reían al verlo buscar atrás de sus pantalones, sacar su .45 y apuntarla a mi frente. Y entonces todo quedó en silencio. Sus amigos dejaron de reír.

—José, guarde la pistola —le decían—. Bebió demasiado.

Yo miraba el cañón de la pistola sin rechistar. Sabía que no jalaría el gatillo. Ni esa noche ni ninguna de las otras noches que puso mis nervios a prueba. Sabía que sin importar cuánto hubiera bebido, debía recordar que yo era su hija. Le sonreí y él se llenó de orgullo.

—¡Nervios de acero! —gritó, dando un puñetazo al aire. Sus dos amigos reían como si hubieran pasado años aguantando la respiración. Tomó la botella de 1800 de la mesa, me la dio y me hizo un gesto con la cabeza. Tomé la pesada botella con las dos manos y la llevé a mis labios. El fuerte olor hizo que me ardiera la nariz. Aguanté la respiración, di un sorbo y se la devolví. Él dio un largo trago, dejó la botella y metió un billete de veinte dólares en el bolsillo delantero de mis jeans Jordache. Sus ojos aún brillaban.

Él me había comprado esos jeans, e incluso en aquel entonces yo sabía que lo había hecho para molestar a mi madre. Si las cosas hubieran sido como ella quería, mis hermanas y yo no habríamos usado nada más que faldas y vestidos largos, como todas las niñas y mujeres de su iglesia. ¿Y si hubiera sido ella quien mirara el cañón de su pistola? ¿Entonces sí jalaría el gatillo? El libro está en la mesa frente a mí y me doy cuenta de que llevo ocho páginas de un nuevo capítulo y no tengo idea de lo que acabo de leer. Lo hago a un lado, abro uno de mis cuadernos y le escribo una carta.

Hola, apá.

Hemos oído los rumores que ha estado propagando por la ciudad. Que ha estado diciendo que va a matar a mi amá. ¿Qué demonios le pasa? Usted es el que nos metió en un lío, ¿y qué hizo? Salió huyendo. Se compró un chaleco antibalas y se fue, y no le importó que pudieran venir a matarnos a medianoche. Nos dejó para que nos las arregláramos solos cuando más lo necesitábamos, ¿y ahora está amenazando con matar a mi amá, que fue la única que se quedó con sus hijos? Ojalá hubiera sido usted y no Chemel. Él era un mejor padre de lo que usted, maldito cobarde, jamás será.

Firmo, cierro el cuaderno y me voy a la cama. Termino por olvidar la carta, pues nunca tuve la intención de mandarla: solamente estaba desahogándome, poniendo en papel lo que nunca le diría en la cara. Pero puede ser que esa carta haya expresado algo que en mi familia se había quedado sin decir, alguna honda sensación de haber sido traicionados que todos teníamos, porque pocas semanas después Sonia la encontró y se la mandó.

Debe de haberse llevado un *shock* cuando la recibió, debe de haber roto el sobre en el instante en que estuvo en sus manos. Estaba escrita en inglés, un idioma que nunca se tomó la molestia de aprender, así que no habría entendido una sola palabra, aunque debió de reconocer la firma: Maria Venegas. Era de una de sus hijas, una de las dos Marías, y quizá lo invadió una oleada de felicidad al darse cuenta de que uno de sus hijos había pensado en él. Puede ser que se hayan negado a hablar con él por teléfono, pero una de sus hijas se había tomado el tiempo de escribirle una carta. Encontró alguien que se la tradujera, y me lo imagino sentado frente al traductor, sonriendo expectante, mirándolo leer la carta en voz baja antes de releérsela a él, línea por línea, palabra por palabra: cada sílaba borrándole la sonrisa por completo.

No mucho después de que Sonia envió la carta, una de sus hermanas nos llamó para que le dijéramos quién la había escrito. Él le había llamado sollozando para decirle que sus propios hijos le deseaban la muerte.

—¿Cómo se atreven a hablarle así a su padre? Tienen que respetarlo. Es su padre, por Dios santo. A quien haya escrito esa carta más le vale llamarle para pedirle perdón.

Ninguno de nosotros le llama. Años después me entero de que dos de mis hermanas le habían escrito y enviado cartas parecidas por las mismas fechas, aunque Mary había agregado que debía darle vergüenza: vivir como si fuera soltero, mientras que ella era quien se hacía cargo de los gastos y se aseguraba de que sus hijos tuvieran techo y comida.

Es viernes por la noche y a lo largo del país los estadios de futbol americano de las preparatorias están iluminados. Las gradas están atestadas de padres, maestros y estudiantes viendo cómo los cascos chocan unos con otros en el campo abierto; mientras tanto, escondidas adentro de los bolsos y los bolsillos de los abrigos hay botellas robadas de los mostradores de las tiendas de abarrotes y de los muebles bar de los padres. Es casi el medio tiempo y alrededor del campo las luces del estadio se funden en un haz continuo contra el cielo negro. Definitivamente ya lo siento. No lo sentí antes, cuando mi amiga Lisa y yo estábamos en su coche en esta misma calle, en el estacionamiento de la iglesia.

—¿Sientes algo? —preguntó Lisa.

—No —dije, y ella metió la mano debajo del asiento para tomar la botella de ron, que estaba llena como a la mitad cuando la sacó a escondidas de su casa. Vació el resto en nuestros tarros de plástico de Seven Eleven. La calefacción soplaba en nuestras piernas descubiertas mientras canturreábamos con The Cure "Pictures of You" y dábamos tragos a nuestras bebidas. Cuando las terminamos, ella había llegado al estadio, se estacionó al otro lado de la calle, y ahora aquí estábamos, sentadas en las gradas, mi sangre recorriendo sosegadamente mis venas.

—¿Me veo verde? —le pregunto a Lisa—. Me siento verde. ¿Me veo verde?

Ella me echa un vistazo y las dos estallamos. Ella se ríe con tanta fuerza que el rímel se le corre y deja riachuelos negros en sus cachetes.

—¿Qué bebieron ustedes dos? —Jeff, que está en mi clase de historia, está sentado adelante de nosotras. Lo miramos, luego nos miramos una a otra, y de nuevo nos desternillamos de risa. Yo me río tanto que temo empezar a llorar.

—A lo mejor deberíamos irnos —dice Lisa entrecortadamente, aunque sabe que yo no puedo irme. Ella puede si quiere, pero yo no: estoy en periodo de prueba por haber faltado a un partido. Dos viernes atrás, mi madre me había llevado a rastras a la ciudad, con los mayoristas con los que se abastece para el fin de semana. Después de eso fui a la tienda con ella y le ayudé a desempacar y ponerle los precios a todo, y no conseguí llegar a tiempo al partido.

Si ahora falto a otro partido, me correrán del equipo de tabla gimnástica. Una temporada fui porrista y pronto me di cuenta de que estar parada fuera de la línea de juego animando a muchachos que a duras penas podían driblar a través de la cancha sin cometer una falta, no era para mí. Sabía que si mi vieja "banda" pudiera verme dando de brincos y gritando "Sé agresivo, s, e, agresivo", me habrían perdido todo el respeto. En segundo de prepa mejor intenté con esto otro. Aquí no había *hurras* implicados. Sólo necesitábamos presentarnos en los partidos que se jugaran en casa, hacer una rutina de baile en el medio tiempo, y luego podíamos irnos si queríamos.

Jeff se nos queda viendo, y parece como si de pronto todo mundo estuviera volteando a ver en dirección a nosotras, como si el espectáculo ya no estuviera allá en el campo sino aquí en las gradas. Suena una trompeta a lo lejos, los jugadores corren al campo y todos se paran de un brinco cuando la banda empieza a tocar. Me levanto y me balanceo un poco hacia adelante, me las arreglo para detenerme en el hombro de Jeff y sigo a Lisa mientras se sale de las gradas.

—Yo no puedo ir —grita por encima de la música cuando llegamos al pasto—. Te espero en el coche.

Se da la vuelta y se dirige hacia la abertura en la alambrada. Veo su cola de caballo castaña dando brincos mientras se aleja y quiero gritarle: "Espera, por favor no te vayas, pensé que las dos estábamos en esto", pero ya se fue, y las piernas me están llevando hacia la música. Me uno al resto del equipo y damos la vuelta con la banda retumbando atrás de nosotras. Los tambores y trompetas suenan como el tamborazo, la música de mi padre, y las ondas sonoras hacen eco en mis huesos y hacen que quiera gritar como un gallo salvaje.

La banda toma su lugar frente a las gradas, mis compañeras de equipo corren en medio del campo, y yo también corro, no tanto con ellas como tras ellas. Encuentro mi lugar, me paro detrás de la fila de las muchachas que están con una rodilla en el suelo. Mantengo baja la cabeza y mis pompones rozan con mis muslos descubiertos mientras espero a que den la entrada. La música llega con estruendo a través del campo como estampida de caballos salvajes que instantáneamente manda los pompones volando por el aire: y uno y dos y tres, patada; y cinco y seis y siete, golpe; y uno y dos y vuelta y vuelta; y cinco y seis, y estoy detrás. No puedo recordar si debería estar en la primera o en la última fila, así que me quedo donde estoy y me concentro en la muchacha que está frente a mí, la sigo. Me doy cuenta de que las otras chicas están sonriendo hacia la multitud y al mismo tiempo me miran con los ojos entrecerrados. Sus brazos suben y bajan al unísono mientras se mueven para la formación de patada, y en eso quedo encerrada: las muchachas a mi derecha y a mi izquierda prácticamente me están cargando. Una fila de piernas se abre en abanico y luego se cierra, como tijeras; todos esos ojos viendo las minifaldas negras que se abren en los pliegues y dejan ver los adornos blancos debajo.

Hay dos explosiones a lo lejos, y cuatro anillos de fuego estallan contra el cielo oscuro tras las gradas e iluminan los rostros de la tribuna. Casi espero ver a mi padre sentado entre ellos y disparando su pistola al aire. Las dos chicas que están a mi lado me llevan un paso adelante y saltan por los aires. Pierdo el equilibrio, pero consigo detenerme antes de caer al piso. Siguen estallando los fuegos artificiales, uno tras otro, como disparos. Qué alivio que se haya ido, y para siempre.

Las otras chicas salen corriendo del campo y las sigo; ya tengo la mirada puesta en la salida cuando doy dos pasos a la izquierda, luego tres veloces a la derecha. Siento como si el suelo mismo se moviera bajo mis pies. Paso la línea en el puesto de comida, llego a percibir un olor a palomitas, y ahora estoy pasando por la abertura de la alambrada. Ya que estoy en la banqueta recorro con la vista los coches al otro lado de la acera, veo a Lisa y me dirijo a ella.

—Maria —oigo la voz de un hombre y mi estómago cae en picada, porque incluso antes de voltear ya sé quién es—. ¿Has estado bebiendo? —el señor Johnson, el director, camina hacia mí.

—No —digo, batallando por ponerme derecha.

—No vas a manejar, ¿o sí?

—No.

—¿Quién te va a llevar a tu casa?

—Lisa —digo.

—¿Y ella ha estado bebiendo?

—No —respondo, y me deja ir.

El lunes en la mañana, durante los anuncios, después de alabar al equipo de futbol americano por su victoria del viernes en la noche y felicitar a Julie Baldwin por haber quedado clasificado en las competencias estatales de campo traviesa, leen una lista de alumnos a los que mandan llamar a la dirección. Yo soy una de ellos.

—¿Tu madre sabe que bebes? —pregunta el señor Johnson cuando me siento en su oficina.

—No bebo —digo. Aunque he estado en fogatas y fiestas en las que otros estudiantes beben, y me tomo una cerveza de vez en cuando, nunca he estado borracha—. Ésa fue mi primera vez —por la manera como me ve sé que está pensando "Claro, eso es lo que dicen todos".

Explica que no me van a expulsar del equipo de tabla gimnástica, pero que estoy suspendida de la escuela por dos semanas.

—¿Dos semanas? —digo, ahora sí asustada—. Pero me voy a retrasar en clases.

—Deberías haberlo pensado antes —dice mirando por la ventana—. Te propongo algo —se inclina hacia adelante—: si te inscribes en un programa de rehabilitación y me traes alguna prueba, permitiré que vuelvas a la escuela en una semana.

—¿Rehabilitación? —digo, sintiéndome la escoria del mundo—. No necesito ir a rehabilitación.

—De ti depende: dos semanas o una más rehabilitación.

Acepto ir a rehabilitación. Me dice que le llame mi madre después de que yo haya hablado con ella. Cuando me voy, ya estoy urdiendo algo, inventando algún plan para enfrentarme a esto. De ninguna manera le voy a decir a mi madre: no sabe que alguna vez fui porrista, ni que los viernes por la noche, cuando piensa que estoy trabajando, ando brincando de aquí para allá con minifalda de poliéster para que todos vean. Había terminado por llenar una solicitud en Kmart, y lo mejor de tener un trabajo de medio tiempo, aparte de tener dinero para mis gastos, es que me da una coartada. Decido que le diré todo a Sonia y que a ella le pediré que llame al señor Johnson.

Al día siguiente me alisto para la escuela, salgo de casa a la misma hora de siempre y me voy en el Chevy Nova café que me dio Salvador cuando se mudó a Pensilvania, pero en lugar de ir a la escuela voy a la biblioteca local. El estacionamiento está vacío y me coloco al lado de un contenedor verde. Adentro, en el segundo piso, encuentro un lugar tranquilo, en un cubículo al lado de una ventana. En dos días ya he terminado con las tareas de lectura y escritura de la semana y casi todo lo de mis créditos extras. El tercer día manejo a la ciudad grande más cercana, que está como a treinta minutos de camino, para encontrarme con una orientadora. Me da un formulario y un cuestionario para llenar:

¿Por qué bebes?

¿Con qué frecuencia bebes?

¿Alguna vez bebes solo?

¿Con cuántas cervezas te emborrachas?

¿Bebes cuando estás triste?

¿Hay alcohólicos en tu familia?

Lleno el formulario y respondo las preguntas con toda la honestidad posible. La orientadora concluye que ir a rehabilitación sería para mí una pérdida de tiempo y dice que llamará al señor Johnson.

Más tarde, cuando llego a casa, Mary y mi madre están sentadas en el sillón de la sala esperándome.

—¿Cómo te fue en la escuela? —pregunta Mary cuando entro por la puerta principal, y sé que saben, pues nunca a nadie le importa cómo me va en la escuela.

—Bien —digo, preguntándome qué tanto sabrán realmente. ¿Saben sólo de la bebida y la suspensión, o también sabrán de la caja que escondo abajo de mi cama, donde guardo los pompones, el suéter y la minifalda de poliéster?

—¿Dónde has estado todo el día? —pregunta mi madre.

—En la biblioteca —contesto.

—Cómo no. La jovencita estudiosa ha estado todo el día en la biblioteca —me mira como si quisiera darme una cachetada, pero sé que no lo hará porque nunca me ha puesto una mano encima.

—Llamó el director de tu escuela —dice Mary—, y dijo que estabas tan borracha en el juego de futbol del viernes que apenas si podías mantenerte en pie.

—Qué mentiroso —dije—; sólo tomé una cerveza, y la única razón por la que sabe que bebí es porque olió mi aliento.

—Tú eres la mentirosa —dice mi madre, fulminándome con la mirada. Y yo quiero decirle: "Tiene razón, soy una mentirosa. Soy una mentirosa porque usted me hizo serlo". Había tratado de ser honesta, había tratado de pedir permiso para ir al cine o al centro comercial con mis amigas los viernes en la tarde, pero ni había terminado de hacer la pregunta cuando ella ya estaba sacudiendo la cabeza y diciendo "No, no, señorita, no. Una jovencita no tiene nada que hacer fuera de su casa cuando ya oscureció". No había modo de razonar con ella. Sabía que si quería tener algo de vida social, mentir era la única manera. Dejé de pedir permiso, decidí que haría lo que quisiera cuando quisiera; ya lidiaría con las consecuencias.

—Fabuloso —dice—. Esto es todo lo que necesitábamos: que tu padre se fuera para que tú pudieras retomar donde él se quedó.

—Si crees que vas a vivir aquí y hacer lo que se te dé la gana, puedes empezar a pagar tu comida y renta —dice Mary.

—Está bien —digo, esperando a que mi madre pronuncie su veredicto.

—En México sólo las putas beben —dice, sin siquiera voltearme a ver.

* * *

Ya bien entrado el semestre de primavera, estoy sentada en la cabecera de la mesa del comedor, donde las noches entre semana soy parte del mobiliario. Aunque no tomo ninguna clase con la señora Flint, dos veces a la semana nos vemos después de la escuela y vamos avanzando por el libro de estudios para el examen de admisión a la universidad, un tema cada vez. Una semana son preguntas de prueba simuladas, otra son problemas de razonamiento matemático. Ésos son fáciles de resolver, simplemente hay que memorizar la fórmula y enchufar los números: *Si el tren sale de la estación a las 10:00 y viaja a una velocidad de 130 kilómetros por hora, y su destino está a 3 200 kilómetros, ¿a qué hora llegará a su destino? La velocidad es igual a la distancia entre el tiempo.*

Estoy enchufando los números cuando oigo la música. Mi pluma deja de moverse y aguzo el oído. No sé exactamente de dónde viene la música, pero el sonido de los tambores y las trompetas es inconfundible: es la música de mi padre. Me quedo quieta y escucho la música mientras se acerca, hasta que veo de reojo el brillo de un coche negro deslizándose bajo las farolas como un enorme pez. Los faros están apagados, sus ventanas coloreadas están un poco bajadas y la música sale atronando de allí. Aunque no puedo ver quién está al volante, me doy cuenta de que, sentada bajo la luz del candil, soy un blanco perfecto para quienquiera que sea.

Me levanto de un brinco, golpeo el interruptor de la luz, atravieso corriendo la sala y el corredor que lleva a las recámaras. Yesenia y Jorge ya están en la de mi madre, sentados en la oscuridad y viendo al coche dirigirse al final de la cuadra y detenerse en la intersección. Se queda ahí parado un largo rato antes de dar vuelta a la izquierda y dirigirse a la parte trasera de la casa.

—¿Cree que son los hermanos de Joaquín? —pregunto.

—Probablemente sea su padre —dice mi madre.

—¿Qué hacemos? —dice Yesenia.

—¿Todas las puertas están cerradas con llave? —pregunta mi madre.

Jorge y yo corremos por la casa checando la puerta trasera, la principal, la del garaje y la que lleva del sótano a la cocina. Al poco rato estamos de vuelta en la recámara de mi madre, oyendo la música que otra vez llega tronando por la calle. El coche se detiene completamente al final de la cuadra y se queda ahí estacionado con la música retumbando durante lo que parece una eternidad.

—¿Llamamos a la policía? —pregunto.

—¿Para qué? —dice mi madre—. ¿Qué va a hacer la policía?

El coche da vuelta a la izquierda y rodea la cuadra unas cuantas veces más antes de irse.

Si un tren que va hacia el sur sale de la estación en la oscuridad y viaja a una velocidad imparable, ¿en qué momento habrá una colisión?

6. TREN FUERA DE CONTROL

Calcula mal su velocidad, y cuando llega a la única curva entre el centro y La Peña las ruedas de su camioneta alcanzan el acotamiento y empieza a rodar. En pocos minutos toda la ciudad bulle con el último chisme: José acaba de volcar su camioneta en la curva. Cuando Manuel llega a la ciudad y oye las noticias, se da vuelta en U: piensa que quizá pueda echarle una mano a su cuñado.

No ha visto a José desde la última vez que Pascuala visitó la ciudad, varios meses atrás. Fueron unos días antes de que ella se fuera, para regresar al otro lado, y Manuel y Pascuala estaban en la casa de su madre, sentados a la mesa de la cocina, cuando alguien golpeó la puerta. Al momento siguiente José estaba parado en la entrada de la cocina y decía que quería hablar a solas con su esposa. Para entonces todo el pueblo sabía que ahora estaba con una mujer más joven; los habían visto paseándose del brazo por la plaza y el mercado, como una pareja en luna de miel. A Manuel no le gustaba inmiscuirse en los asuntos de los demás, así que cuando vio a José se apartó de la mesa, salió de la cocina y le dijo a su madre que hiciera lo mismo: que los problemas que existieran entre José y Pascuala debían quedar entre José y Pascuala.

Manuel no tenía ningún problema con José. De hecho, desde que se habían vuelto cuñados siempre se habían llevado bien, siempre se prestaban una mano. Cuando José y Pascuala necesitaron que alguien cruzara la frontera con sus seis hijos, le preguntaron a Manuel si él les haría el favor. Aunque Manuel no tenía ganas de ir al otro lado, accedió. El día del viaje había una tormenta feroz; había treinta centímetros de agua lodosa corriendo por la calle y nadie creyó que el autobús pudiera partir, pero partió.

Manuel ocupó los dos asientos del fondo con los seis niños, y para cuando el camión llegó a las curvas de la Sierra Madre Occidental, la más chica de los seis, la de cuatro años, se había empezado a quejar de dolor de estómago, y antes de que Manuel encontrara una bolsa de plástico, a la niña le dieron ganas de vomitar y comenzó una reacción en cadena. El camión tuvo que parar en el siguiente pueblo y el conductor hizo que Manuel pagara la limpieza. Mientras lavaban el vehículo, Manuel compró un saco de naranjas en un puesto de fruta; pensó que el dulce cítrico aliviaría a los niños. Sólo que cuando ya estaban todos de vuelta en el autobús se dio cuenta de que se había equivocado: lo que creyó que era un saco de naranjas era un saco de toronjas.

Aunque Manuel no tenía planes de quedarse en Estados Unidos, cuando logró cruzar, José lo convenció; le dijo que en Chicago había tanto trabajo que no podían encontrar suficientes hombres para cubrir todos los puestos: que fácilmente encontraría empleo en una fábrica, una granja o un restaurante. Ya que había logrado cruzar, ¿por qué no se quedaba, trabajaba, ahorraba un poco de dinero, hacía que el viaje hubiera valido la pena? Manuel estuvo de acuerdo en quedarse. La noche siguiente a su llegada a Chicago tocaron a la puerta. Era migración.

Alguien les había avisado que un camión lleno de mexicanos acababa de llegar a esa casa. Los agentes se llevaron a Manuel y a José, los tuvieron detenidos toda la noche, y al día siguiente le dieron un permiso de trabajo a cada uno y los dejaron ir. Por seis meses vivieron bajo el mismo techo, comieron en la misma mesa, los fines de semana compartieron una que otra cerveza, y ni una sola vez tuvieron una discusión o siquiera un desacuerdo.

Desde antes de llegar a la curva Manuel puede ver a la multitud que se ha juntado alrededor de la camioneta, volcada de espaldas como un escarabajo gigante que hubiera rodado hasta quedar boca arriba sobre su caparazón y no consiguiera enderezarse. Manuel para, y mientras se dirige hacia la multitud de hombres que gritan alrededor de la camioneta y tratan de abrir las puertas, justo por encima de las voces de los hombres, en un registro mucho más amplio, oye un quejido inconfundible que no puede ser sino de una mujer. No le da importancia hasta que está de cuclillas asomándose por el parabrisas agrietado. José sigue con una mano en el volante; su sombrero está boca abajo junto a él en el cofre, y extendidos debajo y alrededor del sombrero hay mechones teñidos de güero-naranja de la concubina. Ella mira a Manuel con ojos desorbitados y sollozando; un hilo de sangre sale de su nariz, le atraviesa la frente y desaparece en sus raíces oscuras. Manuel la mira con detenimiento, luego mira a José y de un impulso se pone de pie. Ayudar a José era una cosa, pero ayudarlos a él y a su concubina, ni hablar. Se aleja; sus botas vaqueras atraviesan la misma tierra que ya recorrió, como si al hacerlo pudiera borrar sus huellas, hacer como si nunca hubiera estado allí.

Desde ese día empieza a cambiar la atención de José. Es como si toda la ira que ha dirigido a su esposa como tren imparable se hubiera descarrilado y ahora acelerara hacia un nuevo destino. Casi inmediatamente después del choque, todo mundo empieza a advertirle a Manuel, incluso su madre:

—Hijo —dice Andrea—, no bajes la guardia con José. La gente dice que ha estado recorriendo las cantinas y que anda diciendo que la próxima vez que te vea, te va a matar.

—Ay, amá, no va a hacer nada —dice Manuel—. El que nada debe, nada teme.

Es cierto que Manuel no le debía nada a nadie y no había hecho nada para provocar a José —a nadie en realidad—, así que no tenía razón para temer que algún imbécil pudiera aparecerse un día en su puerta queriendo cobrarse alguna deuda pendiente.

—El que nada debe, nada teme —dice Andrea—. Eso dice el dicho, pero tú tienes que tener cuidado. Dicen que si quieres saber la verdad les preguntes a un niño o a un borracho, porque ellos siempre dirán la verdad. Y si eso es lo que José ha andado diciendo en estado de embriaguez, es porque eso es lo que tiene en la cabeza, y una vez que un hombre empieza a decir lo que piensa, en cuestión de tiempo sus palabras se volverán acciones —dice, tal vez recordando el tiempo en que José estuvo tramando raptar a Pascuala, pues llevaba tiempo hablando de eso antes de armarse de valor para conseguir la ayuda de sus dos primos e instalar su campamento en la cantina cerca de la casa de Nico.

—Ese hombre acaba de perder el conocimiento —gritó la joven a la que Andrea había mandado a vigilar, en el instante en que su cabeza golpeó la roca.

Cuando cargaron los comestibles había sido una fachada, una treta, porque Andrea le había estado siguiendo la pista todo el tiempo. Sabía que estaba en la cantina con sus hombres, y precisamente porque Manuel estaba con ellas, Andrea insistió en que esperaran, en pasar la noche en casa de Nico si era necesario, porque Dios no quiera que ese hombre los rebase en el camino y termine hiriendo a Manuel... o peor. Desde el día en que José vio a su hija por primera vez, había estado encima de ellos sin parar, primero en la roca, y luego las interminables serenatas.

—Ese hombre está obsesionado con tu hija, Andrea —le dijo su madre, levantando la vista de su tejido, cuando oyeron por enésima vez los tambores y trompetas que provenían del otro lado del río—, y de una obsesión así no puede venir nada bueno.

Si el marido de Andrea hubiera estado vivo habría puesto a José en su lugar, pero lo asesinaron a los treinta años y ella se quedó con seis hijos que mantener sin ayuda de nadie. Aunque probablemente oyó el disparó que le quitó la vida, no le prestó ninguna atención, pues en esos lares las pistolas disparaban con la misma frecuencia con que los gallos cantaban al amanecer. No supo que algo malo pasaba hasta que se abrió la puerta que daba al patio y oyó pasos que no eran de su esposo.

—Bacilio, ¿eres tú? —llamó desde la cocina, donde estaba sirviéndoles té a los niños.

No hubo respuesta. "Bueno, si no es Bacilio, ¿entonces quién es?", dijo, limpiándose las manos en el delantal mientras salía, y al momento siguiente el mensajero le dijo que acababan de dispararle a su esposo enfrente de la tienda de comestibles. Corrió, sin darse cuenta de que sus hijos iban tras ella.

Cuando llegó a la tienda, una multitud se había reunido enfrente de la entrada. Su esposo estaba tirado en el suelo; un charco oscuro se extendía alrededor de su cabeza. Andrea cayó de rodillas y lo tomó en sus brazos. Le habían disparado en la cara, y aunque sus ojos seguían abiertos, ella sabía que ya no podía verla, como no podía ver a sus hijos llegar detrás de ella uno tras otro, ni la manera en que Pascuala empezó a temblar cuando el charco oscuro iba acercándose a sus pies descalzos. Cuatro hombres ayudaron a Andrea a llevar el cuerpo al patio, y allí lo lavaron y le cambiaron la ropa mientras llegaba el ataúd. En la mañana subieron el ataúd al carruaje y se lo llevaron, cubierto de flores blancas.

—¿De verdad nunca va a regresar mi apá? —preguntaba todas las noches Juan, que tenía cinco años, antes de irse a la cama, y todas las noches obtenía la misma respuesta, y todas las noches lloraba hasta quedarse dormido. Manuel, en cambio, que tenía once años y era el mayor, había tomado la muerte de su padre con viril determinación.

—Vamos a darle de comer al caballo de mi apá —le dijo Manuel a Juan la mañana que el carruaje se llevó el ataúd. Desde que mataron al marido de Andrea, Manuel había sido su compañero constante hasta que se casó y tuvo a sus propios hijos, y precisamente el día en que Manuelito, el hijo de Manuel, se casa con su novia en el registro civil, los dos están caminando por la calle Atotonilco y se topan con José y su amigo Ricardo.

—Éste es mi cuñado —dice José, pasándole el brazo por el hombro a Manuel y presentándoselo a Ricardo. Aunque José ha estado bebiendo tres días sin parar, prácticamente sin comer o dormir, está bastante coherente.

Los hombres se dan la mano y José invita a Manuel y a su hijo a tomarse un trago con ellos. Manuel declina: dice que tienen asuntos que atender y no pueden quedarse. Pero José insiste y le dice a Manuel que aunque ya no esté con su hermana no hay razón por la que no puedan seguir siendo amigos. Manuel transige, acepta quedarse a tomar sólo una copa, pero Manuelito consigue librarse y regresa a su casa.

—José me dice que eres de Santana —dice Ricardo cuando ya están en la cantina.

—Así es —contesta Manuel.

—Estuve allí hace unas semanas en unas carreras de caballos y perdí una buena lana —dice Ricardo; se quita el sombrero vaquero y lo pone cuidadosamente sobre la barra—, pero el otro día me enteré de que las carreras habían estado arregladas.

—No sé nada de esas carreras —dice Manuel—: yo no estuve allí.

—Pero eres de Santana.

—Así es.

—Entonces debes de saber algo —dice Ricardo.

El cantinero les sirve las copas, y cuando terminan la primera ronda José pide otra, y para cuando les sirven la tercera ronda, la familia de Manuel ya está en camino. Van por las sinuosas calles adoquinadas, pasando por los negocios a la hora en que cierran. Aunque Manuelito empezó a caminar hacia su casa, al rato ya estaba corriendo bajo la luz cobriza del atardecer hasta llegar, sin aliento, buscando a gritos a su madre y a su hermana, diciendo que acababan de encontrar a José y que se había llevado a su padre, y al momento siguiente los tres iban a toda prisa por la calle Atotonilco camino a la única cantina en esa parte del pueblo.

—Todos los hombres de Santana son iguales —dice Ricardo, despachándose su trago—: no son más que una bola de cobardes.

—Ya déjelo —dice José.

—¿Dejarlo? —dice Ricardo sonriendo—: eres tú el que se trae algo con este cabrón, no yo.

—Caballeros, no me importa quién se traiga qué con quién, pero discútanlo afuera —dice el cantinero.

Los tres salen a la calle, y cuando llega la familia de Manuel se ha intensificado la disputa sobre las carreras de caballos que pudieron estar arregladas o no, y un pequeño gentío se ha reunido a su alrededor. José tiene su pistola en la mano y Ricardo está sosteniéndole a Manuel los brazos atrás de la espalda.

—Aquí está tu hombre, suénatelo —grita Ricardo.

—José, guarda la pistola —dice la esposa de Manuel—. Estás muy tomado.

Con los ojos inyectados de sangre, José mira el rostro de Manuel, un rostro tan parecido al de Pascuala: el rostro que lo mantuvo por años clavado a la roca atrás de su casa, esperando y anhelando que ella saliera para poderlo ver fugazmente. Ahora no hay modo de llegar a ella. Cada vez que llama a la casa y ella contesta, en el instante en que oye su voz cuelga el teléfono de un golpe.

—Suénatelo —grita Ricardo, y un unánime grito ahogado se escapa de la multitud cuando José levanta la pistola y la apunta al rostro de Manuel.

—No lo haga, José —dice la hija de Manuel.

Se abren las cortinas de algunas ventanas cercanas.

—Suénatelo —dice Ricardo.

—Te vas a arrepentir, José, te vas a arrepentir —dice la esposa de Manuel, con lágrimas corriéndole por las mejillas.

Él baja el brazo, aunque sus voces siguen rugiendo a su alrededor como una discusión irremediable. Hazlo. No lo hagas. Ahora tiene dos opciones. O jala el gatillo o se aleja, ¿pero cómo puedes alejarte de un hombre al que has estado a punto de matar? Parece que ya medio pueblo está parado ahí, esperando a ver qué hará, si tendrá el valor de jalar el gatillo o si fue pura habladuría.

—¿Eres hombre de palabra o no? —grita Ricardo, y de un solo movimiento José estira el brazo, le quita a Manuel el sombrero y se lo pone en su propia cabeza como diciendo "Ya no lo vas a necesitar". Levanta el brazo, apunta la pistola al rostro de Manuel y dispara una bala.

★ ★ ★

—¿Te imaginas? ¿Cuándo se le habría ocurrido a Manuel pensar que tu padre le correspondería de esa manera? —me preguntó Tito, mi abuela, años después—. Cuando Manuel los llevó a tus hermanos y a ti al otro lado no había planeado quedarse, pero tu padre lo convenció, así que se quedó y trabajó allá un tiempo, y ya que volvió para acá, un día me dijo: "Mamá, deberías ver, allá los hombres trabajan limpiando mesas, cocinando y lavando platos. Allá los hombres están haciendo por dinero lo que nunca harían en su casa. Es vergonzoso". Manuel creía que lo mejor para un hombre era trabajar su propia tierra, y tenía razón. Ahorró suficiente dinero para comprar un tractor, y después de volver nunca más regresó al otro lado, y tampoco quería. ¿Cuándo se le habría ocurrido a mi hijo pensar que tu padre iba a hacer lo que hizo?

"La bala le dio a Manuel justo aquí —dijo, apuntando al rincón sobre su labio superior y entre su nariz y la mejilla izquierda—. Le atravesó los dientes incisivos y se alojó atrás de su cabeza, donde explotó. Si su familia no hubiera estado allí, mi hijo probablemente se habría desangrado en plena calle. Lo que le ayudó fue que su esposa y su hija lo levantaron inmediatamente. También Manuelito estaba allí, pero en el instante en que se disparó la pistola salió corriendo, porque Dios no quisiera que José le disparara ahora a él: ya lo había amenazado, no creas que no.

"Pararon un carro y llevaron a Manuel al hospital más cercano, a dos horas de camino. El doctor le echó un vistazo a Manuel y le dijo a su familia que debía llevárselo a casa, porque ya sabía... ¿Pero cómo podían llevarlo a casa? Tenían que tratar, así que lo llevaron en ambulancia al hospital en San Luis Potosí. ¿Ves que supuestamente San Luis tiene algunos de los mejores doctores del mundo? Ya estando allá le conectaron tubos y monitores; hasta la comida tenía que dársele a través de un tubo porque no podía masticar. Mi hijo estaba muy adolorido. "Mamá", me dijo un día, "si tomaras un carbón caliente y me lo pusieras en la piel, no sería nada comparado con el dolor que siento".

"Lo tuvimos veinte días en ese hospital, hasta que un día me dijo que tenía sed. No había pedido nada, y sin embargo de repente quería un trago de agua, así que salí al pasillo a buscar a una enfermera, o cualquiera que me pudiera dar un vaso de agua, y cuando iba de regreso a su cuarto pasó junto a mí. Lo sentí pasar en el corredor, y así es como supe que se había ido.

7. AMOR, DULCE AMOR

A pesar de nuestro encuentro inicial, Sophia y yo terminamos siendo buenas amigas. Es sábado en la noche y estamos yéndonos de una fiesta. Salimos al porche y allí nos topamos con un cuate alto de pelo oscuro al que nunca he visto antes.

—Tú estuviste en ese espectáculo de danza, ¿no? —dice sonriéndome.

—Sí —digo, mientras la puerta mosquitera se azota atrás de él y deja a Sophia en el porche. Antes esa misma noche había habido un espectáculo de danza en la prepa y Sophia y yo habíamos bailado en algunos de los números.

—Lo hiciste muy bien —dice.

—Gracias —algo tiene su manera de mirarme que resulta atemorizante y emocionante a la vez.

—¿Ya te vas? —pregunta.

—Hora de llegada —digo encogiéndome de hombros, aunque no tengo hora de llegada, pues ni siquiera tengo permiso de salir, pero Sophia tiene que estar en su casa a medianoche.

—Me llamo Dominick —dice extendiéndome la mano. Nuestras manos se deslizan una con otra, y el calor de la suya en la mía me hace querer quedarme allí en la entrada el resto de la noche.

—Y tú, ¿cómo te llamas? —me pregunta sin soltarme la mano.

—Maria —digo.

—Ah, Maria, como en *Amor sin barreras* —dice.

—Ajá —asiento con la cabeza. Alguien se abre paso por la entrada, y él da un paso hacia mí. Percibo el olor de su colonia, y, oh, cómo quisiera poder detener el tiempo.

—¡Maria! —grita Sophia—, ¿vienes o no?

—Ella me va a dar aventón —digo.

Se hace a un lado sin dejar de sonreír; yo retiro mi mano y salgo por la puerta.

El lunes en la mañana entro a mi primera clase, español 203, y en el instante en que me siento, la bonita muchacha italiana a la que suelo ayudar con su tarea voltea a verme.

—Le gustaste mucho a mi primo Dominick —dice.

—¿Dominick es tu primo? —me puse roja con la sola mención de su nombre.

Dice que sí con la cabeza.

—Cuando te fuiste de la fiesta no paró de hablar de ti.

—¿De veras? —me siento como si me hubiera ganado la lotería, porque no he dejado de pensar en él todo el fin de semana. Me la pasé pensando de dónde sería, y si volvería a verlo alguna vez.

—Ya regresó a la escuela, pero vendrá a casa en el verano, dentro de pocas semanas —dice—. Si quieres puedo darte su teléfono.

Pronto supe que Dominick se había graduado el año anterior en la otra prepa de la ciudad. Él y su novia habían sido rey y reina del baile de graduación, y aunque todos pensaban que se casarían, habían tronado poco después de que él se fue a la universidad. Esta chava me da su número, le dejo un mensaje, y cuando viene en las vacaciones de Semana Santa me llama y me invita a cenar. Le digo que el miércoles me queda bien, sobre todo porque sé que mi madre estará en su iglesia en la reunión de oración hasta tarde.

El miércoles en la noche pasa por mí en un *hatchback* azul oxidado y me lleva al Village Squire, uno de los dos restaurantes más elegantes de la ciudad. La *hostess* nos lleva a un gabinete, la mesera viene, él pide una cerveza. Ella pide que le muestre su identificación, él la saca de su cartera y se la da.

—¿Qué clase de cerveza quiere? —pregunta devolviéndole su identificación.

Él pide una Amstel Light y yo un té helado.

—Es mi hermano Donnie —cuando se va la mesera me pasa su identificación; me dice que tiene tres hermanos y una hermana mayores. Los cinco tienen nombres que empiezan con D: Donnie, David, Dean y Donna.

La mesera trae nuestras bebidas. Él pide un filete, y yo, aunque el nudo en el estómago me ha quitado el hambre, escojo los camarones Alfredo. Nunca antes he comido camarones Alfredo, pero me gusta cómo suena. En el instante en que la mesera se va, me pasa la cerveza deslizándola por la mesa. Los dos nos aseguramos de que nadie vea, tomo un sorbo, la regreso a la mesa, él da un trago y la pone en el centro para que se quede entre los dos. Entre sorbos y tragos me pregunta sobre mi familia. Le digo que mis padres están divorciados, aunque nunca se divorciaron legalmente, sólo están separados, pero me gusta esa palabra: *divorciados*. Suena más civilizado. Los que se divorcian contratan abogados y van al juzgado, se quedan dentro de los límites de la ley. La gente que se divorcia, supongo, no amenaza con matar a su cónyuge o a sus parientes políticos.

Habíamos oído que mi padre había estado recorriendo las cantinas de Valparaíso diciendo que la próxima vez que viera a mi tío iba a meterle una bala: iba a usarlo como carnada para que mi madre se viera obligada a viajar a México. Los rumores no me espantaban: parecían noticias de una estrella lejana. Era como si, incluso si algo pasara, estuviéramos demasiado lejos como para que nos afectara. Era como si de alguna manera fuéramos inmunes. Y en eso recibimos la primera llamada, y todos nos sentamos en la sala, viéndonos unos a otros, luego viendo al suelo, luego otra vez viéndonos entre nosotros, incapaces de pronunciar oraciones completas. *Disparó. ¿Cómo? ¿En la cara? ¿Por qué?* Era una canallada. Incomprensible. Mi madre quiso ir enseguida, pero su familia le dijo que no, pues mi padre estaba desaparecido, ¿y qué tal si iba y también a ella le hacía algo? Veinte días después recibimos la segunda llamada, y ella salió en el primer avión para Zacatecas. Cuando volvió pasó largas horas, incluso días enteros, encerrada en su habitación mientras la pila de ropa sucia se caía de la cama al suelo, hasta que la alfombra ya no se veía. Si lo que quería era matarla, en algún nivel lo había conseguido. En lo que a mí respecta, la bala que mató a mi tío también mató a mi padre. Después de eso, mi padre estaba prácticamente muerto para mí.

Llega nuestra comida, y en el instante en que la mesera pone mi plato frente a mí me doy cuenta de que he cometido un error. Largas hebras de pasta enrolladas unas con otras nadando en una salsa de queso cremosa, con unos cuantos camarones dispersos por aquí y por allá. No está fácil comer eso sin hacer un desastre. Dominick pide salsa inglesa y otra cerveza. Yo muevo las hebras de pasta de un lado a otro con el tenedor y arranco algunos camarones de aquel revoltijo. No me atrevo a comer un solo espagueti enfrente de él.

Cuando nos vamos del restaurante ya es de noche. Me dice que David, el mayor de sus hermanos, es el gerente de Tavern on the Green, que es con mucho el lugar más elegante de la ciudad. Está frente al río, y afuera tiene un quiosco donde nos podemos sentar y ver a los barcos pasar. ¿No quisiera ir a echarme una copa con él? Aunque no quiero separarme, invento alguna excusa por tener escuela al día siguiente y me lleva a mi casa.

Antes de nuestra próxima cita busco la bolsa de Mary, abro su cartera, saco su identificación, y en una noche paso de dieciséis a veinticinco. Ese verano pasamos incontables noches bebiendo en el quiosco con sus hermanos mayores, y con todos los demás universitarios que han venido a su casa por las vacaciones, así como los que nunca se molestaron por ir a la universidad, los que se quedaron en esta ciudad chica sabiendo que algún día se harían cargo del negocio de plomería o tejados de sus padres. A todos les impresiona mucho mi tolerancia al alcohol, que pueda seguirles el ritmo a los hombres, copa tras copa. Les digo que está en mi sangre, aunque no les explico cómo llegó allí… Cómo aquel que sigue desaparecido lo puso allí. Habían pasado cuatro meses desde que mató a mi tío, y todavía no volvía a salir a la superficie.

—¿Dónde imaginas estar dentro de diez años? —me pregunta Dominick una tarde; estamos compartiendo una jarra de cerveza y quitándoles la cáscara a unos cacahuates mientras esperamos nuestra pizza en Verducci's.

—No lo sé, ¿y tú?

—No estoy seguro —dice—. Tal vez me mude al oeste, o tal vez siga aquí. Probablemente tú ya no estés aquí —empuja las cáscaras de cacahuate de la mesa y las tira al suelo—. Tú probablemente vayas a la universidad y te vuelvas una chica de elite en la hermandad de estudiantes y termines mudándote a la gran ciudad y casándote con algún hombre rico —dice.

—¿Qué es una hermandad de estudiantes? —pregunto, rompiendo una cáscara y echándome el cacahuate en la boca.

—Ya sabes, una hermandad. Como las asociaciones estudiantiles —dice examinando mi cara—. Las universidades las tienen. Son clubes sociales.

—Oh —digo, aunque sigo sin entender.

—¿Y yo? —dice—. ¿Dónde crees que estaré yo en diez años?

—Quién sabe. Te imagino viviendo en este pueblo; probablemente te hayas casado y tengas algunos hijos, y a lo mejor seguirás haciendo carpintería como trabajo extra, y tendrás una pancita chelera y te vas a estar quedando calvo como tu papá —digo tomando un sorbo de mi cerveza.

—¡Oye, gracias! —dice, medio sonriendo y medio frunciendo el ceño, tratando de entender si estoy bromeando o no—. ¿De verdad piensas eso? —pregunta, y yo digo que sí con la cabeza, sin importarme haberlo ofendido.

Llega nuestra pizza, muy caliente, sobre un platón de acero, con el queso derritiéndose alrededor de la salchicha, los pimientos verdes y los champiñones. Dominick pone una rebanada en un plato y me la pasa. La tomo y el queso se desparrama; me quemo la lengua y hago un desastre, pero ya no me importa. Ya superé los nervios. Cuando terminamos paga la cuenta, como siempre hace, y camino a casa se estaciona en una calle poco iluminada, apaga los faros y el motor, y me acerca hacia él como siempre hace. Me gusta mucho Dominick. Me gusta la manera como me rodea con los brazos y me besa, la manera como sus manos tiran de mi blusa de seda y la sacan de mis shorts de mezclilla, sus dedos lentamente desabotonándola, y cómo luego sus manos tibias viajan por mi espalda, buscando, encontrando y desabrochando mi brasier con relleno. Pero en el instante en que sus manos empiezan a tratar de bajar el cierre de mis shorts, las detengo en pleno vuelo. Prácticamente puedo oír a mi madre diciendo: "Una señorita que no es virgencita no sirve para nada". Aunque no lo creo, sí pienso que para eso esperaré hasta que me case, o al menos hasta que me enamore.

Una de esas noches, después de salir a cenar, rentamos una película y sugiero que la veamos en mi casa, ya que Mary recientemente hizo arreglos en el sótano y ahora tenemos allí una sala de estar con una gran televisión, además de que mi madre está en una de sus vigilias de oración nocturnas y no volverá hasta bien pasada la medianoche. La película no ha llegado ni a la mitad y los dos hemos dejado de verla. Nuestros labios están pegados y nuestras extremidades entrelazadas.

—¿Qué está haciendo ese viejo aquí? —la voz de mi madre prácticamente me hace salir volando del sillón. No oí sus pasos bajando las escaleras, y definitivamente no oí su coche llegar. Ahora está parada frente a nosotros.

—Oh, ¿es tu madre? —pregunta Dominick sonriendo y poniéndose de pie. Se acerca para darle la mano, pero al parecer recapacita.

—Sácalo de aquí inmediatamente —exige en español. Me niego a correrlo, le digo que es una grosería y que al menos podría dejarnos terminar de ver la película, pero insiste en que le pida que se vaya porque, dice, le estoy dando un gran ejemplo a mi hermana menor: traer un hombre a la casa y dejar que me bese.

—¿Qué dice? —pregunta Dominick con la sonrisa apagada.

—Tienes que irte. Lo siento.

—¿Qué? ¿Por qué?

—Tú —dice mi madre señalándolo—: fuera de aquí —y señala hacia la puerta.

—¿Por qué está tan enojada? —me pregunta Dominick.

—No lo sé. Lo siento, pero tienes que irte —digo acompañándolo a la puerta.

—Te llamo mañana —dice al salir.

Cuando se va, mi madre me acusa de todo lo habido y por haber.

Después de eso las cosas entre Dominick y yo no vuelven a ser iguales. Ya no me invita a cenar, y finalmente deja de buscarme por completo. Supongo que es una combinación de estar ofendido por mi madre y frustrado por mi cierre que no se deja bajar.

8. LLAMAMOS A LA POLICÍA

El cine al aire libre está lleno de coches y camionetas con ventanillas empañándose mientras las manos buscan botones, broches y cierres; en realidad nadie pone ninguna atención a la película, a la escena que se desarrolla contra el cielo que oscurece. Tú estás de parranda en la parcela al otro lado de la calle, en el sótano de Bradley. Sus padres salieron de fin de semana, así que invitó a algunas personas. No es una fiesta propiamente dicha: sólo el personal de costumbre: tú, Sophia, los amigos mayores con los que has salido los últimos dos años y él: él no es parte de tu grupo, pero está aquí porque es amigo de un amigo.

Tú estás sentada en la lavadora, respirando en el aire frío y húmedo mientras la música sale a todo volumen de las bocinas. Viene otro trago hacia ti. ¿Con éste cuántos van? ¿Cinco? ¿Seis? Qué importa. Es viernes. Es tu último semestre en la preparatoria, y en el otoño te irás de esta ciudad para siempre, y ni tu madre ni nadie pueden hacer nada por detenerte. Hace unos días te llegó en el correo una carta de la Universidad de Illinois de Urbana-Champaign, tu primera opción. Rasgaste el sobre en el instante en que lo tuviste en las manos y leíste la carta en diagonal hasta encontrar esa palabra: FELICIDADES. Aunque tenías el impulso de correr por toda la casa gritando: "Gané,

gané, gané", no lo hiciste porque a nadie le hubiera importado. En vez de eso llamaste a Sophia, que también había recibido su carta de aceptación de la Universidad de Illinois ese mes.

—¡Salud! —dicen chocando tu vaso, y aunque estás viendo doble y la música suena como un fuerte zumbido, todavía no quieres rajarte. Nunca te has quedado atrás de los hombres: les impresiona tu alta tolerancia natural. Te lo tomas de un trago; te arde al pasar por la garganta.

A través de los párpados a media asta alcanzas a ver el sillón en el otro extremo del sótano y piensas que a lo mejor te acuestas un ratito, hasta que Sophia esté lista para regresar a la casa. Te bajas de la lavadora; tus piernas se sienten pesadas cuando mueves un pie y luego otro. Oyes que alguien te pregunta si estás bien y piensas: "Sí, estoy bien, sólo voy a poner el cachete en aquel cojín y a cerrar mis ojos un momentito". Una hora después Sophia trata de despertarte para irse, pero no consigue moverte.

—Deja que se quede aquí —le dice Bradley, y le ofrece llevarte a tu casa en la mañana.

Sophia se va. Todos se van, excepto él. No Bradley, el otro. Ese que ni siquiera sabes cómo se llama. O a lo mejor sí se fue junto con todos los demás. A lo mejor ni siquiera le había pasado por la cabeza hasta que estaba a la mitad del camino, y en ese momento su mente corrió de vuelta a ese sótano oscuro, pensando "Aquella chava". Y tal vez fue entonces cuando dio la vuelta en U, ya sabiendo lo que quería hacer, así que apagó las luces antes de llegar de regreso a la entrada del coche en casa de Bradley. O quizá todo el tiempo estuvo planeándolo: fue llevando la cuenta de tus tragos mientras rondaba por ahí, un poco atrás de las risas, viendo cómo te los tomabas como si fueran agua, esperando, deseando y prácticamente salivando cuando vio tu cuerpo caer en el sillón, así que cuando todos los demás se fueron, él se quedó.

Para entonces la pantalla grande seguramente estaba oscura, y todos los coches y camionetas se habían ido sin dejar nada atrás más que basura, y a lo mejor él se subió a su coche y encendió un cigarro, se lo fumó sin prisa, esperando que Bradley apagara las luces, y cuando hubo pasado suficiente tiempo se bajó y tuvo cuidado de no azotar la puerta antes de ir a la casa y lentamente darle la vuelta a la perilla, esperando que no estuviera con llave. No lo estaba. No hay necesidad de cerrar con llave las puertas en un vecindario relativamente seguro, donde todos están pendientes unos de otros, donde la gente tiene letreros en las ventanas que dicen LLAMAMOS A LA POLICÍA. Entró a la casa oscura y bajó por las escaleras.

Pocas semanas después no te ha bajado la regla. A ti nunca se te retrasa; tu ciclo siempre ha sido muy regular.

—Creo que estoy embarazada —le dices a Sophia cuando van en el coche regresando del asilo de ancianos en el que las dos trabajan.

—Es imposible —dice—. No puedes quedar embarazada la primera vez. A lo mejor sólo estás estresada. Espérate al mes que entra, seguro entonces te bajará.

Parece tan convencida de que te bajará que su certeza de alguna manera te tranquiliza, pero de todas formas compras una prueba de embarazo. Las instrucciones son muy simples: una raya significa *no*, y un signo de más significa *sí*. Afuera brilla el sol, la nieve se derrite lentamente y gotea del barandal de madera de la terraza. Ves el aparato, la pantalla en blanco, y miras cómo va apareciendo el signo de más azul. Es como ver un cadáver saliendo a flote en un lago tranquilo; ya que lo has visto debes lidiar con eso: deshacerte de él antes de que alguien lo descubra.

Respiras hondo, piensas: "Está bien, lidiaré con esto".

Paso

a

paso.

Sacas el directorio telefónico y llamas a algunas clínicas de la zona.

"¿Estás segura de que te quieres deshacer de él?"

"Hay otras opciones, ¿sabes?"

"El aborto es un pecado".

"¿Has pensado en darlo en adopción?"

"Jesús te ama".

Las voces al otro lado de la línea empiezan a sonar como tu madre, y cuelgas. Puede que Jesús te ame, pero definitivamente ahora no puede ayudarte. De hecho estás empezando a pensar que quizá Él hizo esto, es Su manera de ocuparse de ti, tal como llevarse a tu hermano fue Su manera de ocuparse de tu padre. A lo mejor es tu castigo por beber mucho, por ser una hija rebelde, por salir a tu padre.

Algo que sabes con certeza es que tu madre no puede enterarse, no sólo porque te culpará de lo que te pasó, sino porque te obligará a quedarte con él. Así como hizo a tu hermana Roselia quedarse con el suyo cuando tenía dieciséis y el cuate de veinticinco años con el que estaba saliendo la dejó embarazada.

—Más vale que yo no me encuentre a ese hijo de puta por aquí —dijo tu padre cuando se enteró de que un aleluyo había embarazado a su hija. Para entonces Roselia ya se había ido de la casa, y al poco tiempo ella y el tipo se casaron en la iglesia de tu madre; todo mundo fue a la boda excepto tu padre, y luego nació el bebé y todo estuvo bien… Hasta que dejó de estarlo.

Llamas al 411 y te dan teléfonos de clínicas en una ciudad grande cercana. Es caro, muy caro. Haces algunos turnos extras en el trabajo y empiezas a ahorrar.

—¿Todo está bien? —te pregunta la señora Flint un día después de clases. Estuviste con ella en el curso avanzado de colocación de inglés en tu primer año, y otra vez en tu último año, y ha observado que ya no participas en los debates en clase como antes. ¿Pero cómo participar si no has hecho las lecturas que deja de tarea, y cómo leer si te está costando tanto concentrarte porque prácticamente puedes oírlo crecer y hacer tictac dentro de ti? Sus grandes ojos azules parecen tan sinceros que quieres confiar en ella, contárselo todo, pero te sientes un fracaso, sientes que le has quedado mal, y aprietas los labios y asientes con la cabeza, pero no te atreves a decir nada.

Sales de su salón y sigues caminando por el corredor; oyes los *lockers* cerrándose de golpe a izquierda y derecha, y casi los puedes oír murmurando a tu paso, pues estás segura de que todos lo saben, segura de que todos pueden oír su tictac. Y al momento siguiente estás saliendo por la puerta trasera, tratando de animarte con el fresco aire primaveral, el sol desdibujando el estacionamiento de estudiantes mientras te diriges a tu coche. Y ahora sólo son tú y el camino, y estás manejando rápido, sales de la ciudad, aunque no sabes exactamente adónde vas, hasta que das la vuelta hacia el camino de grava que lleva a la reserva forestal en los límites de la ciudad. Te adentras en el bosque, estacionas el coche, te bajas y te acuestas en el cofre. Se siente bien el sol brillando sobre tus párpados hinchados. El sonido de algunos pájaros piando llena el espacio a tu alrededor. ¿Cuánto ha pasado? ¿Seis semanas? ¿Ocho? Tu vientre se ha abultado, y aunque tu largo torso lo disimula, tu madre ha empezado a verte con suspicacia.

Dos semanas después te topas con Bradley en una fogata.

—Lo siento muchísimo —dice—. Lo vi regresar a la casa, lo vi bajar las escaleras, pero nunca se me ocurrió…

—Está bien —dices, quizá más para tus adentros que en voz alta. Como si al seguirte diciendo a ti misma que está bien, entonces lo estará.

—Si decides denunciarlo o ir a la policía, yo te acompaño —dice.

Te estás yendo de la fogata cuando una muchacha a la que nunca has visto se te acerca.

—Oye, supe lo que pasó con Michael —dice—. A mí me pasó con él algo parecido, y también a otra chava que conozco.

¿Había habido otras? ¿Ya lo había hecho antes? Entonces debió de estarlo planeando.

—Deberías hacer que él lo pague —dice—. Si quieres, te doy su teléfono —te pasa un papelito con el nombre de ella y un número de teléfono.

Le llamas el lunes en la noche, porque a pesar de los turnos extras sigues sin tener suficiente dinero. Te da su teléfono. Le llamas y dejas un mensaje, pero nunca te responde. Dejas varios mensajes, dices que necesitas hablar con él, pero nunca te devuelve la llamada. Tal vez espera que si te ignora te vayas, desaparezcas en silencio. Después de una semana de dejar mensajes te enteras en dónde vive, y un día al salir de la escuela manejas hasta su casa.

Es una casa de dos pisos con revestimientos exteriores de aluminio azul con una bandera de Estados Unidos ondeando en el frente. Hay dos patos blancos de plástico en la base del asta, junto a una banca de fierro. Tulipanes amarillos y rojos cubren el arriate que se extiende por la base del porche. Respiras hondo y tocas el timbre. Casi instantáneamente se oyen del otro lado de la puerta pasos que se acercan. Tu corazón se acelera. De repente tienes el impulso de salir corriendo, piensas que fue una pésima idea, que no deberías haber venido, pero en eso se abre la puerta y ves allí parada a una mujer rubia regordeta limpiándose las manos en un delantal a cuadros y sonriéndote.

—Hola —dices—, ¿está Mike?

—Está en su cuarto, mi vida, pero pasa, pasa.

—No, gracias, estoy bien, aquí lo espero.

—Michael —le grita sobre el hombro—, alguien te busca. Voltea a verte de nuevo sin dejar de sonreír.

—¿No quieres algo de tomar? —ofrece.

—No, gracias —dices. Parece una señora tan agradable, una señora normal tan agradable, que quizá deberías decirle por qué estás aquí. Hacerle saber qué clase de escoria está criando bajo su techo.

—Enseguida baja, mi vida —dice, y se da la vuelta.

Deja la puerta entreabierta y se dirige a un largo pasillo que pasa entre un comedor a la derecha y una sala de estar con chimenea a la izquierda. Una escalera alfombrada sube hasta topar con el techo justo arriba de la chimenea. En unos momentos está de vuelta en la cocina detrás de un mostrador picando verduras. Por el rabillo del ojo lo ves aparecer bajando las escaleras con sus calcetines blancos, sus piernas escuálidas, shorts de mezclilla a la rodilla, camiseta roja y una cachucha azul marino con el escudo de algún equipo. Y enseguida va caminando por el corredor hacia ti. Toma la perilla, sale y cierra la puerta tras él.

—¿Cómo conseguiste mi dirección? —pregunta, sin verte a ti, sino viendo atrás de ti, por encima de tu hombro, y hacia la avenida por donde pasan zumbando los carros.

—Me la dio Amy Miller —dices, y te mira por una fracción de segundo, como tratando de deducir exactamente cuánto sabes, antes de mirar sus calcetines y ponerse a restregar uno con el otro para quitar un pedazo de mugre—.

—Necesito trescientos cincuenta dólares.

—No tengo dinero —dice metiendo las manos en los bolsillos como para demostrar que están vacíos.

Le dices que volverás en una semana y que si no tiene el dinero le vas a contar todo a su madre: y no sólo lo que te hizo a ti, sino también a las demás. No tiene caso amenazarlo con ir a la policía porque allí trabaja su padre.

Se te queda viendo con una mirada dura, como si quisiera darte un puñetazo en la cara, pero tú no retrocedes ni miras para otro lado. Estás segura de que ninguna otra de esas muchachas a las que se lo hizo en la oscuridad vino a buscarlo en plena luz del día a amenazarlo. Te subes a tu coche y te vas. Regresas una semana después.

—Lo siento —dice cuando te entrega el dinero, aunque no es tanto una disculpa como una pregunta o una súplica: una manera de decir "Ya estamos bien, ¿verdad? No vas a regresar por aquí con más amenazas, ¿verdad?".

Tomas el dinero y te vas. Dos días después estás en una clínica en la ciudad grande, tus pies colgando por el borde de la camilla esperando a la doctora. Entra con tu expediente, se sienta en el mostrador de acero inoxidable y cruza los brazos.

—Es demasiado tarde —dice, y piensas "Por favor, que no sea lo que creo"—. Te explica que has entrado al segundo trimestre y que ya no pueden realizar la operación. De algún modo calculaste mal. El tiempo se te pasó y ahora es demasiado tarde. Demasiado tarde para las disculpas, demasiado tarde para lamentarlo, demasiado tarde para la vida con que habías soñado: universidad, viajes, visitar París, vivir en Nueva York alguna vez... Prácticamente puedes ver cómo todo se va alejando de ti. Él no sólo te cogió, sino que te lo quitó todo. Ahora no serás más que otra adolescente hispana embarazada, una estadística más.

Pocos días después, Sonia está dándose un baño de burbujas y entras al baño para lavarte antes de meterte a la cama.

—¿Estás bien? —pregunta.

—Sí —dices—, ¿por qué?

—Por nada —dice mirándote desde el otro lado de la puerta corrediza—. El otro día soñé contigo: estabas sola en medio de algún campo, lejos de la casa. Estabas llorando.

Te sientas en el escusado y, después de controlarte, se lo cuentas todo.

—Deberías hablar con mi amá —dice.

—¿Estás loca? —le dices, porque nunca hablas de nada con tu madre. Se ha abierto una distancia entre ustedes, una desconfianza profundamente arraigada que no puedes explicar. Ella también la siente. A veces pregunta por qué no puedes ser como tus hermanas, por qué no eres franca con ella. Podrán estar viviendo bajo el mismo techo, pero es como si no hablaran el mismo idioma.

Después de llamar a casi todas las clínicas de la zona encuentras una en un suburbio a dos horas de camino que, dadas las circunstancias, está dispuesta a hacerlo, aunque te costará cerca del triple. Sonia dice que te prestará el resto del dinero y que les llames para hacer una cita. La enfermera explica que tienes que ir al día siguiente, pues no hay tiempo que perder. Es un procedimiento de dos días. El primer día el doctor te mete una esponja que te hace dilatar, y luego tienes que volver al día siguiente. Suponiendo que la esponja hace lo que le toca, podrán realizar la operación. Pero si no funciona, no habrá nada que puedan hacer para ayudarte.

—Tendremos que ponerte anestesia general —dice la enfermera—. Podría haber consecuencias. Si hay hemorragia podrías desangrarte y morir.

Morir. ¿Eran ésas las últimas consecuencias? Pues muy bien. Si nunca despertabas de la anestesia, al menos todo habría pasado.

—¿Bueno? ¿Señorita? ¿Sigue allí?

—Sí.

—¿Quiere hacer una cita?

—Sí.

Al día siguiente faltas a la escuela y vas a la clínica tú sola. La introducción de la esponja es relativamente rápida e indolora. Al día siguiente Sonia te deja allí camino al trabajo, te registra y se va. Una enfermera te lleva a una habitación en la que te pones una bata azul claro, te sientas en la mesa de operaciones y esperas al doctor. El pequeño cuarto está lleno de objetos de metal relucientes. Todo es estéril, frío y filoso. El doctor entra y te ordena que pongas los talones en los estribos y te deslices hacia abajo. Te quedas viendo las luces fluorescentes arriba de ti pensando: "Por favor, Dios, por favor".

—Todo muy bien —dice el doctor—. Se pone a un lado de la mesa y la enfermera en el otro. Él explica el procedimiento y reitera que si tuvieras una hemorragia podrías desangrarte y morir, y pregunta si estás segura de querer hacerlo.

Asientes con la cabeza.

Mira a la enfermera y se mueve al pie de la camilla. Su banco cruje; los instrumentos de metal en la charola hacen ruido. La enfermera toma tu mano y la voltea con gentileza para que tu palma quede hacia arriba. Incluso a través de sus guantes de látex su contacto se siente cálido; no quieres que nunca te suelte la mano. Te explica que vas a sentir un piquetito en el brazo y enseguida te va a entrar mucho sueño. En el momento en que la aguja atraviesa tu piel sientes el flujo tibio instantáneo en tus venas; su voz ya empieza a esfumarse, como una mariposa blanca que desaparece en un túnel oscuro. Si te hubieras quedado dormida para siempre, su voz habría sido tu despedida, así como el murmullo del río fue la de tu hermano. Él fue el primero en llegar y el primero en irse.

Dos horas después la voz de la enfermera te llama y recobras el conocimiento. Estás en una sala de recuperación junto con algunas otras jóvenes recostadas en sus camas individuales. En una charola junto a tu cama hay galletas dulces y una lata de ginger ale. Tus manos gravitan hacia tu vientre: se mueven sobre la sábana blanca almidonada, la bata azul. Clavas los dedos en él; casi no das crédito: está vacío. Qué alivio. La vida te ha sido devuelta.

Pocas semanas después, ya que se termina de pasar la anestesia y ha amainado el dolor que el día siguiente al procedimiento sacudió todos los músculos de tu cuerpo, algo más empieza a crecer dentro de ti: quieres venganza. Quieres que pague: que de verdad la pague. Haces algunas llamadas, te reúnes con una detective en el estacionamiento de la tienda de abarrotes, y aunque parece más una mamá suburbana que una agente de policía, te sientas en el asiento de copiloto de su Lincoln azul y respondes todas sus preguntas mientras ella llena un formulario.

¿POR QUÉ ESPERASTE TANTO?

¿POR QUÉ NO GRITASTE?

¿POR QUÉ ESTABAS BEBIENDO?

Concluye que ha pasado demasiado tiempo, y que incluso si Bradley y las otras dos jóvenes testificaran, llevas las de perder. Si quieres presentar cargos en su contra, será tu palabra contra la suya; su abogado será despiadado y los periódicos van a estar volcados en el caso. ¿Realmente quieres que tu familia y tú tengan que pasar por eso?

—¿Ya les dijiste a tus padres? —pregunta.

¿Tus padres? No tienes la menor intención de decirle a tu madre, y no piensas volver a hablar con tu padre nunca más, aunque ya volvió a salir a la superficie. Has oído que ahora vive en Colorado con la mujer y sus dos hijos, y que usa un nombre falso y trabaja lavando platos en un restaurante muy concurrido en Denver.

—Creo que lo mejor para ti sería presentar un informe policiaco —dice—. Así, si vuelve a pasar, habrá antecedentes.

Presentas un informe policiaco y pocos meses después partes hacia la universidad.

* * *

Hay coches y minivans estacionados a lo largo del bordillo frente a la residencia de estudiantes, con las luces intermitentes destellando en la neblina de fines de agosto. Otros estudiantes pasan deprisa con cajones de plástico, lámparas de piso y almohadas. Yo saco la última de mis cajas de la vagoneta de la tiendita de mi madre.

—¿Todos estos viejos van a vivir en el mismo edificio que tú? —pregunta mientras nos dirigimos a mi dormitorio. Ve una bola de estudiantes, casi todos hombres, salir en tropel del edificio. No sólo estoy viviendo en una residencia mixta, sino que, como está enfrente del estadio de futbol americano y la alberca, la mayoría de los atletas que llegan están en mi edificio.

—Sí —digo.

—Es repugnante —dice mientras escudriña las ventanas encendidas de los dormitorios, como si prácticamente pudiera ver todo lo que ocurre allá arriba, al otro lado del muro de ladrillos. Todos esos hombres dando vueltas en sus camas en el piso debajo del mío, todos esos hombres desnudándose en las regaderas y enjabonándose antes de salir a los bares donde las chicas fáciles estarán esperándolos.

Cuando llegamos a mi cuarto empieza a desempacar una de las cajas.

—Se está haciendo tarde —le digo—. Creo que es hora de que se regresen.

—Por lo menos déjame ayudarte a hacer la cama —dice mientras saca de la caja un juego de sábanas.

—No se preocupe, amá, yo puedo hacerlo.

Deja las sábanas en la cama y salimos. Jorge está esperando en el asiento del conductor y enciende la vagoneta cuando nos ve venir.

—Maneja con cuidado —le digo, y me trepo al asiento del copiloto para darle un rápido abrazo.

—Lo haré —dice él—. Cuídate.

Salgo y voy a darle a mi madre un rápido abrazo, pero me jala hacia ella y se aferra, y de pronto su cuerpo entero está temblando en mis brazos.

—Ay, no, no, no —gime, apretando su mejilla húmeda contra mi cuello; su piel tibia despide olor a jabón Dove.

Aflojo el abrazo, dejo caer los brazos, pero ella no me suelta. Siento mi corazón acelerarse y estoy segura de que ella puede sentirlo golpear contra la pared de su esternón. En realidad nunca antes me había abrazado, y que lo haga ahora me resulta sumamente incómodo. Las únicas veces que ella me había tocado fue cuando era niña y solía rezar por mí. Se frotaba las manos con aceite de oliva, me las ponía en la frente y le pedía a Dios que curara las heridas de mi alma. ¿Las heridas de mi alma? Eso siempre me pareció raro, pues, que yo supiera, no tenía ninguna herida en el alma.

—Amá, vámonos —grita Jorge empujando la puerta del lado del copiloto—. No se murió; puede llamarle cuando lleguemos a la casa.

Se suelta, seca sus lágrimas con el dorso de la mano y se sube a la vagoneta. Yo le paso el cinturón y antes de cerrar la puerta de golpe me aseguro de que su gabardina caqui no vaya a quedar atorada. Baja la ventanilla.

—Cuando vayas a esos sitios, ya sabes, esas fiestas donde todos beben… —abrocha su cinturón— asegúrate de llevar tu propia taza. Hay tantas enfermedades por ahí, el sida y quién sabe qué tantas cosas más, nunca se sabe.

—*Okay* —digo—, la llevaré.

Arrancan y los veo detenerse en la intersección, girar a la derecha e irse. Llueve más fuerte. Me quedo un largo rato en el bordillo, abrumada con una tristeza que me agarra desprevenida. Aunque no sé decir por qué, y sé que no tiene ningún sentido, de pronto extraño mi hogar. No el que acabo de dejar sino más bien el que nunca conocí.

9. EL FUGITIVO

Con el chorro de agua les quita pedacitos de brócoli y tilapia ennegrecida a los platos blancos de cerámica. En el mostrador detrás de él se alinean las papeletas con las órdenes de comida, y el resplandor que viene de los quemadores se refleja en su brazo mientras el *chef de partie* manda camarones salteados por los aires.

—Necesito salsa remoulade —grita la mesera pelirroja al pasar por las altas puertas de acero inoxidable que oscilan adelante y atrás sobre las bisagras. Alcanza a entrever a los dos policías hablando con el gerente. Alguien debe de haberse ido sin pagar o alguien habrá usado una tarjeta de crédito fraudulenta; pasa todo el tiempo. Jala la manguera enrollada que cuelga sobre el fregadero, aprieta el botón rojo, y agua caliente llueve sobre cubiertos, platos y tazas.

—Pastel de chocolate ochenta y seis —grita el cocinero al tiempo que jala una papeleta del mostrador.

—Pastel de chocolate ochenta y seis —repite la pelirroja al salir por las puertas.

Mete las manos al fregadero y con el pulgar frota una taza para quitarle una mancha rosada de lápiz labial. Otra vez aprieta el botón rojo y se hace a un lado cuando sube el vapor.

En eso se percata de que el gerente y los dos policías vienen hacia él.

—Armando —dice el gerente—, tómate un descanso. Los oficiales quieren hacerte unas preguntas.

Asiente con la cabeza, se limpia las manos en los pantalones a cuadros negros y blancos y los sigue, tratando de no pensar qué se puedan traer con él. Probablemente sólo quieren hacer algunas preguntas más sobre su cuate el que vende mota. Unas semanas antes, acababa de salir de la casa de este traficante cuando dos patrullas lo alcanzaron. Tenían que interrogarlo, preguntarle cuál era su relación con Fulano de Tal. Les dijo que Fulano de Tal y él eran amigos, que sólo había pasado a saludarlo, pero de todas formas registraron su coche y encontraron el fajo de billetes en la guantera. Les explicó que de día trabajaba como lavaplatos en un restaurante y que de noche pasaba la aspiradora en edificios de oficinas vacíos. De hecho, acababa de cambiar algunos cheques en el banco. Buscó en el bolsillo de la camisa, sacó unos talones y se los dio a uno de los agentes.

Le pidieron su licencia de conducir, y en ese momento empezó a sentir las gotas de sudor saliéndole por la frente, temeroso de que su nombre falso no se sostuviera. Buscó la cartera, sacó la licencia y se la dio a uno de ellos. Él revisó la licencia y los talones, le devolvió todo y le dijo que podía irse. Si hubieran contado el fajo habrían visto que los números no cuadraban. Se subió a su coche y se fue con el corazón acelerado, tal como en este momento mientras camina tras los dos policías y los sigue por la puerta de atrás hacia el callejón detrás del restaurante. Arriba, una esquirla de cielo azul se queda varada entre los altos edificios. Es el centro de Denver. Al final del callejón, jóvenes profesionistas caminan apresurados por la banqueta con sus portafolios; platican y ríen ruidosamente camino de sus oficinas. Es la hora en la que todos vuelven de comer.

—Señor Gutiérrez, ¿tiene idea de por qué estamos aquí? —pregunta un policía.

Se encoge de hombros, aunque piensa que el traficante pudo haberlo delatado. Los últimos meses había estado vendiendo un poco de mariguana, sobre todo a amigos y conocidos, para llegar a fin de mes.

—¿Cuál es su nombre completo, señor? —pregunta el otro.

—Armando Gutiérrez.

El vago hedor de algo que se pudre en un contenedor cercano permea el aire a su alrededor. Los policías le piden su identificación. Busca en su bolsillo trasero y les entrega la licencia. El policía le da la vuelta.

—Señor Gutiérrez —dice sin dejar de inspeccionar la licencia—, vamos a necesitar que venga con nosotros a la comisaría. No es nada del otro mundo, sólo tenemos que hacerle unas preguntas. Estará aquí de regreso en poco rato.

Se sube al asiento trasero y va de buen grado, confiando en que su nombre falso se sostendrá, pero cuando llegan a la comisaría le toman las huellas dactilares. Es sorprendente que esa intrincada voluta de líneas y surcos, una identidad con la que nació, no pueda reemplazarse tan fácilmente. No ve la luz de la pantalla encenderse cuando la máquina registra sus huellas, pero sí el tinte azul de la luz que se refleja en el rostro del policía cuando se desplaza por su historial. Todo debe de estar allí frente a él: la larga estela de carros y camionetas chocados que dejó en Illinois, la camioneta Blazer café con la que se salió del camino y chocó contra un buzón, el Chevrolet azul que dejó abrazado a un poste de teléfono, el coche negro que volcó dos veces antes de topar con un árbol, y todos los demás. Ya ninguna de estas infracciones importa. Ya había cumplido la condena por manejar bajo los efectos del alcohol más veces de la cuenta, ya había pasado seis meses en una cárcel de Illinois. Incluso el hecho de haberse largado cuando estaba en libertad bajo fianza por haber usado un arma no registrada palidece frente al verdadero descubrimiento: su identidad. Es José Manuel Venegas, un fugitivo buscado por las autoridades mexicanas por asesinato. Lo detienen y lo meten en confinamiento solitario.

★ ★ ★

Un plato de comida raspa el concreto al deslizarse por la pequeña abertura bajo su puerta. En el plato hay lo de costumbre: un como puré gris de alguna especie de fécula, y aunque no tiene hambre se obliga a tomar algunas cucharadas de esa mugre insabora y desliza el plato de vuelta hacia afuera. Hasta aquí llega su contacto humano: su única compañía son sus pensamientos, y noche tras noche se acurruca y trata de dormir, aunque su mente no deja de dar vueltas. ¿Quién fue el hijo de puta que lo delató? Evidentemente fue alguien que sabía dónde trabajaba. Se le ocurren algunas posibilidades, pero de ninguna tiene certeza. A lo mejor fue el traficante, o quizá fue la mujer con la que vive. Cada vez que tenían una discusión, ella amenazaba con llamar a la policía. O tal vez fue el hermano de ella: "Vuélvele a poner una mano encima a mi hermana y llamaré a la policía y les diré que eres buscado en México", había amenazado más de una vez. Igual y había sido Pascuala, o incluso uno de sus propios hijos.

Se estira y trata de no pensar en la acechante posibilidad de que pueda pasar el resto de su vida en prisión, y no puede evitar recordar aquella tarde calurosa y la discusión incesante que bramaba a su alrededor justo antes de que jalara el gatillo. Cómo desearía poder regresar a ese día y deshacer lo que hizo: recuperar esa única bala. Aunque había eliminado a otros cabrones, no había lamentado a ninguno. En lo que a él respecta, cada uno de esos culeros tuvo su merecido. Con el vecino, si no lo mataba, el otro lo iba a matar a él. El pendejo en el Gato Negro se había metido con él, y aunque no había querido matarlo, no calculó bien ese último golpe. La vida real no es como las películas: si le pegas a un hombre en la cabeza con una botella de ron llena, no se rompe en mil pedazos. Y antes de estos dos había sido aquel en Zacatecas, con el que le echó una mano a su amigo. Ése había sido duro, porque en realidad él no tenía nada contra el tipo, y mientras cavaban su tumba, el hombre no se callaba la boca. Había seguido dale que dale con que si su esposa y sus hijos, con que si pagaría lo que fuera, haría lo que fuera, se iría de la región, cualquier cosa si por favor, por el amor de Dios, sólo lo dejaban vivir. Le habían atado los tobillos y las muñecas con una cuerda, y era desagradable ver a un hombre retorcerse en la tierra y suplicar así.

—Cállelo —le dijo a su amigo, pero al imbécil le estaban entrando dudas y decía que a lo mejor debían soltarlo. ¿Soltarlo? No llevas a rastras al desierto en medio de la noche a un hombre atado de pies y manos que suplica por su vida y luego lo liberas. Hizo la pala a un lado, sacó la pistola y la apuntó a su amigo:

—O se hace cargo de él o yo me encargo de que en este hoyo quepan los dos.

Su cuate caminó hacia el hombre, le puso dos balas en la cabeza y se acabó.

Antes de esos tres había habido otro, el primero. Cuando Pascuala y él tenían sólo tres años de casados y él fue a la ciudad de México a trabajar en una planta empacadora de carne, donde hizo de todo, desde cortar reses completas en filetes hasta romper los bloques de hielo con el punzón y empacar la carne en egapack. Después de estar unos meses en la ciudad y encontrar una casa en la vecindad, mandó buscar a Pascuala. Los domingos después de misa visitaban un museo o daban un paseo por el Zócalo. Él siempre llevaba cargando a Chemel, que tenía dos años, y ella a María Elena, su bebita. Entre semana él tomaba el trolebús al trabajo y ella se quedaba en casa cocinando, limpiando y cuidando a los niños. Por las tardes daban largas caminatas en la plaza. Por momentos parecía que podían seguir viviendo así para siempre y ser felices.

Pero luego vino aquella noche que él no llegó a casa. Había ido a una pulquería con algunos cuates de la planta empacadora. Arrasaron con varias rondas de pulque, y unas horas después, cuando esperaba el trolebús con su amigo, lo sintió: el peso del líquido en su vejiga presionando la larga cicatriz blanca que tenía en vientre, de la rajada que le hicieron los federales en un rodeo tres años antes. Una vez, cuando estaba recién casado y contento, descargó su pistola contra el cielo, como siempre hacía. Y en eso dos agentes llegaron a exigirle que entregara la pistola. Cuando se negó, forcejearon con él hasta tirarlo al piso. Cuando pasó la tormenta y se habían ido, él estaba acostado en un charco de sangre, con los intestinos saliéndosele por el tajo que le hicieron en el abdomen. De no haber sido por su suegra, y porque sus dos hermanas pensaron rápido, se habría desangrado ahí mismo. Pero Andrea y sus hermanas le ataron sus rebozos alrededor de la cintura y lo llevaron al hospital. Los doctores pensaron que no sobreviviría, aunque al cabo de un mes en el hospital se recuperó, y ahora la cicatriz sólo le daba lata en momentos como éste, cuando tenía la vejiga a reventar.

Miró hacia la calle. Ninguna señal del trolebús, nada más que los rieles empotrados en el adoquín brillando bajo la luna. Se puso de pie y caminó hacia las sombras de los árboles cercanos, se bajó el cierre de los pantalones, y mientras vaciaba la vejiga oyó el susurro del riachuelo que pasaba por abajo. La brisa nocturna levantó polvo y algunas hojas, y por un instante sintió como si estuviera de vuelta en el campo. Las primeras chispas del trolebús produjeron unos chasquidos en los cables. Se subió el cierre, dio media vuelta y chocó de frente con dos policías. Uno junto al otro formaban un diez perfecto: uno era chaparro y gordo, el otro alto y flaco.

—Está detenido, señor —dijo chaparro y gordo.

—¿Por qué?

—Por exhibicionismo—dijo alto y flaco.

—¿Exhibicionismo? —se carcajeó. La manera en que el agente lo dijo lo hacía sonar ciertamente lascivo, como si de verdad hubiera estado exhibiéndose frente a los transeúntes. Los hizo a un lado para seguir su camino, mascullando que desde cuándo era un crimen que un hombre respondiera al llamado de la naturaleza, pero se abalanzaron sobre él, lo arrastraron forcejeando mientras él agitaba los brazos. Fue consciente del traqueteo del trolebús que se acercaba porque lo sintió en el cachete pegado al suelo; sintió el peso de una rodilla contra su columna vertebral y el mango de madera del picahielo presionando el hueso de su cadera. Luchó por soltarse, pero la rodilla se enterró más fuerte, y entre golpes y resoplidos el punzón se salió de su bolsillo y cayó al suelo. Se alargó para tomarlo, agarró el mango, con la madera lisa de tanto uso, y en un solo movimiento dio la vuelta y lo enterró en carne humana.

Llovieron chispas de los cables cuando el trolebús se detuvo rechinando. Incluso en la oscuridad podía ver el blanco congelado de los ojos del policía que lo miraba fijamente con el picahielo clavado en el cuello. Se puso de pie, apartó a los pasajeros que hacían fila para subir al trolebús, y pegó la carrera. El otro agente gritaba que alguien detuviera a ese hombre, pero nadie se atrevió, y al rato estaba corriendo por las calles adoquinadas, dejando atrás parranderos y coches estacionados. El primer tiro hizo añicos un parabrisas en el momento en que pasaba junto a él. Aumentó la velocidad y se puso a zigzaguear. Mientras tanto, nuevos disparos rompían ventanillas y espejos de los coches, y todo ese tiempo casi pudo sentir la bala que le perforaría el cráneo, le rompería la columna o le fracturaría el talón. Llegó a una intersección y dio vuelta a la derecha, luego a la izquierda en la siguiente, y a la derecha una después, hasta que llegó a una calle cerrada y él mismo se acorraló. Adelante y arriba de él, las balas ya estaban pegando en la pared de ladrillos, haciendo polvo los pedazos de vidrio roto verdes y cafés alineados en el borde superior. Se persignó y de un solo brinco se agarró de la orilla filosa y sintió el vidrio rebanándole las manos mientras trepaba y saltaba al otro lado. Aun antes de que sus pies tocaran el piso, él ya estaba corriendo.

Ahora no tiene ningún lugar adonde correr. Se sienta, sube las rodillas hacia el pecho y las envuelve con los brazos. Con la espalda recargada contra la fría pared de concreto, una vez más repasa la lista de posibles soplones. Se queda dormido hasta que lo despierta el sonido de unos pasos que vienen hacia su celda. Piensa que ahora el plato de mugroso puré entrará raspando el suelo, pero en lugar de eso lo que oye son unas llaves tintineando, y luego el ruido de metal deslizándose sobre metal mientras se abre la pesada puerta. Afuera está oscuro. Lo llevan a un camión que va a la frontera. Está lleno de otros hombres mexicanos a los que por una u otra razón están deportando. Todos llevan puesto el mismo overol anaranjado, con las manos esposadas sobre el regazo. Un guardia armado sube al camión y salen de Denver en las horas oscuras previas al amanecer.

Dieciséis horas después llegan a la frontera. El camión no se ha detenido del todo cuando ya está rodeado de patrullas. Dos agentes mexicanos suben y montan guardia al frente.

—Ismael Córdova —llama un policía. Un hombre se levanta, camina al frente del camión y lo escoltan fuera de ahí.

—Miguel Ramírez —el mismo policía lee en una lista, y una vez más, un hombre se pone de pie y lo escoltan fuera del autobús.

—José Venegas —llama el policía. Nadie se mueve. El agente mira un pedazo de papel que tiene en la mano y luego mira a los hombres: escudriña sus rostros mientras camina por el pasillo. Deja a su paso un olor a tabaco.

—José Manuel Venegas —grita el agente desde atrás del camión. Hay toses, traqueteo de esposas, pero nadie se levanta. Una vez más las botas se dirigen a él y por el rabillo del ojo las ve pasar. Cuando el agente llega a la parte delantera del autobús, se da media vuelta para ver a los hombres de frente. Revisa el trozo de papel que tiene en la mano y el otro policía se inclina y le dice algo al oído.

—Armando Gutiérrez —llama.

Lentamente, José se levanta para encontrarse con esa identidad prestada tras la que ha vivido los últimos cuatro años. Los otros hombres voltean a verlo y el policía camina hacia él.

—¿Cómo te llamas? —pregunta.

—Armando Gutiérrez.

Se despliega una sonrisa malévola en la cara del policía, el bigote negro se extiende sobre sus dientes amarillos expuestos. Con un giro de su muñeca se desdobla la hoja de papel que sostiene en la mano. José sigue su mirada y ve, allí en el papel, sus propios ojos mirándolo. En la foto lleva un sombrero vaquero blanco y luce una barba tupida, pero no se puede negar que es la misma cara. Al pie de la foto dice: SE BUSCA POR ASESINATO EN ZACATECAS. CONSIDÉRESE PELIGROSO Y ARMADO.

—Tú no eres Armando Gutiérrez —dice el policía sin dejar de sonreír—: eres José Manuel Venegas y eres buscado en Zacatecas por el asesinato de Manuel Robles.

Lo sacan a rastras del camión y lo escoltan a una patrulla. Cambian las esposas por unas mucho más pesadas. Una larga cadena une las esposas alrededor de sus muñecas con otro par de argollas que le sujetan los tobillos. Cuando está en el asiento trasero enganchan la cadena alrededor de sus tobillos a una barra de metal en el piso. No hay espacio para estirarse, y se avecina un viaje de quince horas. Dos policías se trepan al asiento delantero. La última luz del día se está apagando en el cielo cuando dejan atrás la frontera, y para cuando empiezan a serpentear por las curvas de la Sierra Madre Occidental ya ha caído la noche.

Al amanecer ya están en el estado de Zacatecas, bajando hacia el valle de Valparaíso. Es domingo, día de mercado, y el tráfico avanza lentamente por la polvorienta calle de dos carriles que conduce a la ciudad. Hay una nueva gasolinera a las afueras. Coches y camiones hacen fila en las bombas. Pasan junto a banquetas llenas de gente con bolsas del mercado. En El Pollo Feliz, los pollos se rostizan girando en el asador frente a la ventana, jugosos y chorreando grasa. Se le hace agua la boca.

La plaza es un hervidero, animada con el alboroto de domingo en la mañana. La patrulla se detiene enfrente de los escalones que llevan a la cárcel. No ha parado por completo cuando la gente ya está mirando, murmurando con las manos ahuecadas, señalando. El hombre que avienta tortillas en el carrito de tacos agacha la cabeza por abajo del toldo y lo mira a los ojos. Les dice algo a las personas que están paradas alrededor de su puesto. Acompañan los taquitos con Coca-Colas y Jarritos helados. Algunas cabezas voltean y echan un vistazo en su dirección. Se abre la puerta y todos los olores y sonidos de la plaza inundan el carro. Sisea el aceite en el sartén y la campana incesante del paletero resuena a su alrededor, mientras hombres con un pie apoyado en el puesto del bolero, a la sombra del quiosco, lo miran mientras un policía abre el cerrojo de las esposas en sus tobillos. La pesada cadena traquetea al caer.

—Vamos —dice el agente.

Parece que toda la plaza está viéndolo bajar del coche. Siente como una descarga recorriéndole la columna; la gravedad lo tira al suelo.

—Puta madre —balbucea. Sus rodillas golpean contra el adoquín; su cuerpo se hace un ovilllo.

—Levántate —exige un agente; le da un ligero golpe con la bota.

Trata de hacerlo, pero todos los músculos de su cuerpo están contraídos. De nuevo se desploma en el adoquín: el mismo en el que sus primos y él jugaban a las encantadas cuando era niño. En la plaza no mucho ha cambiado desde entonces. La iglesia sigue al lado de la prisión, la oficina de registro del ganado al otro lado de la calle, y la casa con los arcos de piedra caliza rosada que alguna vez perteneció a su abuelo sigue en pie en el extremo sur de la plaza. Cuando su abuelo murió les dejó la casa a sus padres, y, que él sepa, en este mismo momento sus padres están en algún lugar al otro lado de los arcos. Probablemente la noticia de su extradición viajó más rápido de boca en boca que en una patrulla destartalada y ya les llegó. Su única esperanza de no pasar el resto de sus días en prisión es la promesa que le hizo su madre, tantos años antes, cuando tenía doce y le disparó a un hombre por primera vez: *Si algún día pisas la cárcel, tenemos dinero.*

Los dos agentes se agachan y lo toman debajo de las axilas, uno en cada lado. Cuentan hasta tres, lo levantan y lo arrastran por las escaleras. Las argollas alrededor de sus tobillos golpean en su subida los escalones de adoquín, del primero al último.

10. UN MAGNÍFICO NOVILLO
Zacatecas, México, década de 1950

Fidel había gastado una fortuna en su toro y desde el día que se perdió estuvo preguntando por toda la ciudad. Era un magnífico Angus rojo con un macizo cuerpo cuadrado, un ancho hocico y una circunferencia escrotal que prácticamente garantizaba una preciada descendencia por muchos años.

—Creo que los niños Venegas tienen en el rancho de su padre un toro parecido al que describes —alguien le informó al final.

Puede que los niños Venegas fueran oportunistas, pero no eran unos ladrones, y en el instante en que vieron el toro de Fidel pastando en su propiedad, reconocieron su buena suerte. Si podían conseguir que el toro se apareara con la Negra, una de las mejores vacas lecheras de su madre, podrían terminar con un magnífico novillo que después se apareara con su vacada por muchos años. Rodearon al toro y a la Negra y los metieron a un corral hecho con pilas de piedras al lado del caballón, por un lado, y oculto por los eucaliptos que crecían a lo largo del arroyo, por el otro. Si la Negra no hubiera resultado ser una bruta, su plan habría marchado de maravilla. En cambio, a lo largo de dos días vieron que cada vez que el toro intentaba montarla, sus largos y afilados cuernos le daban la bienvenida.

—Si para el final del día no lo recibe, vamos a tener que dejarlo ir —dijo José al ver a la Negra golpeando al toro con los cuernos una vez más.

—Ey —respondió Salvador.

Salvador era unos años menor que José y siempre secundaba lo que su hermano mayor quisiera. Estaban sentados sobre el muro del corral, bajo la sombra de los eucaliptos. El morral de piel con las gorditas que su madre les había empacado temprano esa mañana estaba posado en el muro entre los dos. José lo tomó y jaló una gordita, la mordió, y al pie del muro dos perros veían su mano, jadeando y salivando mientras un delgado hilo de grasa anaranjada se resbalaba hacia su brazo. Salvador y él comieron en silencio, masticando y oyendo el murmullo de la cascada detrás de ellos, viendo que, otra vez, la Negra se daba la vuelta y atacaba con los cuernos al toro.

—Méndiga vaca —dijo José, limpiándose la grasa sobre el overol de mezclilla, aunque los perros ya no estaban con la atención fija en su mano, sino erguidos mirando el camino de tierra que conducía al caballón y lo rodeaba; un estruendo constante empezaba a formarse en sus pechos, hasta que hizo erupción y los perros salieron corriendo hasta desaparecer cerca de la pendiente.

—¿Crees que haya alguien ahí?

—Probablemente sólo un coyote —dijo José, al tiempo que se estiraba para agarrar una rama baja y ponerse de pie. Acomodó las suelas de caucho de los huaraches de piel con ayuda del muro y estiró el cuello para otear el borde del caballón.

—A lo mejor es un jabalí —dijo Salvador mientras saltaba del muro y caminaba hacia el sendero. Muchas veces los perros habían tenido escaramuzas con el jabalí que vivía en la cueva adentrada en las rocas al otro lado del caballón.

—¡No!, ¿un jabalí a esta hora? —dijo José sin dejar de otear el caballón, donde los ladridos se habían convertido en gruñidos hasta que la primera explosión les puso fin. El disparo fue tan fuerte que mandó al toro y a la Negra correteando al otro extremo del corral. Hubo una segunda explosión, un quejido, y luego nada salvo el ruido de la corriente de agua más abajo.

—¿Quién anda ahí? —gritó José en una voz exageradamente grave: la misma voz gutural que empleaba para arrear al ganado o domar a los caballos.

No hubo respuesta. En eso vieron a tres perros acercarse a la pared de piedras apiladas. Se detuvieron y olfatearon la base del eucalipto. José no reconoció a ninguno. Miró a Salvador, que estaba de pie con los brazos rígidos a los lados, mirando con ojos desorbitados algo que estaba atrás de su hermano. Cuando éste volteó, vio a Fidel dar la vuelta al corral; el muro ocultaba a su caballo, así que parecía como si Fidel flotara en el aire.

—Quihubo —gritó Fidel. Jaló las riendas y detuvo al caballo. Tenía una voz grave y masculina, y a los veintiún años ya era un hombre casado y con su primer hijo en camino.

—Buenos días —dijo José con una voz que sonaba como si se la hubieran exprimido. Seguía aferrado a la rama con una mano, la gordita haciéndose papilla en la otra.

—¿Ustedes de casualidad no vieron un gran toro rojo deambulando por aquí?

—No —contestaron los niños al unísono.

—Mmmh, qué raro —dijo Fidel mirando hacia el arroyo y rascándose la barba—, porque un pajarito me dijo que ustedes tienen aquí un toro que se parece muchísimo al que se me perdió.

Los niños se encogieron de hombros.

Fidel clavó las espuelas en su caballo y de nuevo empezó a flotar por el borde del muro. Por cada paso que daba hacia adelante el caballo de Fidel, Salvador daba tres pasos atrás.

—Corre —José oyó a Salvador murmurar detrás de él, pero no podía moverse. Sus ojos se movían de Fidel al toro, del toro a Fidel, de acá para allá como un péndulo.

—Corre, tonto —Fidel salió de la sombra y ladeó la cabeza siguiendo la línea que José había dibujado tan claramente con su mirada, y allí, al lado de la vaca negra, estaba su toro.

El primer disparo le dio al árbol junto a José y le provocó un estremecimiento. Lo que quedaba de la gordita voló y cayó al suelo, donde los tres perros la devoraron al instante. El segundo disparo cortó la rama a la que José estaba aferrándose. Trató de guardar el equilibrio agitando los brazos, sin dejar de soltar la rama. Su cuerpo se balanceaba hacia adelante y hacia atrás. Parecía como si estuviera dando de manotazos a un enjambre de abejas. Los huaraches se resbalaron de las rocas y el cielo cambió de posición mientras él caía de espaldas.

De un solo brinco regresó el horizonte a su lugar, y al momento siguiente sus cuatro extremidades se movían con fuerza en una carrera por la orilla del río, dando de manotazos a las ramas que colgaban bajas. Los balazos martilleaban atrás de él. Llegó a la cascada y bajó por el lado resbaladizo de la pizarra al lado de ella. En su descenso, el overol se le atoraba y se rasgaba en las ramas espinosas. Siguió bajando, resbalándose y deslizándose en el musgo hasta caer en la desembocadura de la cascada. No sabía nadar; la corriente lo arrastró. Él pateaba y movía los brazos como gato ahogándose; cada tanto salía a la superficie y tomaba una bocanada de aire. El ruido sordo de los disparos seguía retumbando entre los árboles, y al momento siguiente estaba de vuelta bajo el agua: aire y agua, agua y aire. Parecía como si su vida se hubiera reducido a dos opciones: morir ahogado o morir de un balazo. El río estaba embravecido, pero él consiguió salir a la superficie y mantenerse a flote el tiempo suficiente para darse cuenta de que se estaba ahogando en un río que le llegaba a lo mucho a las rodillas. Tosiendo y maldiciendo, se arrastró hacia la orilla lodosa, y al momento siguiente Salvador y él iban corriendo uno junto a otro a lo largo de la quebrada.

Antes de llegar a su casa alcanzaron a ver a su madre en el patio, batallando para colgar en el tendedero una cobija de lana empapada, y a su padre sentado a la sombra del tejado de lámina, recargado en la pared de adobe, quitándoles la cáscara con los dientes a unas pepitas de calabaza tostadas. José iba corriendo descalzo, con un huarache en cada mano, y Salvador cojeaba a su lado. Sus overoles estaban rasgados, manchados de lodo y mojados; sus caras, rasguñadas y rojas como tomates por el sol y la persecución, y antes de que sus padres pudieran preguntar qué había pasado ya estaban hablando los dos al mismo tiempo.

—Fue Fidel —dijo Salvador, que al llegar al portón se inclinó para apretarse las rodillas.

—Vino a buscar al toro —dijo José tratando de recobrar el aliento. Y... —inhaló esta palabra.

—...les disparó a los perros —continuó Salvador levantando los brazos.

—Y luego... —José exhaló y se puso la mano derecha en el costado.

—...nos empezó a disparar a nosotros —prácticamente gritaron al unísono.

—¿Ese hijo de puta les disparó *a ustedes*? —preguntó su madre, volteando a mirar a su marido.

Dijeron que sí con la cabeza.

—¿Y qué hicieron? —preguntó.

José y su hermano inclinaron la cabeza y se miraron, como si ésta fuera una pregunta capciosa.

—Salimos corriendo —dijeron, arrugando las narices quemadas por el sol.

De un impulso, su madre hizo a un lado la cobija de lana y se les quedó viendo.

—Ese culo de fuera no tiene un pedazo de tierra donde caerse muerto, ¿y ahora ustedes huyen de él? —dijo, dando dos pasos hacia ellos. Los dos dieron un brinco para alejarse del portón—. ¿Y qué va a decir la gente? ¿Que estoy criando a puros cobardes?

Al pronunciar esa última palabra cortó el aire frente a ella con la mano derecha y ahí la sostuvo unos momentos, como para cerciorarse de que los niños la pudieran ver bien: esa mano a la que le faltaba un pulgar, no porque hubiera huido, sino porque se quedó y peleó como hombre la noche que dos imbéciles habían agarrado de sorpresa a su esposo. Estaban en una boda donde habían tenido unas palabras con dos hombres, y cuando Belén y su marido estaban ensillando los caballos para irse, los hombres se lanzaron sobre ellos y le dispararon a su esposo. Como Belén siempre llevaba una pistola, les disparó y logró conjurar el peligro, pero se le voló el pulgar en el tiroteo.

Si había algo que Belén no pudiera tolerar era a un cobarde. Aunque sólo medía 1.50, era una luchadora. Nació en vísperas de la Revolución Mexicana, en la primavera de 1910, y creció en un país devastado por la guerra. Cuando era niña un hombre entró a su corral y mató a su hermano; cuando el hombre trató de escapar, la madre de Belén azotó el portón contra la cabeza de su caballo. El caballo se encabritó, el hombre se golpeó y quedó inconsciente, y antes de volver en sí, su madre había trepado al muro de piedras apiladas, desde donde dejó caer pesadas rocas en su cabeza y le destrozó el cráneo.

—Ya, vieja —dijo su esposo con su sonsonete, sacudiéndose las cáscaras de pepita de los pantalones—, eso les va a enseñar a no meterse con las cosas que no son suyas. Hablaré con Fidel. Ya. Déjelos en paz.

—¿Que los deje en paz? —lo fulminó con la mirada. Él, el más cobarde de todos, cobarde por no haber tenido los cojones de pedir su mano. En vez de eso, la tomó por sorpresa cerca del río. Ella estaba fregando ropa cerca de la orilla del agua, y para cuando oyó detrás de ella unos crujidos entre los arbustos, ya era demasiado tarde. Los brazos de él salieron de los arbustos, envolvieron su pequeña cintura, y en un abrir y cerrar de ojos la estaba arrastrando por la tierra hacia arriba de la colina, donde había una choza de adobe abandonada entre los huizaches. Ella le dio un codazo y maldijo a ese hombre blanco y alto y consiguió soltarse y echar una carrera, pero él medía 1.98 y sus largas piernas fácilmente la rebasaron. La levantó y la montó en su hombro, le sostuvo las rodillas firmemente contra su pecho. El tórax de la joven se machacaba contra su omóplato, hueso con hueso, mientras él la llevaba a la choza.

—Ningún hijo mío será un cobarde —dijo—. ¡Nunca!

Prácticamente escupió esta última palabra a los pies de su esposo antes de dar la media vuelta y meterse a la casa.

Tras la batalla en la choza llegó a su casa con el vestido rasgado y chorreado de lodo. Se fijó una fecha, pero debido a la batalla no pudo casarse con un vestido blanco de novia: el cobarde le arrebató ese rito iniciático, y ella siempre le guardaría un rencor profundamente arraigado.

—Nunca más quiero oír que salen huyendo de nadie —dijo mientras salía de la casa con dos de las pistolas de su marido y le daba una a cada uno de sus hijos.

—Ya, vieja loca —dijo su esposo, y ella volteó y lo calló con la mirada.

José se quedó viendo la brillante pistola calibre .22 que tenía en la mano, arrobado por su belleza. Nunca había visto una pistola, y sólo una vez había disparado con el rifle de su padre. Había sido en un día despejado y sin viento. Estaba en el rancho cuando oyó un traqueteo proveniente de las copas de los árboles. Pensó que se iría, como siempre pasaba, pero en vez de eso se intensificó; aunque el viento no soplaba, sintió una fría brisa en la nuca. Cuando volteó la vio: enrollada sobre la roca detrás de él. Le apuntó con el rifle y disparó. Una sola vez. La víbora de cascabel quedó partida por la mitad. Mucho después de que dejó de retorcerse en la roca, su cola siguió moviéndose. En ese momento se dio cuenta de que los árboles no suenan como sonaja.

—La próxima vez que alguien les dispare, denle su merecido —dijo mirando a los niños—. De todas formas, si algún día pisan la cárcel, tenemos dinero —y con un resoplido dio la media vuelta y se metió a la casa.

En realidad quien tenía dinero era Timoteo, su suegro. Su casa estaba en el lado sur de la plaza de la ciudad y ocupaba toda una cuadra. Tenía dos pisos, ocho recámaras y gruesos muros de adobe bordeados de piedra caliza, de modo que conservaba el calor en las noches frías de invierno y se mantenía fresca en los abrasadores días de verano. Higueras y granados crecían en el patio, y buganvilias rojas se desplegaban alrededor de las escaleras. En la parte trasera del patio, pesadas puertas de madera conducían a los corrales y a las caballerizas, que tenían varios metros de fondo, y en la fachada de la casa dos arcos de piedra caliza rosada se erguían altos y orgullosos frente a las únicas otras dos construcciones de la plaza: la parroquia, la presidencia municipal, la oficina de registro del ganado y la cárcel.

Si hubiera habido un banco en la plaza, probablemente se habría ubicado del lado de Timoteo, en su misma propiedad. Pero en la ciudad no había banco, y quienes tenían dinero guardaban sus monedas de oro y plata adentro de jarrones de barro o baúles de madera. Los domingos, cuando el centro se llenaba de gente de los ranchos cercanos que venía al mercado, Timoteo se sentaba frente a los dos arcos de piedra caliza, con un baúl lleno de monedas a su lado, y las personas menos afortunadas pasaban a platicar con él y por un pequeño préstamo. El trato se cerraba nomás con un apretón de manos.

También fue Timoteo el que tuvo la previsión de adquirir una parcela familiar en el cementerio en el monte a las afueras de la ciudad. Tenía varias propiedades, entre ellas el rancho de ciento cincuenta hectáreas con el manantial de agua dulce y las dos cascadas donde Fidel sorprendió a los niños. También era dueño de la casa en la vieja hacienda de La Peña donde vivían Belén y su esposo. Fue en La Peña donde Belén dio a luz a sus once hijos. José había sido el sexto, y el más difícil de sus embarazos. Pateaba las paredes de su abdomen con tanta fuerza que le hacía tambalearse.

—Este niño tiene al diablo adentro —decía cada vez que sentía la fuerza en su interior.

De los once hijos, cuatro, dos niños y dos niñas, murieron de bebés, y de los siete sobrevivientes, Antonio, el mayor, sentía que defender el honor de sus hermanos menores era un deber divino.

Pocas semanas después de la persecución, José y Antonio venían al mediodía montando su caballo de La Peña al rancho, por la orilla del río, cerca de la sombra para que el sol no les quemara los hombros. Fidel era de Santana y acababa de encaminarse en la dirección opuesta, también buscando la sombra, a lo largo de la quebrada. En las afueras de Santana sus caminos chocaron.

—Quihúbole —dijo Antonio echando atrás la cabeza y mirando por encima del largo caballete de su nariz a Fidel, que era más o menos de su misma edad.

—Buenos días, Antonio —dijo Fidel, jalando las riendas de su caballo y mirando a José, que tenía un aspecto lamentable.

—¡Ooooo! —dijo José jalando las riendas de su caballo, que se sacudía como si tratara de espantarse una mosca del lomo. El caballo estaba recién domado y no estaba acostumbrado a traer un jinete montado en él, ni al sabor del metal presionando su lengua—. ¡Ooooo! —siguió José, ya resbalándose de la silla, con los dedos de los pies sobresaliendo por los estribos, a mitad de camino de los huaraches, que tenían un trozo de mecate amarrado a la hebilla para que no se terminaran de romper. Había conseguido reparar sus huaraches, pero el overol no se había salvado y ahora llevaba un viejo par de jeans de Antonio, dos tallas más grandes, sostenidos con un cinturón café de piel. La pistola que su madre le había dado estaba atorada en el cinturón, y la presión en la zona lumbar ya le molestaba.

—Supe que es un tipo duro con los que son más chicos que usted —dijo Antonio, reclinándose hacia atrás en la silla de montar.

—No deberían haber robado mi toro —respondió Fidel.

—¿Robado? —dijo Antonio, reprimiendo la risa—: fue su toro el que se puso a deambular en nuestra propiedad. Si no fuera un magnífico ejemplar, yo mismo le habría dado un balazo, lo habría desollado y rostizado en una fogata. ¿Qué le parece?

—Yo no dejo a mi ganado andar suelto —dijo Fidel, volteando a ver a José—. Alguien ha de haber dejado abierta la puerta de mi corral.

—¿Está diciéndole ladrón a mi hermano? —dijo Antonio—. Sí sabe lo que por acá les hacen a los ladrones de ganado, ¿no?

—Mire, Antonio, no quiero tener problemas con usted.

—Déjeme decirle cuál es el problema, Fidel, para que no haya ningún malentendido —dijo Antonio, echándose atrás el sombrero y reclinándose sobre la montura—. El problema es que persiguió a mis hermanos hasta el río y les disparó como si fueran unos perros. Ése es el problema.

—¡Qué va, Antonio! Sólo quise asustar a los bribones. ¿Crees que si de verdad hubiera querido darles no lo habría hecho?

—Quién sabe. Dicen por ahí que tiene muy mala puntería.

—Ah, ¿sí?

—Dicen por ahí que no le daría a su blanco ni siquiera a medio metro de distancia —dijo Antonio sonriendo.

Puede que Fidel haya tenido mala puntería, pero era rápido para desenfundar la pistola, y antes de que Antonio pudiera disparar, dos tiros pasaron a su lado. El caballo de José nunca había estado tan cerca de los balazos, y se encabritó con tal fuerza que le tiró a José las riendas y se fue a todo galope hacia las montañas. Una de las balas falló, pero otra le dio a la yegua blanca de Antonio en la frente, penetró por el cráneo y le perforó el tímpano antes de salir volando por su oreja y enterrarse en el brazo derecho de Antonio. La pistola de Antonio disparó una vez, y golpeó contra una roca antes de desaparecer en el río. Llena de sangre, la yegua se desplomó. Estiró el cuello, sus patas delanteras cedieron y se tensó su columna vertebral hasta que su cuerpo se colapsó. La pierna de Antonio quedó atrapada bajo el peso del animal.

—¡Ooo, cabrón, ooo! —dijo José con esa voz masculina grave que todavía no era suya. Consiguió dominar al caballo, y cuando le dio la vuelta le palpitaban las sienes. Vio desde lejos a Antonio luchando junto a su yegua, con un charco de sangre extendiéndose alrededor de ellos. Vio a Fidel apuntar su pistola hacia Antonio y poner el dedo en el gatillo. ¿Qué debía hacer? No había tiempo para pensar. Se aferró a las riendas, tomó la .22, apuntó a Fidel y la descargó: disparó cuatro tiros seguidos. Con cada explosión, el espacio a su alrededor se llenaba de un fuerte zumbido que ahogaba el ruido de sus latidos.

Dos balas fallaron, pero las otras dos dieron en el blanco y dejaron a Fidel colgando de su caballo.

★ ★ ★

—¿Se murió Fidel? —le pregunté a mi padre la primera vez que me contó esta historia. Íbamos a caballo por Santana, cerca de la misma quebrada en la que había tenido lugar la balacera. Su historia siempre era la misma: él tenía doce años, todo había empezado por un malentendido con un toro, y su madre le había dado esa primera pistola.

—Imagínese —decía cuando llegábamos a esa parte—, mi propia madre.

Aunque el tiroteo había ocurrido el fin de semana y lejos de la escuela, lo expulsaron por eso. Su maestra trató de defenderlo diciendo que era un estudiante inteligente y que con la expulsión no se solucionaba nada, pero la directora de la escuela no quiso aceptar. Un niño capaz de dispararle a un hombre era capaz de cualquier cosa. ¿Y si decidía traer la pistola a la escuela? Sería una amenaza para los otros alumnos, y ella no quería correr ese riesgo.

Y aunque no lo hubieran expulsado, para él habría sido casi imposible volver a la escuela. No sólo lo estaban buscando los federales para detenerlo, sino que los dos hermanos de Fidel también andaban tras él para cobrar venganza. La noche del tiroteo llegaron los policías a La Peña con sus lámparas de aceite a hacer preguntas. Su hermana menor les aseguró que no estaba ahí, pero de todas formas se asomaron con sus lámparas de aceite bajo las camas y por la chimenea, lo buscaron en el patio, en los corrales y las caballerizas. Mientras los policías lo buscaban en La Peña, los dos hermanos de Fidel se instalaron en la plaza, y desde el quiosco echaban un ojo a la casa de Timoteo.

Desde la ventana de una de las recámaras de arriba, Belén veía a los hermanos y los primos turnándose. Unos venían y otros se iban, pero siempre había por lo menos tres dando vueltas cerca del quiosco, y por eso pensó que el domingo sería el mejor día para partir.

El domingo en la mañana, no mucho después del canto del primer gallo, Belén ya estaba dando los últimos toques al vestido estampado de flores. Era tan largo que se arrastraba por el piso y ocultaba los huaraches de José. A las ocho de la mañana él ya estaba vestido y su hermana mayor jugueteaba con el moño de la cintura. Su madre se puso una pañoleta de seda en la cabeza y tomó su sombrilla. Cuando la misa matutina terminó, el gentío inundó la plaza. Él no se había dejado ver en público desde el tiroteo, pero ahora allí estaba, del brazo de su hermana y de su madre. El trío cruzó la plaza, prácticamente en las narices de los vigías, antes de desaparecer a la vuelta de la esquina. Caminaron por estrechas calles adoquinadas, con la mirada baja y a paso ligero, hasta llegar a la estación de autobuses.

Belén tenía parientes en la ciudad vecina, y allí se quedaron mientras el padre de José se arreglaba con los policías, el juez y todos con los que hubiera algo que arreglar. Finalmente Fidel se recuperó, los vigías se fueron a sus casas, y cuando mi padre volvió, casi un año después, estaba más alto —ya medía 1.82—, su voz era más grave, y su madre estaba tan orgullosa que nunca dejaba pasar la oportunidad de alardear de su hijo y de lo valiente que era: de cómo había salvado la vida de su hermano.

Aunque su padre le quitó la pistola y se la ocultó, él la encontró y se la llevó a escondidas al corral, donde la desenfundaba para practicar o jugaba a estar en un duelo. La atoraba en la parte de atrás de su cinturón y se alejaba tres pasos del muro antes de dar la vuelta y apuntar la pistola al adobe. Nunca la disparó, hasta el día que le dio curiosidad cómo se sentiría recibir un disparo. ¿Qué tanto podía doler? Se apretó los brazos y las piernas y finalmente se decidió por la parte carnosa del muslo. Agarró el músculo con una mano, presionó el cañón con la otra, se volteó y disparó una vez. La bala rompió la piel, le desgarró la carne y salió por el otro lado.

—Pero qué pendejo —dijo su padre cuando él volvió cojeando a la casa—; tiene suerte de no haberle dado al hueso.

—Ese niño tiene demasiado tiempo libre —exclamó Timoteo cuando se enteró de lo que había pasado—, y eso no puede traer más que problemas.

Sugirió que mandaran al niño al seminario en Guadalajara, y ofreció pagar lo que costara.

Mi padre accedió, así que Timoteo fue con él a la zapatería. Nunca había tenido un par de zapatos cerrados. Todos los que se probaba le hacían sentir como si hubiera metido el pie en otra personalidad. Al final eligió un par de zapatos negros brillantes con agujetas. Los días previos a su partida los sacaba de la caja y se los probaba. Aunque eran sumamente incómodos, le gustaba cómo se veían en sus pies, cómo le hacían sentirse: muy distinguido.

El día que su padre iba a llevarlo al camión para Guadalajara, desde antes de que las primeras nubes aparecieran en el cielo sabían que se avecinaba una tormenta. A media mañana, la mayoría de las tortugas habían abandonado el río y habían alcanzado la mitad de la pendiente. De todas formas, su padre ensilló a los caballos y él se puso sus nuevos zapatos, a pesar de lo incómodos que eran. Partieron al mediodía. Nubes gris oscuro ya tapaban casi todo el cielo. Cuando estaban cruzando Santana, parecía que se había desatado una guerra allá en lo alto. Tronaban relámpagos a todo su alrededor, y cuando llegaron a San Martín empezaron a caer las primeras gotas. Amarraron a los caballos afuera de la miscelánea y entraron justo en el momento en que se desataba toda la cólera de la tormenta.

—Buenas tardes, Pedro —gritó el tendero por encima del ruido de la lluvia que acribillaba el techo de lámina, y preguntó adónde iban con ese aguacero.

—Llevo a este muchacho a que tome el camión a Guadalajara —dijo Pedro, mientras el muchacho cojeaba hacia la hielera y tomaba una botella de Coca-Cola para él y una cerveza helada para su padre—. Va al seminario para convertirse en sacerdote.

—¿Sacerdote? —dijo el tendero—. Eso está bien, José, es bueno dedicar su vida a la iglesia, a Dios. Aunque si esta lluvia los detiene, quizá no consigan cruzar el río. Tal vez deban esperar a mañana, Pedro.

Afuera en el porche se habían reunido algunos hombres, y las turbias aguas ya empezaban a correr por los adoquines frente a la entrada de la miscelánea.

—Es mejor que terminemos lo que ya empezamos —dijo Pedro, mientras dos hombres entraban a la tienda dando traspiés y sacudiéndose la lluvia de los sombreros y los ponchos.

—Ahora sí se vino el agua, Pedro —gritó uno de ellos, dándole la mano.

El tendero se reclinó sobre el mostrador y vio a mi padre cojeando hacia el suyo para darle la cerveza.

—¿Qué pasa, José? ¿Por qué camina como si fuera un gallo herido? —preguntó.

—Es por mis zapatos nuevos —dijo, subiéndose los pantalones para que el tendero y todos los demás vieran las puntas brillantes en todo su esplendor. El tendero echó un vistazo y se empezó a carcajear.

—No me extraña que le aprieten. ¡Los trae al revés!

Los hombres de los ponchos, su padre y todos los que estaban en el porche voltearon y vieron los zapatos. Sus pies estaban curvados hacia afuera, alejándose uno de otro. El lugar estalló en risas. Él se arrodilló y estaba cambiando los zapatos cuando otro hombre entró a la tienda a empujones para anunciar que el río había crecido tanto que no había manera de atravesarlo.

Su padre se tomó otra cerveza, y otra más, y unas horas después, cuando la lluvia amainó y la miscelánea estaba por cerrar, desamarraron a sus caballos y montaron de regreso al rancho. Hacía un buen rato que había salido el camión a Guadalajara.

11. TÚ DICES JERUSALÉN, YO DIGO PARÍS

Estamos a principios de julio, justo después del solsticio de verano, y parece que en cuanto el sol desaparece debajo del horizonte ya está saliendo de nuevo por atrás de las colinas verdes de la campiña inglesa. Acabo de pasar el semestre de primavera de mi tercer año de universidad estudiando en Granada, España. Cuando terminó el programa me quedé unas semanas en España antes de viajar a Londres con una amiga y pedir aventón hasta Glastonbury. El conductor de un camión nos llevó la mayor parte del camino; cuando pasamos volando por Stonehenge el hombre nos dijo que ese día había recibido la llamada de un pariente que le anunció la muerte de su padre.

—En realidad nunca lo conocí —dijo el hombre—. Se fue cuando yo era chico.

Le dimos el pésame, aunque parecía un poco fuera de lugar, porque él, más que triste, parecía en conflicto, sin saber qué debía estar sintiendo. Supuse que el día que yo recibiera esa llamada tendría una reacción parecida: no tristeza sino indiferencia. La misma indiferencia que sentí cuando, antes de partir hacia España, supe que mi padre había sido extraditado y ahora estaba en prisión en México. En lo que a mí atañía, merecía pudrirse en su celda.

En Glastonbury mi amiga y yo nos reunimos con tres cuates de Chico con pelo largo y barba y una chava de Maine llamada Abigail. Todos habíamos estado viviendo en España y habíamos planeado encontrarnos en el festival de música de Glastonbury. Cuando terminó el festival me quedé a trabajar. Por ayudar a limpiar el terreno ferial pagaban cuarenta libras diarias e incluía pensión completa. Estuve en eso una semana y ahorré suficiente para la última etapa de mi viaje: a París.

El día que me voy de los terrenos feriales consigo un aventón a la ciudad y llamo a mi casa desde una estación. Contesta mi madre y me dice que va a ir a Jerusalén con un grupo de su iglesia. Su vuelo de regreso hace conexión en Madrid; va a ver si puede cambiar la fecha para quedarse allí unos días y así poder vernos.

—Ya no estoy en España —digo.

—¿Dónde estás? —pregunta.

—En el sur de Inglaterra. En dos días me voy a Francia.

—¿Y para qué quieres ir allá? —dice—. Ni siquiera hablas el idioma. ¿Y si te pierdes? ¿Y si te pasa algo? ¿Por qué no vienes a que nos encontremos en Madrid? A lo mejor hasta podemos volar juntas a casa.

Trato de explicarle que no quiero ir a Madrid porque ya estuve allí por lo menos tres veces, y además volaré de regreso a Chicago a fin de mes. Podemos vernos entonces, pero ella insiste en que vaya y nos encontremos.

—Está bien —digo deseando no haberle telefoneado—. ¿Por qué no llama a las aerolíneas y averigua cuánto costaría cambiar su boleto?; vea si vale la pena, y le vuelvo a llamar en unos días.

Unos días después estoy registrándome en un hostal juvenil en París. Paso muchísimas horas caminando sin rumbo fijo por sinuosas calles adoquinadas, charlando en los cafés y viendo los aparadores de las boutiques. Me siento en el parque que está enfrente de mi hostal para escribir un rato en mi diario y bosquejar mis ideas de diseño: blusas, faldas y vestidos de estilo bohemio. Llevo una semana allí y voy paseando por la orilla del Sena cuando un hombre alto con el pelo negrísimo se me acerca. Aunque no venía corriendo parece que le falta el aliento. Habla muy rápido; me pregunta algo en francés.

—Yo no parlo francés —digo.

—¿Hablas inglés? —pregunta.

—Sí.

—¿De dónde eres?

—Chicago.

—No eres estadounidense —dice agitando la cabeza, metiendo las manos en los bolsillos y respirando profundo—. ¿De dónde eres? —entrecierra los ojos como para verme un poco mejor.

—México —digo, aunque México se siente como un antepasado lejano con el que ya ni siquiera tengo ninguna relación.

—¡Ah, México! —prácticamente grita—. Lo sabía —sube el dedo índice y lo mantiene firmemente en el aire—. Nunca antes había conocido a una mexicana, pero me doy cuenta de que estadounidense no eres —echa los hombros hacia atrás como si eso fuera el final de la conversación—. Te vi desde la otra acera y supe que tenía que hablar contigo. Y no pienses que te hablo sólo porque eres mujer. Hay muchísimas mujeres jóvenes caminando por aquí —dice extendiendo los brazos y dando vuelta sobre los talones—. Pero hay algo en ti, algo en tu manera de caminar. Es... es... es como si supieras algo —cruza los brazos y me mira como si imaginara que le voy a entregar las llaves del universo—. ¿Eres escritora? —pregunta—.

—No, soy estudiante.

—Ah, estudiante. ¿Y qué es lo que estudias?

—Economía —respondo, y le digo que estoy enfocada en comercio internacional, aunque no me tomo la molestia de explicar que algún día quiero ser diseñadora de modas. Imagino que voy a importar telas de un país y exportar ropa a otro, así que tener un sólido conocimiento del comercio internacional parece un buen punto de partida.

—Yo soy escritor —dice estirándose el pelo hacia atrás como si tratara de aliviar una migraña—. He estado encerrado en mi departamento los últimos tres meses revisando mi novela. Acabo de terminarla. Eres la primera persona con la que hablo en varias semanas —busca en el bolsillo de su camisa, saca sus cigarros, abre la cajetilla y me la extiende. Aunque no fumo, tomo uno, y en un rato más estamos sentados en una banca con vista al Sena y yo le estoy contando todo sobre Mathew.

Lo conocí en el segundo año de la universidad y habíamos estado juntos desde entonces. Cuando nos conocimos yo ya estaba planeando estudiar en España y él hablaba de tal vez estudiar en Ecuador el mismo semestre. Era el plan perfecto: iríamos a extremos opuestos del globo y regresaríamos a cambiar impresiones. Sólo que a la hora de la hora decidió mejor ir conmigo a España. Llevábamos pocas semanas en Granada y empezó a actuar como mi tutor, a preguntar dónde había estado el fin de semana, quiénes eran mis nuevos amigos y por qué me llevaba y me iba de campamento con los "drogos". Lo último que necesitaba después de haberme ido tan lejos de casa era que alguien me cuestionara o actuara como mi madre.

—Troné con él —digo dando una fumada y me ahogo con el humo—. Aunque supuestamente iba a ser algo temporal. La idea era darnos una especie de *break:* "Tú te vas por tu lado, yo por el mío, y cuando regresemos a la escuela retomamos donde lo dejamos"… algo así.

—Ajá —dice el hombre sonriéndome. Sigo adelante con mi historia: le cuento que Mathew se fue de España en el instante en que terminaron las clases, pero yo me había quedado un poco más. Él se había ido de mochilero por Italia con algunas chavas de la universidad. Después de dos semanas recibí una carta suya furiosa que abría con cuatro palabras cortantes: "Pinche hija de puta". Me despreciaba, no porque hubiera tronado con él en un café lleno de gente en pleno día y hubiera permanecido impasible al otro lado de la mesa mientras él se ahogaba en llanto, sino porque incluso antes de que viajáramos a España yo lo había engañado y por alguna razón su amiga Melissa lo sabía. Ella lo había sabido desde que estábamos en España, pero se esperó a compartir con él una botella de vino en Florencia para contarle todo. Lo que más me dolía de la carta era ni siquiera poder defenderme: él seguía viajando y yo no tenía manera de dar con él y decirle que Melissa no conocía bien la historia. Sí, había besado a este tipo, pero nunca me habría acostado con nadie mientras estuve con él.

—De todas formas —dije—, escribí en mi diario algunos poemas sobre la triste experiencia.

—Pensé que no eras escritora —dice ladeando la ceja y mirándome como si yo acabara de entrar en foco.

—No lo soy —digo—: sólo me desahogo.

Pregunta si quiero que lea algún fragmento y le digo que no, gracias, porque sé que si viera lo que escribo en mi diario, todo lo que mantengo bajo llave en mi cabeza, pensaría que estoy loca.

—A lo mejor en otra ocasión —dice sonriendo y ofreciéndome otro cigarro. Fumamos y vemos los tonos pastel ondeando por la superficie del río mientras el sol se pone detrás de la silueta de los edificios.

Al día siguiente tomo el metro al cementerio del Père Lachaise y visito la tumba de Jim Morrison. Nunca había ido a un cementerio; la única imagen que tenía de uno casi se me había borrado de la memoria: unas flores de plástico atadas a una cruz al lado del sendero destiñéndose bajo el sol. Mi cementerio está en una colina a las afueras de la ciudad, y aunque debe de haber muchas tumbas detrás de sus verjas de hierro, en mi versión es el único, y lo veo exactamente como me lo describieron: un montículo de tierra marcado con una sencilla cruz de madera, aunque donde había una cruz ahora hay dos, una junto a otra.

Antes de partir de España llamé a casa y Sonia me dijo que mi abuelo había muerto. Pensé que debió morir años atrás. Debió haber caído muerto en el momento en que le diagnosticaron diabetes. Si se hubiera muerto entonces, mi padre nunca habría convencido a mi hermano de regresar a México. Parecía que quien regresaba a esa tierra polvorienta y distante nunca volvía.

Al salir del cementerio compro una tarjeta telefónica y de regreso a mi hostal encuentro una cabina y llamo a casa.

—¿Dónde demonios has estado? —dice Sonia cuando oye mi voz.

—En París.

—¿Todavía no estás en España? —pregunta—. Mi amá lleva como cuatro días en Madrid esperándote.

—¿Por qué cambió su boleto? Le dije que volvería a llamarle.

—No sé, pero está preocupadísima por ti. Más vale que le llames.

Apunto el nombre y el número del hotel y llamo enseguida: pregunto por Pascuala Venegas en la habitación 504.

—Esa huésped se fue esta mañana —responde la mujer.

—¿Está segura? ¿No mencionó si iba a otro hotel o si ya se iba de la ciudad? —pregunto, aunque sé que es demasiado tarde: había ido y venido y no nos habíamos visto.

De regreso al hostal, por mucho que trato de ahogar su voz, prácticamente puedo oírla hacer las mismas preguntas de siempre: *¿Por qué eres así? ¿Por qué no puedes ser como tus hermanas? ¿Por qué no hablas conmigo? ¿Por qué eres tan distante?*

Y yo no tengo respuesta a ninguna de sus preguntas.

★ ★ ★

Cuando regreso del extranjero paso dos semanas en casa. He estado fuera los tres años de la universidad y ya no tengo un cuarto para mí. La noche antes de partir a la escuela, mi madre insiste en que me quede con ella.

—Madrid fue horrible —me dice; estamos acostadas juntas con la luz apagada—. Me sentaba en una plaza a mirar cada rostro que pasaba, pensando que alguno de ellos debía de ser el tuyo. Fue espantoso.

—¿Por qué cambió su boleto? —digo—.

—Pensé que estarías allí —nos quedamos un largo rato en silencio—. Mateo era un buen hombre —dice—. No debiste dejarlo. Me habría gustado mucho que ustedes dos se casaran —con los ojos clavados en la oscuridad pienso que a lo mejor debería decirle lo que realmente pasó. Hablarle de la carta que me mandó, decirle que desde que volví, cada vez que le he llamado me cuelga el teléfono cuando oye mi voz—. ¿Te puedo hacer una pregunta? —dice.

—Claro.

—¿Tuviste relaciones sexuales con él?

Esta pregunta me agarra por completo en curva. Mi madre y yo rara vez hablamos, y ciertamente nunca hablamos de sexo. Quizá lo más chocante es que piense que después de haber estado más de un año con Mathew pudiera *no* haber tenido relaciones sexuales con él. Puedo oír su respiración, puedo oírla esperar mientras considero si le digo la verdad.

—No debería hacer preguntas cuyas respuestas quizá no quiera oír —digo.

—Quiero saberlo.

—Sí, sí tuve.

Suspira.

—Eso me entristece mucho —dice—. De verdad me habría gustado que te casaras virgen.

12. EL MURO

Hay hombres dispersos a todo lo largo del pie del muro. Algunos están con la suela del zapato presionando contra el bloque, mientras que otros están sentados recargados en él. El alambre de púas corta el cielo azul.

—Tome —le dice su cuate pasándole un churro. Están sentados juntos con las rodillas dobladas y la cabeza hacia atrás, guarecidos en el filo de sombra que proyecta el sol de la tarde a lo largo del borde inferior del muro.

—Eso no va conmigo —lo espanta con la mano; dice que le da sueño o lo pone paranoico. La última vez que fumó mota todavía vivía en Chicago y había pasado a visitar a unos amigos, una joven pareja que vivía cerca del boliche. Todavía no llegaba a su porche y ya percibía el olor de la mariguana pasando por la puerta mosquitera y oía a la pareja riéndose como locos adentro de la casa. Le ofrecieron el churro, dio unas fumadas, y más tarde, camino al boliche, se sintió como si su propio cuerpo lo asfixiara. Giró el coche y se encaminó a su casa para acostarse un rato, y terminó durmiendo hasta el día siguiente.

—Ésta es de la buena, José —dice su amigo—: va a hacer que desaparezcan sus preocupaciones.

Ni con toda la verde del mundo desaparecerían sus preocupaciones. Cuando lo trajeron de vuelta a Zacatecas se paró frente a un juez y contó los acontecimientos de aquel día. Contó que todo había empezado por una discusión entre Ricardo y Manuel, algo que ver con unas carreras de caballo. Le dijo al juez que no había tenido la intención de dispararle a Manuel, que lo que iba a hacer era pegarle con la cacha de la pistola y una bala se escapó. Su testimonio no se sostuvo frente al de los testigos, y quizá la única parte que no era inventada era donde decía que Manuel y él nunca habían tenido problemas, siempre se habían llevado bien, y que en el instante en que su pistola se disparó se había arrepentido. Pero era demasiado tarde para lamentaciones, y el juez sentenció que había actuado despiadadamente y que le había quitado la vida a su cuñado a sangre fría.

Casi inmediatamente después de la sentencia, sus padres pusieron en venta la casa con los arcos de piedra caliza rosada.

Lo venderé todo si es necesario —dijo su padre tras su primera visita—, no me importa si tengo que vender todos los animales, La Mesa, La Peña y hasta el rancho. Lo venderé todo, pero me niego a morir y dejar a uno de mis hijos tras las rejas —dijo, como si pudiera hacer algo al respecto. Su diabetes se había vuelto más ansiosa, acaso agravada por el estrés de tener un hijo en la cárcel, y desde detrás de las rejas José había visto a su padre consumirse lentamente por la enfermedad, que se llevó primero una pierna y luego la otra: ambas amputadas a la mitad del muslo.

La última vez que vio a su padre lo habían llevado en silla de ruedas. Cubrieron con una cobija de lana los muñones donde antes habían estado las piernas. Le dijo a José que habían vendido la casa. El dueño de la zapatería ofreció 750 000, y aunque estaba muy por debajo de su valor de mercado aceptaron la oferta, pues a todos se les estaba acabando el tiempo. José llevaba cinco meses en la cárcel y se decía que lo trasladarían a una cárcel federal de Zacatecas, mucho más grande, en la ciudad vecina. Si eso pasaba, su suerte prácticamente estaría sellada. Sobornar a alguien en el sistema federal sería más difícil y saldría mucho más caro que lidiar con la jurisdicción local.

Sus padres depositaron el dinero en una cuenta para el abogado que estaba llevando su caso, y un mes después murió mi abuelo. José fue a hablar con el comisario y pidió permiso para asistir al funeral de su padre.

—Si te dejamos ir, José, no vas a querer pasarte de listo, ¿o sí?

José dio su palabra y el comisario accedió, porque en una ciudad donde todavía se compran y venden tierras y ganado sin mediar otra cosa que un apretón de manos, la palabra de un hombre vale tanto como el hombre mismo.

El día del entierro, cuando sonó la primera campanada, José ya estaba esperando a los dos guardias que lo acompañarían a la iglesia, y cuando sonó la segunda campanada los guardias ya estaban escoltándolo por los escalones de piedra de la prisión. Adentro de la iglesia el aire era más frío y olía a cera y agua bendita. El ataúd de su padre estaba posado en el altar. Los dos guardias esperaron en la entrada mientras él caminaba hacia el frente; el traqueteo de sus esposas se mezclaba con un susurro aquí y una tos allá a su paso. Sonó la tercera campanada, el sacerdote alzó los brazos y todos se levantaron. Si hubiera querido pasarse de listo, ahora era cuándo.

Tomó asiento en el banco de hasta adelante junto a su madre y sus hermanas. Después de la misa se despidió de su padre. Ocho hombres alzaron el ataúd en hombros y salieron de la iglesia por la puerta lateral. Vio la procesión mientras se dirigía al cementerio en la colina, a las afueras de la ciudad, donde estaba enterrado su hijo. El comisario le había dado permiso de cruzar la plaza y asistir a la misa por su padre, pero ir hasta el cementerio de ninguna manera, con su palabra o sin ella.

Unos meses después de la muerte de su padre lo trasladaron a la cárcel federal de Zacatecas, y desde que llegó a ese lugar, cada día se ha sentido como otro ladrillo en el muro; cada día se solidifica contra él, lo aleja más de la posibilidad de alcanzar alguna esperanza. Ha oído que la salud de su madre está tan deteriorada que ya no puede valerse por sí misma y está viviendo con su hermana menor, que está vendiendo a un ritmo alarmante el ganado y la tierra que dejó su padre. Si alguna vez sale de este lugar, podrá sentirse afortunado si queda algún fragmento de tierra donde pueda caerse muerto.

Toma el churro y da una buena fumada, aunque sabe que por mucho que se meta no va a derrotar a sus problemas, con todo y que Pascuala recientemente le envió una carta para decirle que lo perdona por lo que ha hecho, que si alguna vez sale de ese lugar no quiere tener ningún problema con él. Que lo hubiera perdonado, o no, no estaba en la raíz de su agitación: él sabe que nunca podría perdonarse a sí mismo. Por mucho que se arrepintiera, el pasado jamás se arreglaría. Nada abriría la puerta que él mismo había cerrado a piedra y lodo con un solo disparo y que dejó a sus hijos de un lado y a él del otro.

Habían pasado diez años desde que cargó su camioneta con la ropa que ya no usaban, toallas de la fábrica donde trabajaba su esposa, contrabando y algunos álbumes de fotos. Su nena, La Poderosa, tenía diez años cuando él se fue. Ahora tenía veinte, y si de casualidad fuera a aparecer un día del otro lado de las rejas en horario de visita, tal vez ni siquiera la reconocería. Diez años se habían desplomado entre ellos como una avalancha imparable. ¿Qué había entre ellos ahora? Tres mil kilómetros, estos muros, la frontera misma: probablemente morirá en este sitio infestado de chinches y nunca más volverá a ver a ninguno de sus hijos.

Da otra fumada y se da cuenta de que del otro lado del patio algunos voltean la cabeza. Una mano se levanta para rascar un verdugón en un bíceps, unos ojos se entrecierran, y le entra la sensación de que todas estas sutilezas están conectadas: son parte de un gran plan. Le devuelve el churro a su cuate y se pone de pie; dice que se va a acostar un rato. Cuando llega a su celda se estira en el catre y se queda dormido, aunque no hay lugar para soñar en un sitio así, un sitio en que las noches están llenas de un sueño delgado, sueño traslúcido como papel de arroz.

13. RAYOS GAMMA SOBRE LAS MARGARITAS

Ya que regreso a la escuela consigo el número de Mathew y le llamo varias veces, casi siempre como a las dos de la mañana, después de que cierran los bares. Normalmente me dice que me vaya al carajo y cuelga, pero a veces me sigue la corriente y me pregunta cómo va el semestre.

—Bien —le digo, y trato de convencerlo de que venga—. No tenemos que hacer nada. Sólo estaría bonito acurrucarnos —sugiero—.

—Sigues dolida, ¿verdad? —dice.

—Ya te dije que lo siento. Ni que me hubiera acostado con el tipo ése.

—Estás bien jodida y ni cuenta te das —dice una de esas noches, y oírlo decir algo así me asusta un poco, porque él no sabe nada de mi pasado: ni de mi hermano, ni de mi tío, ni de mi padre. Nada. Oírlo decir eso me hace sentir que a lo mejor sabe algo que yo no sé, como si a lo mejor pudiera ver algo de lo que yo me daré cuenta cuando sea demasiado tarde.

—¿Vas a venir o no? —digo aclarando la garganta.

—Un día vas a despertar y te darás cuenta de lo jodida que estás —dice.

—Vete al carajo —le respondo, porque prácticamente puedo verlo acostado en su cama masturbándose mientras piensa en que me ofendió—. No te vuelvo a llamar nunca en la vida.

—Oh, lo harás.

—Ya lo verás: nunca en la vida —azoto el teléfono antes de que tenga chance de responder, y nunca más le llamo. Ni borracha ni sobria. Nunca.

Pocos días después de esa conversación estoy en una fiesta. Salgo al porche y me topo con un amigo que resulta que está hablando con Melissa.

—¡Hola, Maria! Conoces a Melissa, ¿verdad? —dice—. ¿No estuvieron juntas en España?

—Sí —digo en el tono más calmado del que soy capaz, aunque basta con ver su cara para que me empiece a hervir la sangre—. ¿Y qué tal Italia? —pregunto—.

—Muy bonita —dice, apenas esbozando una sonrisa.

—¿Y qué lugares visitaron?

—Oh, estuvimos en Milán unos cuantos días, luego pasamos una semana en Roma, después fuimos a Florencia, y, eh… —presiona muy fuerte los labios, y su cara parece crecer grotescamente mientras ella sigue hable y hable, y al rato los poros de la punta de su nariz son lo único que veo, porque todo lo demás se ha desvanecido, y ha de sentir el peso de mi mirada porque le está costando completar sus oraciones.

—¿Puedo hacerte una pregunta? —le digo.

—Claro —dice alzando las cejas.

—¿Tu vida es tan sosa que para hacerla un poco más emocionante tienes que ir y meter la nariz en los asuntos de los demás?

—Mmmh, bueno —se rasca el cuello—, Mathew es amigo mío, y… y no deberías haberlo engañado.

—¿Y quién carajos eres tú para decirme lo que debería o no debería hacer? —digo cerrando los puños y dando un paso hacia ella. Se da la vuelta y tengo que aguantar el impulso de pegarle, de tirarla al suelo de un solo golpe, pero su barbilla está temblando tanto que más bien me da pena por ella. Se ve tan indefensa, tan patética, y además no me he peleado a golpes desde que estaba en sexto. Puede que ya no se me dé tan bien.

La hago a un lado, regreso adentro y encuentro a mis amigos. Cuando nos vamos de la fiesta ella hace rato que se fue. Desde ese día, cada vez que nuestros caminos se cruzan se aparta. Si vamos caminando por la misma acera una hacia otra, en el instante en que me ve cruza la calle y camina del otro lado. Si estamos en el patio caminando hacia el mismo edificio, ella le da la vuelta y entra por otra puerta.

El semestre está muy avanzado y yo estoy sentada en mi cama, con libros y papeles desperdigados por todas partes, cuando tocan a la puerta.

—Adelante —digo, y Tracey, una de mis trece compañeras de edificio, asoma la cabeza. Vivo en una casa de cuatro pisos y catorce habitaciones con un gran sótano, diez lugares de estacionamiento y una terraza, con otras doce jóvenes y Pablo, un estudiante ecuatoriano que está aquí de intercambio.

—Ey —dice—: acabo de ver a Martin McCarthy en el patio y me pidió que te pasara un recado.

—¿Martin McCarthy? ¿De veras? —Martin McCarthy había vivido en el departamento debajo del nuestro el año anterior, y aunque habíamos coincidido dos o tres veces y seguido nos encontrábamos por ahí, nunca nos habíamos dicho nada más allá de "hola". Tenía algo de enigmático. Era alto, medía casi 1.90, y aunque sus compañeros de edificio eran de los que usan camiseta y gorra de beisbol, él tenía un pelo rubio que le llegaba a los hombros y parecía que él mismo se lo había cortado. Usaba pantalones *vintage,* camisas estampadas de cuello abotonado, botas militares de cuero negro, y era el vocalista de un grupo con sede en otro lugar que no era Chicago—. ¿Y qué dijo?

—Que me dice: "Tú vives con Maria, ¿verdad?", y que le digo: "Sí", y que me dice: "¿Le puedes dar un recado de mi parte?", y que le digo: "Claro", y que me dice: "¿Le puedes decir que quiero ser el padre de su hijo?"

—¿Eso dijo? —una sonrisa se extiende por toda mi cara—. ¿Que *él* quiere ser el padre de *mi* hijo?

—Sip. Esas fueron sus palabras.

Unos días después tengo un boleto extra para ir a ver a un grupo que toca en un sitio de nuestros rumbos. Le pido a Tracey el teléfono de Martin y le echo una llamada.

—Hola —digo cuando contesta—. Sé que te gusta la música; tengo un boleto extra para un concierto y pensé que a lo mejor querrías venir conmigo, pero si no puedes no te preocupes, no pasa nada, de veras.

Dice que estaría encantado, y esa misma noche, mientras compartimos una jarra de cerveza, me cuenta que creció en una familia católica irlandesa y es el más chico de seis hermanos, cuatro hombres y dos mujeres. Tanto sus abuelos maternos como los paternos eran inmigrantes irlandeses, y aunque su padre nació y creció en Estados Unidos, toda su vida trabajó como obrero y mandó a todos sus hijos a la universidad.

—Sabíamos que teníamos que estar en la casa sentados a la mesa para cenar a las cinco de la tarde en punto, todos los días —explica—. A mí me tocaba sacar los vasos de leche fría para todos.

—Qué lindo —digo. Sentarse a cenar en familia es algo con lo que yo siempre fantaseaba cuando era niña. En mi casa la cena era un relajo. Una de mis hermanas mayores o yo preparábamos de cenar al llegar de la escuela, y todos comían cuando volvían de la escuela o del trabajo. Si a alguien no le gustaba lo que había, se servía un plato de cereal o un vaso de leche y un puñado de galletas. Una vez me desviví: saqué la vajilla de mi madre del aparador, puse la mesa con cubiertos, servilletas y toda la cosa. Los hice esperar hasta que todos pudiéramos sentarnos y cenar juntos. Aunque parecían confundidos, un poco desconcertados ante tanto orden, esperaron, y cuando todos estábamos sentados en la mesa, pasándonos la ensalada, el puré de papas y el pollo frito, mis hermanos empezaron a bromear con que qué elegante todo, con que si yo pedía que me pasaran la mantequilla por favor, y con que estábamos comiendo pan en lugar de tortillas, y por qué no había salsa en la mesa y por qué estábamos teniendo una cena tan gringa, y al rato se estaban carcajeando. Antes de poder terminar de cenar me puse a llorar, corrí a mi recámara y metí la cabeza abajo de la almohada.

—Y tú —me pregunta—, ¿cuántos hermanos y hermanas tienes?

—Seis —digo, y al instante me siento una mentirosa, pero es más fácil que decir que tenía siete y ahora sólo tengo seis—. Tengo cuatro hermanas y dos hermanos.

—Una familia numerosa —llena su vaso y lo levanta—: por las familias numerosas —dice. Brindamos, bebemos—. ¿Y tus padres siguen viviendo en Somerset? —pregunta.

—Están separados. Mi madre sigue allí, pero mi padre está en México.

—¿En qué parte?

—No estoy segura —le digo, porque no le voy a andar contando que mi padre está en la cárcel. Había oído que sus padres vendieron una casa de su propiedad para tratar de pagarle la fianza. Mi padrino, el dueño de la zapatería, la compró y la demolió casi enseguida. Había rumores de que había encontrado varios jarrones de barro llenos de monedas de oro escondidos en sus espesos muros de adobe. Había tanto dinero, de hecho, que si no quería volver a trabajar en la vida no tenía necesidad de hacerlo—. En realidad no estamos muy en contacto.

Martin camina conmigo a casa esa noche, me da un beso de buenas noches en el porche y se va. Unos días después volvemos a salir, me acompaña y se queda. En la mañana me pregunta por el póster de Glastonbury que tengo en la puerta del clóset y le cuento de Abigail y los tres cuates de Chico, de cómo nos conocimos cuando vivíamos en Granada, donde Abigail estaba viviendo en una cueva del otro lado de la muralla nazarí. El viernes después de la clase yo subía a su cueva por los senderos de tierra detrás de la muralla y todos acampábamos el fin de semana. Luego, el lunes en la mañana bajaba de regreso, justo a tiempo para llegar a mi clase de economía de las nueve de la mañana, todavía con el olor de la fogata y algunas briznas de hierba en el cabello.

La siguiente vez que Martin viene a la casa trae su colección de música, y poco tiempo después podíamos pasarnos horas encerrados en mi recámara oyendo música con velas encendidas. Ponemos mi aparato de cinco discos en modo aleatorio, y un momento estamos bailando tango con "Paint it Black" de los Stones, y al siguiente improvisando una rutina de danza para "7" de Prince. Cuando estoy en mi cuarto hago como si estuviera en un departamento de Nueva York. Aunque nunca he ido, mi cuarto es como imagino que sería un estudio neoyorquino: la cama en un rincón, el sillón en el otro junto al radiador, la escalera de incendios afuera de la ventana y el baño al otro lado del pasillo. Le digo a Martin que un día quisiera vivir en Nueva York. Como él es músico, piensa que también querría vivir allí.

Llega Halloween y pasa por mí para salir al cotorreo.

—¿Qué se supone que eres? —pregunta cuando bajo por la amplia escalera de madera en un vestido de moda *vintage* que me queda como si se hubiera mandado hacer para mí.

—La novia de Frankenstein —digo. Antes, después de subir el cierre del vestido me había puesto unos toques de polvo blanco en la cara, me había encrespado el pelo y con el delineador me había pintado un rayo negro que me bajaba por toda la frente desde el nacimiento del pelo. Luego me había echado un chorrito de imitación de sangre junto a la boca, así que corría por la barbilla hasta el cuello antes de desaparecer en el escote con forma de V.

—¿Pero qué ella no lleva un vestido negro? —dice.

—Ah, ¿sí? Está bien, entonces soy una novia. Una novia muerta. ¿Ves? —apunto a mi frente—: el día de mi boda me cayó un rayo y me morí.

—¡Listo!, eso funciona —me ofrece el brazo y salimos. Él lleva un esmoquin morado de poliéster, una camisa blanca con volantes verdes al frente y un sombrero de copa negro. Caminando por la calle del brazo debemos de parecer unos novios salidos de un cofre abandonado en algún sótano del Ejército de Salvación.

Cuando llega el Día de Acción de Gracias somos prácticamente inseparables. Estamos una noche en mi recámara oyendo a Pink Floyd y nuestras sombras oscilantes se proyectan en las paredes iluminadas por las velas. Aunque ya había oído *The Wall,* nunca había puesto mucha atención en las letras, que ahora resuenan tan fuertes y amenazantes como un helicóptero sostenido en el aire justo encima de mi cama. La canción dice algo sobre cómo papá atravesó volando el océano, y pienso que no fue mi papá el que atravesó volando el océano, sino más bien mi hermano, que encontró la trampilla en el fondo del río y nunca volvió. En mis sueños él ha tenido siempre la misma edad que cuando lo mataron —veintidós—, mientras que yo he crecido alrededor de él. Ahora somos más o menos de la misma edad, y ya he dejado de tratar de hablarle cada vez que se me aparece. Me agarro de su camisa, le echo los brazos al cuello y lo abrazo fuerte, consciente de que en el instante en que me despierte se habrá ido.

La canción sigue con algo acerca del álbum familiar, y sé que si no hubiera sido por mi hermano no tendríamos ninguna foto en nuestros álbumes. Cuando llegamos de México él consiguió un trabajo de medio tiempo, se compró una cámara Polaroid, y con ella cazó al vuelo muchos momentos: mis hermanas y yo de coletas frente al árbol de Navidad cargando un regalo; mis hermanos y yo sentados en la camioneta de mi papá con shorts de poliéster y entrecerrando los ojos bajo el sol; parados enfrente de la casa, con las manos de mi padre descansando en mis hombros; yo con un sombrero de cono atrás de un pastel de cumpleaños, con las velas encendidas y todos esperando a que la niña que cumple años pida un deseo… Como si fuera tan fácil: pedir un deseo y soplar las velas.

La letra continúa y explica cómo el padre no dejó más que un ladrillo en el muro, pero en lugar de *brick,* por ladrillo, oigo *break,* romper, y pienso que eso es en realidad, eso es lo que ese cabrón nos dejó: nada más que rupturas. Soy consciente de que mi sombra ya no se mueve; estoy quieta, y más que oír la música la estoy sintiendo. Es como un líquido que se filtra por todas las grietas enterradas muy profundo, adonde nada más puede llegar. Hay un sentimiento conocido, una añoranza que no puedo explicar, aunque años después me enteraría de que el padre de Roger Waters murió en un accidente aéreo durante la Segunda Guerra Mundial, cuando Waters todavía era bebé. Supongo que el ladrillo en el muro debe de ser uno con el nombre de su padre: *in memoriam,* un sustituto de lo que jamás podrá ser reemplazado. Es la maldición del padre desaparecido: ausente, y sin embargo presente en su ausencia.

Martin parece venir de puntas cuando llega y se para frente a mí, y es demasiado tarde porque ya siento el cosquilleo en la barbilla, donde los dos chorros tibios se juntan.

—Maria —dice quedo—, ¿por qué lloras?

* * *

Después de las vacaciones regreso a la escuela con la guitarra de mi hermano. La bajé de la pared donde llevaba años colgada junto al aparador. Se habían reventado todas las cuerdas excepto dos. Martin la vuelve a encordar y me enseña unos acordes básicos: los mismos que mi hermano me había estado enseñando cuando se fue a México. Pongo un clavo en la pared junto a mi ventana y cuelgo ahí la guitarra.

Es mi último semestre, y como ya cumplí la mayoría de los créditos para ahora dedicarme a mis asignaturas principales, tengo algunas optativas. Me inscribo en una clase de pintura al óleo y en otra de actuación. La de actuación es un curso de nivel introductorio para quienes no estudian la carrera de teatro, y pasamos la primera semana haciendo ejercicios de respiración y jugando para romper el hielo.

Cuando llega la segunda semana y seguimos con los jueguitos, busco el catálogo de cursos y encuentro una clase de actuación de nivel intermedio que da un tal profesor Stuart. El curso está abierto sólo para quienes están inscritos en teatro, a menos que el maestro lo autorice. Localizo al profesor Stuart. Es un hombre alto y delgado con una barba cana tupida y una melena canosa que le hace juego.

—¿Y si terminas la clase de introducción y entras a la mía el siguiente semestre? —dice.

—Éste es mi último semestre —le explico.

—Pues entonces es ahora o nunca, muchacha; te veo el lunes.

El lunes me presento en la clase y estoy lista para hacer lo que se me pida porque no quiero defraudar al profesor Stuart. Mi primera tarea es una escena de *El efecto de los rayos gamma sobre las margaritas,* de Paul Zindel. Se me asigna el papel de Ruth y a otra chava el papel de la madre. A cada una nos da un mapa de personaje que debemos llenar y entregar el día de nuestra representación. El mapa pregunta todo, desde cuál es el helado favorito de tu personaje hasta cuáles son sus motivaciones: por qué dice lo que dice y hace lo que hace. ¿Qué necesita o quiere de los otros personajes?

Saco la obra de la biblioteca y leo la pieza completa una vez. Aunque no soy una lectora ávida, me gusta tanto que la vuelvo a leer completa. Respondo las preguntas del mapa y luego lleno medio cuaderno con los matices de mi personaje, lo que le gusta y le disgusta, hasta si le gustan los gatos o los perros y por qué. Decido que ninguno, pues al final de la obra mata al conejo de su hermana. ¿Por qué mató al conejo? Se me ocurren varias razones posibles, como una manera de entrar en la cabeza de Ruth, en su estado emocional. Memorizo mi parte y me reúno dos veces a la semana con mi pareja escénica para ensayar.

Al cabo de tres semanas llega nuestro turno de representar la escena, y en realidad no estoy nerviosa, hasta que tomo mi lugar frente a la clase. Tartamudeo en las primeras líneas, pero al poco rato ya estoy respirando más pausado; me tomo mi tiempo para describir cómo bajé por las escaleras y vi al hombre moribundo echando espuma por la boca. "¡Páralo, Ruth, por favor páralo", grita la madre; oír cómo se altera sólo me hace querer cavar todavía más hondo, y con cada paso la adrenalina se me dispara en las venas y me hace sentir como si pudiera volar si lo quisiera.

—¡Aaah! Estás empezando con el pie derecho, muchacha —me dice el profesor Stuart pasándome el brazo por los hombros cuando acabamos.

Siento como si hubiera dado con algo, como si hubiera descubierto un secreto que siempre había estado escondido dentro de mí. Si puedo vivir de esto, nunca necesitaré terapia, sobre todo si la predicción de Mathew se cumple. Si un día me levanto y me doy cuenta de que estoy jodida, puede ser que actuar sea lo que venga a salvarme.

14. CASA DE ALACRANES

El cerrojo choca contra el metal y los barrotes exhalan al abrirse.

—José Venegas —grita el carcelero. Él se sienta en el catre—. Yo creo que va a querer traerse sus cosas —agrega el hombre.

—¿Por qué? ¿Adónde vamos?

—Puede preguntarle a su abogado cuando lo vea. Está allá abajo.

Toma la bolsa de plástico negra colgada cerca del pie de su cama; su corazón ya está acelerado. Concentrado y a toda velocidad pasa al lavabo; de un movimiento echa a la bolsa una barra de jabón y la pasta y el cepillo de dientes. ¿Será que llegó la hora? Hace poco lo visitó una de sus hijas y él le habló de la cuenta que sus padres habían abierto para él, del dinero que recibieron por la casa con los arcos de piedra caliza rosada. El dinero se había reducido, pero todavía había suficiente. Sólo necesitaba unos cuantos miles de dólares más para completar los honorarios. Si ella pudiera hacerle el favor, prestarle el dinero, él se lo pagaría enseguida. Ella permaneció sentada al otro lado de los barrotes escuchándolo, pero no quedó en nada.

Él levanta el catre, toma su gorra de beisbol, calcetines, ropa interior, y avienta todo a la bolsa; luego enrolla las cobijas de lana sin preocuparse de acomodarlas bien; no quiere perder velocidad, temeroso de que si deja de moverse los barrotes pudieran cerrarse de golpe para siempre. Su compañero de celda se sienta; parpadea para espantar al sueño. El pobre diablo no tiene a nadie allá afuera que luche por él: ni dinero, ni cobijas ni abogado. Ninguna esperanza de salir algún día de este lugar.

—Bueno, amigo —le extiende la mano al compañero—; quizá algún día lo vea del otro lado.

Se dan un apretón de manos. Se da media vuelta para irse pero se para en seco.

—Ahí se las encargo —agrega volviendo para entregarle las cobijas.

Sigue al carcelero por las escaleras, y hasta el sonido de sus pasos al bajar tiene distinta cadencia. Están más ligeros. Se siente como si flotara, como si con soltar el barandal pudiera irse a la deriva. Su abogado está en el vestíbulo; al verlo lo recibe con una amplia sonrisa y le entrega una hoja de papel. La toma y lee rápidamente, buscando, saltando palabras, hasta que sus ojos se detienen en ésa que prácticamente lo hace llorar: *liberación*. Han pasado tres años de su sentencia, pero ahora tiene en la mano una carta certificada del tribunal en la que se asevera que no hubo suficientes elementos de prueba para demostrar su participación en la muerte de Manuel Robles y se ordena la inmediata liberación de José Manuel Venegas. El abogado y él se dan un abrazo enérgico antes de salir. Hasta el sol se siente distinto sobre la piel ahora que es un hombre libre.

Regresa a La Peña, el mismo lugar donde nació y creció. La casa lleva varios años abandonada; al llegar la encuentra infestada de alacranes. Su padre se había olvidado de esa propiedad y de varias otras. Si hubiera estado más tiempo en la cárcel, tal vez su hermana hubiera terminado por vender todo su patrimonio. Como fuego arrasador había estado quemando la tierra que su padre dejó; había liquidado prácticamente todo lo demás, incluso La Mesa. No mucho después de su liberación, está montando del rancho a su casa cuando se percata de la presencia de un hombre en La Mesa. Lo observa a la distancia, lo ve trabajando diligentemente, midiendo y cavando. Un hombre en su propiedad no es de suyo inquietante, pero un hombre al que nunca ha visto antes escarbando en su propiedad sí lo es. Llega hasta él y le pregunta qué cree que está haciendo.

—El dueño de esta propiedad me contrató para instalarle alambre de púas —dice el hombre limpiándose un poco de sudor en la ceja.

—¿El dueño? —tose José—. ¿Y esa persona quién podrá ser?

—El señor Márquez —responde el hombre. José sabe quién es Luis Márquez: es dueño de algunos negocios en el centro.

—Pues bien, puede usted decirle al señor Márquez que el legítimo dueño de esta tierra ha vuelto, y que si tiene un problema con eso se sienta en libertad de venir a hablar conmigo.

Le dice que tiene una hora para largarse de ahí. Que no tiene ningún problema con él, pero que si alguna vez lo vuelve a ver en su propiedad, hasta ahí habrá llegado.

El hombre nunca regresa, pues, como el resto de esa ciudad, conoce bien su reputación. Y precisamente por su reputación, seis meses después, mientras está tomando un trago en un sitio de los alrededores, la mesera parece saber exactamente quién es.

—Usted es el Cien Vacas, ¿no es así? —dice cuando le lleva su bebida.

La mira con una mezcla de suspicacia e intriga. ¿Cómo es que no conoce su nombre sino su apodo? Un apodo que ha tenido desde que era niño, pues a los siete años le había dado por jactarse de que tenía cien vacas en el rancho de su padre.

—¿Cómo sabe quién soy? —le pregunta.

—Su reputación le precede —responde ella. La última vez que él estuvo allí, cuando partió ella oyó por casualidad a su jefe mencionar que se trataba del Cien Vacas, que acababa de estar tres años en la cárcel por el asesinato de un hombre y que, caray, había matado a varios, algunos de este lado de la frontera y algunos del otro. En la ciudad se rumoraba que era un hombre peligroso, un asesino desalmado. Entonces le pidió a su jefe que le presentara al tal Cien Vacas la próxima vez que fuera, pero al final la presentación no fue necesaria: en el instante en que entró por la puerta, ella lo reconoció—. Se rumora que ha hecho rodar algunas cabezas.

—Ah, ¿sí? —le escandaliza tanta franqueza. Voltea a verla y ella no desvía la mirada. Él le dobla la edad, fácil. Ella a todas luces es una indígena pura. Mide aproximadamente 1.50, tiene abundante pelo, y tan negro que hasta despide cierto brillo azul. Aunque ha renunciado a la vestimenta tradicional y en lugar de las blusas de colores brillantes y las faldas hasta el piso que usan las mujeres de su clan ella se pone jeans, blusas y botas vaqueras, sus rasgos la delatan. En sus genes evidentemente no hay una sola gota de sangre española que aclare su complexión. Está cortada del mismo patrón inconfundible de los coras, un grupo indígena que aún habita en las zonas más lejanas de las montañas y habla su propia lengua —algunos incluso se niegan a aprender el español—, y considera a los mestizos, como él, gente en cuyas venas siempre correrá la sangre del opresor y del oprimido, tanto de los españoles que invadieron esas tierras y trajeron con ellos el catolicismo y la culpa, como de los indígenas con cuya sangre y sudor los españoles construyeron haciendas sin ton ni son.

—¿De dónde eres? —pregunta él.

Le explica que creció en la sierra y que cuida cabras prácticamente desde que era una niña.

—¿Cabras? —y él ya está relacionando las cabras y sus vacas, porque donde hay cabras hay leche y donde hay leche hay potencial lucrativo. Describe su rancho de ciento cincuenta hectáreas, el manantial de agua dulce, las dos cascadas; le cuenta que en la temporada de lluvias todo es efervescente, verde y hermoso. Eso sí, no menciona que de esas hectáreas, setenta y cinco son de Antonio, su hermano mayor, pero como él lleva años viviendo del otro lado, y ni siquiera se tomó la molestia de volver a México para el funeral de su padre, él se ha apropiado entero el rancho que su abuelo le dejó a su padre.

—¿De verdad tiene cien vacas?

—Venga a verlo con sus propios ojos. Podríamos montar allí mañana, si usted quiere —dice dando un trago a su cerveza—. ¿Sabe montar a caballo?

Reprime la risa. Le dice que no sólo sabe montar a caballo: ha domado a varios montándolos a pelo.

—A pelo, ¿eh? —da otro trago—. ¿A qué hora termina su turno?

—A las siete —voltea y ve por atrás de su jefe, que está pasando un trapo en la barra, el reloj que cuelga de la pared pintada con cal, arriba de las botellas polvorientas. Son casi las tres de la tarde—. Como en cuatro horas más.

—¿Puedo invitarla a comer?

Con una gran sonrisa le responde que pase por ella a las siete.

—¿Que regrese? —dice, y ahora es él quien trata de no reírse mientras se levanta de la mesa y se dirige a la barra. Le dice al dueño que anote los tragos en su cuenta y que va a ir a comer con la mesera pero que no se preocupe, al ratito la tendrá de regreso.

—Está bien, José —dice el dueño y le hace una señal con la cabeza.

—Y a todo esto, ¿cómo se llama? —pregunta cuando ya están en su camioneta.

Se llama Rosario y tiene una hija de cinco años de nombre Alma. El padre de Alma se fue a trabajar al otro lado y no ha vuelto a saber de él. En el restaurante, mientras la ve bajar la comida con una cerveza helada, le hace la proposición. Tiene algunas vacas que acaban de tener becerros; si ella le echara una mano con la ordeña, podría usar la leche para hacer queso y luego se repartirían las ganancias mitad y mitad. Ella, en un sentido, no dice que sí; después de comer él se detiene en una licorería por una botella y enseguida se van volando a La Peña.

Salen de la casa al día siguiente y se van en la camioneta a la ciudad. Recogen a la hija de Rosario, compran algunos comestibles y van de regreso a La Peña.

Dos meses después de que Rosario y Alma se mudan con él, la madre de él viene a visitar y a duras penas puede contener su desagrado; incluso se niega a tan siquiera probar el queso que la indígena ha hecho. Aunque el linaje de Belén fácilmente puede seguirse hasta los huicholes, otro grupo indígena que aún habitaba en la sierra, ella siempre había negado ese linaje; en cambio declaraba que era descendiente directa de los españoles y la única razón por la que su piel era tan oscura era por el exceso de sol. Para demostrarles a sus nietos su ascendencia europea había llegado a hacer cosas como quitarse el zapato para enseñarles el pie, que vieran cuán blanca era en realidad.

Belén se ofende tanto con la concubina que se va de La Peña para nunca volver. Es como si hubiera visto el futuro esfumarse antes de siquiera tener oportunidad de protestar. ¿Y si su hijo dejaba preñada a la indígena? Ella y su descendencia bastarda heredarían la casa, el rancho y todo lo que su esposo y ella habían heredado. No mucho después de esa visita, la salud de Belén empeora y en el transcurso de un mes fallece. Quizá había aguantado sólo lo suficiente para cumplir el último deseo de su marido: ver a su hijo salir de la cárcel. ¿Y quién cumpliría el deseo final de ella? La mayor humillación de su vida había sido que a consecuencia de la batalla en la choza no pudo casarse con un vestido blanco como Dios manda.

—¿Quién es la novia? —le pregunta la mujer de la boutique a la hermana de José cuando llega a recoger el vestido.

—Es para mi madre —dice—, para su funeral.

Le dan sepultura en la parcela sobre la tumba de su esposo, así que se quedará encima de él, con su vestido blanco, por toda la eternidad. Donde había dos cruces ahora hay tres.

Su madre no lleva siquiera un mes enterrada y la gente empieza a hacerle advertencias.

—José, yo creo que debería irse de aquí —le recomienda un vecino—; ha hecho muchos enemigos por estos rumbos.

Lo dice porque algunos hombres han estado haciendo preguntas por la ciudad. ¿Dónde vive José? ¿Qué cantinas frecuenta? ¿Qué coche tiene?

—No me voy a ir a ningún lado —declara. Puede que lo hayan soltado de la prisión, pero nunca estará libre de su pasado, y sabe mejor que nadie que en un país donde es fácil sobornar a los jueces, la gente suele hacer justicia con su propia mano—. Si alguien tiene una deuda que saldar, sabe bien dónde encontrarme.

15. BOCA DE COWBOY

Con un movimiento del pulgar, el encendedor saca una chispa y produce una pequeña flama, pero antes de que ésta toque el pabilo de la vela, se apaga y el cuarto se oscurece de nuevo. El sonido de pies que se arrastran, sillas que rechinan y una que otra tos llena el espacio. El público está cada vez más inquieto. De nuevo deslizo el pulgar por la superficie rugosa de la rueda dentada y no sale nada más que chispas. Tomo la vela y clavo las uñas en la cera, sin saber bien a bien qué hacer. Esto no lo ensayamos: qué hacer en caso de encendedor defectuoso. Es la noche del estreno, hay un crítico de *The Chicago Reader* en el público, y no pienso permitir que un artefacto de plástico arruine el espectáculo que he pasado los dos últimos meses preparando.

La obra se llama *Boca de cowboy;* di con ella en la biblioteca Harold Washington unos meses antes hojeando una compilación de obras de Sam Shepard. Me mudé a Chicago después de la universidad, y aunque tenía un trabajo de tiempo completo en el centro comercial The Apparel Center, había seguido tomando clases de actuación por las tardes. Al poco tiempo empecé a ir a audiciones, aunque no tuve que esperar mucho para darme cuenta de que la mayoría de los papeles disponibles para actrices de ascendencia latinoamericana eran dolorosamente estereotípicos: los principales eran la empleada doméstica, la prostituta y la novia del narcotraficante. Aunque no hablo el inglés con acento hispanoamericano, a menudo me pedían que lo hiciera.

—¿Qué clase de acento buscan? —preguntaba, como si hubiera numerosas variantes según el origen del personaje: puertorriqueño, dominicano, argentino, colombiano o mexicano.

—Ya sabes —respondían—, sólo danos un acento latinoamericano genérico.

¿Un acento latinoamericano genérico? ¿A qué demonios sonaría algo así? Sentía como si me estuvieran pidiendo que perpetuara un estereotipo con el que yo nunca me había identificado: la *latina* iletrada. Las únicas veces que me salía un rastro de acento latinoamericano era cuando me ponía nerviosa; entonces una de dos: o aparecía un ligero acento o empezaba a decir "o sea" cada dos palabras. Era como si la joven blanca y la joven mexicana en mí estuvieran enfrentadas, la "porrista" y la "líder de la banda" disputando entre sí hasta que una de las dos salía a la superficie.

En cuanto hube leído completo *Boca de cowboy* me enamoré de Cavale, el personaje femenino. De acuerdo con el prólogo, Sam Shepard y Patti Smith escribieron juntos la obra pasándose uno a otro la máquina de escribir: él escribía las líneas de Slim, el personaje masculino, y ella las de Cavale. Yo me sentía atraída por Cavale: era a la vez vulnerable y fuerte y estaba en busca de su propia religión, en busca de un salvador que fuera como "un Jesús rockanrolero con boca de *cowboy*".

Llamé a Samuel French en Nueva York para conocer los requisitos legales para producir una de sus obras. Dijeron que necesitaría una compañía productora, así que creé una: Producciones De-Jah-Vous. En dos semanas había encontrado un espacio, un director y un actor para que representara a Slim, y Martin, que vivía a unas cuadras de mí, tuvo una breve participación como el Hombre Langosta.

Vuelvo a darle al encendedor, en vano. La secuencia inicial es bastante simple. Enciende la vela. Ponla en el buró, y esto le dará al iluminador el pie para ir encendiendo las luces gradualmente. Lo intento una vez más; dispara unas cuantas chispitas que se desvanecen. Aviento la vela. Vuela a través de la oscuridad sobre el escenario y golpea la pared de ladrillo con un ruido sordo. Rueda por el piso hasta perderse de vista y las luces se encienden.

Al final obtenemos un muy buen comentario en la prensa. El crítico comenta que al entrar estaba escéptico, pues es difícil sacudirse de encima la imagen de Patti Smith en el papel de Cavale. Escribe: "Venegas introduce al papel su propia interpretación en cuanto joven urbana descendiente de latinoamericanos, y lo asume por completo: a los dos minutos, desaparece cualquier recuerdo de Patti Smith". Leo la nota varias veces hasta aprendérmela de memoria, hasta que prácticamente se vuelve mi mantra: me encanta la idea de asumir algo tan completamente que desaparece todo rastro de lo que hubo antes. Se siente como la afirmación de que voy por buen camino.

Alrededor de esa época también mi padre sale en el periódico. Lleva poco más de un año fuera de la cárcel cuando una noche, manejando a La Peña de regreso de una cantina en el centro, justo al desacelerar cerca de la única curva del camino entre el centro y su casa, su camioneta se ilumina bajo una lluvia de balas. Al día siguiente los periódicos de

Valparaíso afirman que iba tranquilamente camino a casa cuando le tendieron una emboscada. En el periódico lo citan: dice que no tiene idea de quién haría algo así, pero piensa averiguarlo.

Si no fuera por la mujer con la que está viviendo, probablemente se habría desangrado en su patio, sin otra compañía que la de sus perros, pero cuando su cuerpo cayó contra la puerta de metal azul, la despertó. Al principio no hizo caso y pensó que había estado bebiendo otra vez, pero luego lo oyó gemir, y fue la señal de angustia de ese gemido lo que le hizo levantarse de la cama a toda prisa. Abrió la puerta y el peso del cuerpo de él se desplomó dentro de la casa. Estaba cubierto de sangre. Ella enseguida se puso a gritarle a su hija, le ordenó que corriera con don Enrique y le dijera que necesitaban ayuda. La niña salió descalza y corrió por el camino de tierra, pasó por la camioneta gris aplastada contra el muro de concreto, y en pocos minutos había regresado junto con don Enrique. Lo envolvieron en una cobija de lana, lo metieron a la camioneta de don Enrique, que se había quedado afuera encendida, y se dirigieron al hospital más cercano, a dos horas de camino.

Cuando me entero de que le tendieron una emboscada me da lo mismo si vive o muere. Es como si me hubiera vuelto inmune a cualquier noticia relacionada con él. Sé que en cuestión de tiempo su pasado lo alcanzará, antes de que aparezca muerto, y he decidido que cuando llegue esa llamada no derramaré una sola lágrima. Evidentemente Yesenia no siente lo mismo, porque poco después de la emboscada lo va a visitar.

—Preguntó por ti —me dice a su regreso. Saber que preguntó por mí me revuelve un sentimiento ambivalente. Me alegra saber que pensó en mí, pero también estoy triste por él, pues no tengo ninguna intención de irlo a visitar jamás. Mis tres hermanas mayores ya lo habían ido a ver en algún momento, así que yo era la única de sus hijas que faltaba. Yesenia le contó que yo estaba actuando y trabajando de camarera, porque para entonces había renunciado a mi trabajo y ahora tenía una chamba en un bar de martinis en Wicker Park.

—Dijo que a lo mejor un día viene a Chicago y que entonces irá a tomarse una copa al sitio donde trabajas.

—Sí, muy bien —digo, tratando de no pensar en la pesadilla que aquello sería. Estar un día sirviendo un martini y levantar la vista para verlo parado en la entrada, como alguien que regresa de los muertos —mi pasado chocando con mi presente—, y luego tener que explicarle al personal que el loco con sombrero vaquero blandiendo una pistola es mi padre...

No mucho después de la emboscada, está de regreso en la cárcel. Después de una noche de copas se había puesto a disparar la pistola en la casa y una bala perdida le dio a la mujer que vive con él.

—Pobre mujer —dice mi madre cuando me cuenta lo que pasó. Las autoridades lo arrestaron y la mujer misma fue y testificó a su favor; declaró que había sido un accidente, que él no había tenido la intención de dispararle. Si ella hubiera mencionado una sola palabra sobre el bebé que perdió, el juez podría haberlo encerrado de por vida, pero no dijo nada y el juez ordenó su liberación, con la condición de que se asegurara del bienestar de la mujer y su hija hasta el día de su muerte, pues la bala dejó a la mujer confinada a una silla de ruedas.

—¿Se imaginan? —dice mi madre—, podría haber sido cualquiera de nosotras.

En Chicago hay un puñado de actrices de ascendencia latinoamericana con las que me la paso topándome en las mismas audiciones. Compartimos las mismas frustraciones por la escasa disposición de papeles para nosotras, así que formamos nuestra propia compañía teatral. Nos reunimos dos veces a la semana, hacemos lluvia de ideas, escribimos escenas basadas en nuestras experiencias personales de haber crecido en una doble cultura, actuamos en diversos teatros por la ciudad. En dos años ya tenemos un show completo. Mandamos el libreto a INTAR, una compañía de teatro *off Broadway* en Nueva York, y unos meses después recibimos carta de ellos. Quieren usar la obra en un taller, su laboratorio de obras nuevas. Respondemos que está bien pero que si van a tallerear nuestro libreto queremos ser las actrices.

Les parece bien.

En la víspera de mi partida a Nueva York, Martin me organiza una fiesta de despedida. Prepara sangría, guacamole y fajitas de res marinadas en cerveza a la parrilla: todo lo que yo le he enseñado a hacer.

—¿Cuánto tiempo te vas? —pregunta uno de sus amigos gritando encima de la música.

—Sólo por el verano —le respondo.

Martin me pasa el brazo por el hombro.

—No vas a regresar nunca —me dice.

—Eso no es cierto —le digo, aunque he decidido que si encuentro trabajo y una situación asequible para vivir me quedaré más tiempo. Sobre todo porque Josh, uno de los amigos de Chico, acaba de irse a vivir allá, y también Abigail se mudará en el transcurso de un mes. Ella se había casado dos años antes; Martin y yo fuimos a la boda. Cuando llevaba como año y medio de casada, un buen día me llamó para decirme que estaba enamorada del dueño de la galería donde trabajaba, y era correspondida. Abigail presentó una demanda de divorcio y se repartió con su esposo todos los bienes: él se quedó con el velero, que había sido un regalo de bodas de su abuelo, y ella se quedó con los ahorros mutuos. Decidió que usaría ese dinero para vivir un año en Nueva York, tomar clases en la Art Students League y darle espacio al dueño de la galería mientras él terminaba con los trámites de su propio divorcio.

—No pasa nada —dice Martin—: sé que siempre has tenido un pie en la puerta.

A menudo me molesta con que tengo el "síndrome del pie en la puerta", aunque no es tanto eso como la actitud casi innata de no necesitar que nadie me cuide. Es una incapacidad de confiarle mi bienestar a nadie. Años después de esto, cuando voy a ver a una terapeuta, al cabo de varias sesiones concluye que quizá mi mayor defecto sea que soy independiente, casi en extremo.

Aunque supongo que esta independencia se origina en el hecho de que mi hermano se fue y nunca regresó, y de que después mi padre se fue sin siquiera tomarse la molestia de despedirse, a la larga será Tito quien señale exactamente de dónde viene mi independencia.

★ ★ ★

El 1 de junio de 2001 aterrizo en el aeropuerto de La Guardia. Lo único que llevo es una mochila, mi computadora portátil y la guitarra de mi hermano. Los ensayos empiezan enseguida. Abigail llega unos días antes de que empiece la temporada y viene con Josh al estreno. Después de brindar con el grupo nos salimos y paramos un taxi. En el barrio de Josh en Brooklyn hay una fiesta, llamada Rubalaud, a la que quiere llevarnos.

—¿Adónde van? —pregunta el taxista antes de que subamos—. ¿Adónde van? ¿Adónde van?

—Williamsburg —en cuanto Josh responde, el taxi arranca; nos deja parados en el arroyo después de prácticamente pasarnos encima de los pies. A los taxis no les gusta ir a Brooklyn, en especial a Williamsburg, donde allá por los años setenta, ochenta e incluso noventa la delincuencia era tan galopante que ni a la policía le gustaba ir.

Unos días después, Martin está en la ciudad. Tomamos el tren L a Bedford Avenue en Williamsburg. Cuando salimos del metro, a las últimas horas de la tarde, lo primero que observo es el cielo. Es inmenso comparado con el de Manhattan.

—Es aquí, éste es mi barrio —le digo a Martin, pues aunque ya llevo algunas semanas en Nueva York, no había encontrado un lugar en el que me imaginara viviendo, ciertamente ninguno en Manhattan, con sus eternos embotellamientos, aceras abarrotadas y rascacielos. Williamsburg tiene algo que me recuerda Wicker Park, mi barrio de Chicago. La mayoría de los edificios son de ladrillo, de entre tres y seis pisos, y sin elevador. No hay edificios altos, elevadoristas ni turistas, y casi no hay tráfico. Hay una tienda del Ejército de Salvación en la esquina cerca de la estación del metro, y un restaurante polaco en la misma cuadra, frente a una tienda de productos mexicanos.

Para el fin de semana ya encontré un cuarto para rentar. Está en un departamento de dos recámaras que compartiré con un cuate que se llama Tundae. La primera vez que fui a ver el departamento le dije a Tundae que estaba lista para rentarlo y se rio. Me dijo que otras personas vendrían a verlo, que me buscaría antes del fin de semana. Cuando se acercaba el fin de semana y él no me llamaba, empecé a entrar en pánico. Sabía que ese cuarto era mi posibilidad de quedarme en Nueva York. La renta era barata, tanto que los 2 300 dólares que tenía ahorrados bastarían para cubrir los primeros seis meses de renta.

—Te ves buena onda —me dijo—, pero acabas de mudarte, eres actriz y no tienes trabajo, ¿sí me explico?, y tienes una guitarra, y cuando toques puede ser que hagas mucho ruido, y el departamento no es tan grande, ¿sí me explico? Además ya le dije a otra chava que podía quedárselo.

—Por favor, Tundae, por favor —le juré que no tocaría la guitarra cuando él estuviera en casa y le dije que tenía tanto dinero ahorrado que podía pagarle los primeros seis meses por adelantado si él quería, así que definitivamente el pago de la renta no sería un problema. Discutimos un rato hasta que finalmente cedió. Dijo que la otra chava estaba en camino para recoger la llave, pero que si yo alcanzaba a llegar con el depósito antes que ella podría quedarme con el cuarto.

Me mudo el 1 de julio, que resulta ser domingo, y mientras desempaco mi ropa y la acomodo en el clóset oigo que llega de la calle a todo volumen una canción que no oía desde que era niña. Me asomo a la ventana y en la acera de enfrente hay una iglesia pentecostal de habla hispana. Tiene la puerta abierta de par en par, y los cánticos, aplausos y tambores se vuelcan a la calle. Empiezan a cantar otra canción y luego otra, y aunque hace años que no pongo el pie en una iglesia, todavía me sé de memoria todas las letras. Cada vez que en la iglesia de mi madre ponían un nuevo himno, me pedía que lo cantara en el coche camino a casa, porque sabía que yo era la que siempre se los aprendía.

—Aleluya —grita un hombre en el micrófono, y su voz retumba en todo el departamento.

Los cánticos se apagan, la música se detiene, y el hombre empieza dale que dale con que se acerca la Segunda Venida, con que Jesús llegará como un ladrón en la noche en un abrir y cerrar de ojos. Volverá a llover fuego desde los cielos como en los días de Sodoma y Gomorra y el anticristo reinará sobre la Tierra. Yo me sé todo sobre el anticristo y su reino de terror sobre la Tierra tras la Segunda Venida. Cuando era niña, en la iglesia de mi madre nos pusieron una película que pintaba cómo sería la Gran Tribulación. En el filme, el fuego ardía furiosamente en todas las esquinas y todo mundo parecía estar corriendo en busca de refugio. Un soldado agarraba a un niño de los hombros y le preguntaba si creía en Jesús. Como el niño decía que sí, el soldado le metía una varilla de metal por los oídos. La varilla entraba por un oído y salía por el otro, y el niño se ponía a vomitar en ese instante.

No me pude sacudir la imagen de ese niño en varios días. Me había asustado tanto que todas las noches rezaba por que Jesús nos salvara a mí y a mis hermanos, mis hermanas, mi madre, mi padre, sobre todo mi padre: todos nos habíamos convencido de que estaba condenado a irse al infierno porque no creía en Jesús, bebía demasiado y llamaba hipócritas a las personas de la iglesia de mi madre: decía que nos estaban lavando el cerebro.

Entre semana, mientras él veía telenovelas mexicanas sentado en la sala, mi madre nos reunía en su recámara y nos leía historias de la Biblia. Había una sobre un hombre al que se lo tragó un pez gigante y que vivió treinta días en el estómago del pez hasta que éste lo regurgitó, y salvó la vida. Estaba también la de la mujer que volteó a ver su ciudad en llamas y por lo tanto se convirtió en estatua de sal, y así se quedaría, mirando a su pasado por toda la eternidad. Y luego teníamos a Jesús, que había caminado en el agua, convertía agua en vino, y hasta había traído de regreso a un hombre de entre los muertos.

—¿Jesús era mexicano o estadounidense? —le preguntábamos.

—Ni lo uno ni lo otro —nos decía—: era judío.

—¿Qué es un judío?

Mi madre trataba de aclarar lo que era un judío, nos hablaba de Israel y Egipto, de Moisés y el faraón, y por muchos años supuse que esos pueblos y esos lugares ya no existían.

Después de cada historia ella interpretaba sus implicaciones: explicaba la importancia del amor y el perdón, decía que si alguien te golpea en la mejilla derecha debes voltear y poner la izquierda. Lo decía incluso al tiempo que mi padre nos advertía que nunca debíamos huirle a una pelea por ninguna razón. Mis padres eran polos opuestos y nosotros crecimos en algún punto intermedio. Sé que el motivo por el que me bastaba con ver la cara de Melissa para quererla tirar de un puñetazo era mi padre, y que el motivo por el que había sentido empatía por ella era mi madre. Fue por mi padre que yo nunca jamás toleré que nadie me hiciera a un lado. Cuando llegué a vivir a Chicago tomé una clase de actuación "filmada" con un hombre llamado Francis Mancini. Cuando iniciaron las clases prometió que al final del curso todos tendríamos un rollo de película: ése era el trato. A pesar de que supuestamente las clases se filmaban en el salón, nunca había una cámara, y al final del curso, dos semanas antes de lo programado, nadie tenía un rollo. Los otros ocho estudiantes estaban dispuestos a olvidarse del asunto, pero yo me negué: no podía olvidarlo. En lo que a mí atañía, él era la escoria del mundo, un parásito que se aprovechaba de los estudiantes que luchan por salir adelante.

—Ese hijo de puta nos hizo una promesa, y o la cumple o nos devuelve nuestro dinero —les dije a los otros alumnos, y al rato estamos llamándole a todas horas del día y de la noche. Cuando eso no funcionó le dijimos que íbamos a salir a pegar volantes con su foto en todo el barrio con la palabra FRAUDE escrita sobre su cara para que todo mundo supiera que era un ladrón. Finalmente cedió y a cada uno le preparó un rollo.

Sigo desempacando y las paredes aún devuelven el eco de la voz del hombre. Está dale y dale con que ahora es el momento de pedirle a Jesús que venga a vivir en tu corazón, antes de que sea demasiado tarde, pues se acerca la Segunda Venida. "Sí, ajá", pienso mientras golpeo con el martillo para poner un clavo en la pared arriba de mi cama. "Jesús ha estado viniendo desde que yo era niña, y todavía no llega". No puedo saber exactamente en qué momento dejé de creer en Jesús, en la religión de mi madre; no hubo un momento de revelación: fue más bien como si el escepticismo que mi padre implantó en nosotros hubiera germinado y crecido como una poderosa hierba hasta que hubo sofocado todo lo demás. Habían pasado casi catorce años desde que se fue, y a pesar de no estar ahí, su influencia crecía vigorosa.

Cuelgo del clavo la guitarra de mi hermano y salgo de la casa para reunirme cerca del río Este con Josh y algunos amigos suyos. Por mi departamento hay un pequeño parque junto al agua al que suelen ir a ver el atardecer. Viven en el barrio varios trasplantados de San Francisco post burbuja punto com, y Josh parece conocerlos a todos. Nos sentamos en las rocas a lo largo de la orilla y vemos el sol que baja por los edificios de Manhattan contra el horizonte y pone en llamas el cielo detrás del World Trade Center.

★ ★ ★

El dinero se va rápido en Nueva York: parece evaporarse de tu bolsillo mientras caminas por la calle. Cuando llega septiembre tengo poco efectivo y empiezo a desesperarme. Aunque todos los días reviso los anuncios clasificados de Craigslist y *The Village Voice,* me está costando mucho más de lo que esperaba encontrar un empleo flexible de medio tiempo dispuesto a recibir a una joven aspirante a actriz. Abigail ofrece conseguirme trabajo en la galería de arte de Chelsea en la que trabaja. Sabe mucho de arte. El dueño de la galería y ella han hablado de expandir su galería cuando ella vuelva a Maine, y quizá hasta abrir una en Nueva York. Le digo a Abigail que si a fin de mes sigo sin encontrar trabajo aceptaré su ofrecimiento.

El 11 de septiembre suena mi alarma a las ocho, como todos los días. Por lo general me levanto en la mañana, salgo a correr un poco, hago estiramientos en el parque al lado del río. Me doy la vuelta, apago el despertador y sigo durmiendo. Como una hora después vuelve a sonar. Me doy la vuelta y noto que no es mi despertador sino mi celular. Una amiga de la universidad me llama de Florida.

—¿Estás viendo las noticias? —me dice cuando contesto.

—No, estaba dormida, ¿por qué?

—Parece ser que dos aviones acaban de chocar contra el World Trade Center —me dice.

—¿Qué? —me asomo por la ventana pero no veo nada. Le digo que caminaré al río y le llamaré al llegar.

Desde antes de llegar al río alcanzo a ver la oscura nube de humo que se infla contra el cielo despejado. Hay unas cuantas personas en el parque cuando llego. Algunos judíos ortodoxos hacen un semicírculo, un grupo de muchachos puertorriqueños del barrio se acurrucan sentados en las rocas, unos cuantos hipsters están parados con un pie en el pedal de la bicicleta y otro en el suelo. Todo mundo ve el humo gris oscuro que envuelve la mitad superior de los dos edificios mientras los helicópteros se sostienen en el aire como libélulas gigantes. Es surreal, como estar viendo una película, sólo que sin pantalla. Me siento en la roca desde donde solemos ver el atardecer. Pienso que ya han de haber evacuado los edificios y me pregunto cuánto irán a tardar en apagar las llamas; imagino que van a tener que echar agua desde los helicópteros o algo así. Trato de llamar a mi amiga en Florida pero la llamada no entra. Trato de llamar a Martin, a mis hermanas, mis amigos en Chicago, pero suena ocupado, ocupado y ocupado. No tiene caso tratar de comunicarme con Josh o con Abigail porque ninguno está en la ciudad. Estoy por marcarle de nuevo a mi amiga de Florida cuando se oye un grito ahogado colectivo: todos en el parque parecen haber inhalado al unísono. Miro hacia arriba. Al otro lado del río la primera torre se está desmoronando; cae al suelo como una palomilla gigante herida.

—¡Ah, carajo! ¡Ah, carajo! —uno de los muchachos puertorriqueños se levanta de un brinco y se pone a caminar de un lado a otro.

—Todo esto es por su culpa —un hombre con camisa de franela y el pelo canoso amarrado en una cola de caballo grita y señala hacia los judíos ortodoxos—. Es por culpa de todos ustedes.

"Qué grosero el imbécil", pienso al verlo largarse furioso de ahí.

—Toda esa gente, Dios mío, toda esa pobre gente —dice entre dientes una mujer polaca a mi lado, con lágrimas resbalándole por las mejillas. Sólo entonces empiezo a caer en la cuenta de la magnitud de todo esto: los edificios no se habían evacuado.

—Al carajo con esto —dice otro muchacho puertorriqueño mientras se levanta de las rocas y se aleja golpeándose con los puños; las venas del cuello están a punto de reventarle bajo la piel, con la pelea atrapada en los huesos.

Empiezan a llegar una pila de mensajes de Martin, mis hermanas, mis amigos, toda la gente de Chicago: *Sal de ahí. Vamos por ti. ¡Vete! Regresa a Chicago. Regresa. Regresa.* El segundo edificio empieza a desmoronarse y no puedo quitarle la vista de encima. Las sirenas ululan al otro lado del río. Se siente como si eso pudiera ser el fin del mundo.

En los días siguientes camino por las calles desiertas de Manhattan y paso horas en Union Square, donde las flores y las velas han inundado el parque. Hay carteles de personas desaparecidas pegados en las paredes y en los faroles junto a descripciones de la ropa que llevaban puesta al salir esa mañana al trabajo y quiénes eran: una esposa, una hermana, una prometida leales, un padre, un hermano cariñosos: todos los desaparecidos. Habían salido por la puerta en la mañana y nunca regresaron. Sé cómo se siente tener a alguien desaparecido.

Lo único que empieza a resolverse en los días subsiguientes es que no me voy a ir de Nueva York: no importa que estemos en alerta máxima, que parezca muy probable otro ataque… no importa qué pueda venir después, pero salir huyendo no es una opción. Prácticamente puedo oír la voz de mi padre: *Aunque sepa que le van a patear el trasero, se queda allí y pelea como hombre.* Siento una gran solidaridad con la ciudad: como si de alguna manera haber visto a los edificios derrumbarse hubiera fundido mi columna vertebral a sus cimientos. Siento que quedarme allí es mi deber.

★ ★ ★

—Deberías ir a ver a tu papá —me dice Martin cuando viene a visitarme hacia Halloween, porque por primera vez desde que mi padre se fue he empezado a hablar de él, a contar anécdotas suyas, como que cuando llegamos de México él solía llevarnos a pedir dulces a los barrios adinerados a pesar de las protestas de mi madre, y a pesar de que según ella Halloween era la fiesta del diablo. Luego, cuando se acercaba la Navidad, él nos llevaba a todas las Iglesias que habían hecho colectas de regalos para los niños pobres, y mientras hacíamos las rondas, la caja de su camioneta se iba llenando de regalos con etiquetas: niña, 2-4 años; niño, 4-6 años; niña, 7-9 años. Cuando cumplí nueve me compró un par de jeans Jordache; cuando cumplí diez me compró una bicicleta de diez velocidades, y cuando cumplí once me compró una cadena de oro con un dije en forma de corazón que perdí al día siguiente. Le cuento a Martin que mi padre nunca se tomaba la molestia de aprenderse los nombres porque en el instante en que conocía a alguien ya tenía un apodo para él. Le hablo de cuando me advertía que nunca debía huir de un pleito, y de que apenas ahora empezaba a comprender todas las implicaciones de aquella advertencia.

—Que se vaya al carajo —digo, aunque sé que si no fuera por mi padre probablemente no habría tenido las agallas de mudarme a Nueva York, para empezar. Él era la fanfarronería en mi manera de caminar, la razón por la que tengo una actitud de "no te metas conmigo", aunque esa misma actitud a menudo me mete en problemas y fácilmente podría haber terminado por matarme en más de una ocasión. Dos veranos atrás Martin y yo nos habíamos ido de mochileros por Europa. Una noche andábamos en Londres en una plaza. Había algunos jóvenes tocando los tambores, y estábamos cerca de ellos, sentados en el suelo y reclinados sobre una reja de hierro, cuando un hombre que parecía ser del Medio Oriente se acercó y empezó a gritarme. Hasta que empezó a gritar no me di cuenta de que había recargado la cabeza en su mochila, que estaba colgada de la reja. Traté de explicarle que no la había visto, pero mientras más explicaba, él más gritaba. Empezó a congregarse un círculo a nuestro alrededor hasta que me miró y dijo con mofa:

—Estúpida americana.

—Vete al carajo —le dije. Si había algo que yo no fuera, eso es una estúpida americana. Había visto de ésas en los bistrós de París bebiendo y hablando en voz tan alta que me daba pena ajena. Había estado con unas de ésas en un monumento nacional en Madrid cuando se lanzaron a cantar el himno de Estados Unidos ajenas a las miradas de los transeúntes. Puede ser que yo sea americana, y puede ser que haya cumplido mi cuota de cosas estúpidas, pero yo no era una de esas estúpidas americanas.

—¿Que dijiste? —da dos pasos hacia mí. Éramos más o menos de la misma estatura; se acercó tanto a mi cara que alcanzaba a oler su aliento rancio.

—Vete… —levanté la barbilla y lo miré a los ojos— al carajo.

Me empujó, y antes de que yo pudiera reaccionar Martin ya lo tenía agarrado del cuello. Más tarde me dijo que había estado observando todo pensando que yo podía defenderme, pero en el instante en que el hombre me puso una mano encima decidió intervenir.

—Eso es —me dice Martin—, mándalo al carajo. No lo hagas por él, hazlo por ti. Tú tienes que ser la madura aquí, y seguro que él no va a ir a Nueva York en un futuro próximo.

—No lo sé, es un lugar un poco peligroso —le digo; una parte de mí siente que si volviera a México la tierra se abriría bajo mis pies y me tragaría viva.

—Iré contigo —dice—. Podemos tomar un avión para una visita rápida en las fiestas decembrinas. Que sea como unas vacaciones: nos quedamos en un hotel agradable, rentamos un coche y pasamos con tu papá el día de Navidad, nada más. Si no estamos a gusto podemos irnos cuando queramos —me toma la mano—. Creo que te haría mucho bien ir a ver a tu viejo, porque un buen día todo el enojo que sientes hacia él va a salir, y adivina quién va a estar ahí para recibirlo —dice señalándose con el pulgar.

—Eso no es cierto —le digo, aunque sé que tiene razón. Si no me enfrento a mi pasado, al final será él quien pague los platos rotos.

—Lo único que estoy diciendo es que él es el hombre que te formó, para bien o para mal, y mientras esté vivo deberías ir a verlo —voltea y me mira de frente—: eres una persona muy amorosa, y darías lo que fuera por la gente a la que quieres; darías el brazo derecho por un amigo si hiciera falta. Pero si alguien te hace a un lado, así de amorosa como eres, puedes ser doblemente despiadada. Y sé que eso definitivamente no lo sacaste de tu madre.

* * *

Encontrar un trabajo en la ciudad después del 11 de septiembre es casi imposible. Llega noviembre y tengo dinero apenas suficiente para pagar la renta cuando recibo un correo de Stephanie Goldstein. Después de la universidad, Stephanie y yo habíamos trabajado unos meses en el Apparel Center de Chicago. Ella acababa de graduarse en Madison y habíamos congeniado, pero luego se mudó a Los Ángeles con su novio. En el correo me dice que acaban de trasladarla a Nueva York, que está dirigiendo un salón de exposición y ventas para una diseñadora de Los Ángeles que ha desatado una manía en Hollywood con sus jeans de corte bajísimo, y necesita alguien que le ayude unos días a la semana.

La veo al día siguiente, y un día después empiezo a trabajar con ella dos veces por semana; la ayudo sobre todo a archivar papeles y hacer llamadas a los compradores para hacer citas. La diseñadora ajusta todas las muestras a sus medidas, que resultan ser también las mías, así que me pruebo para los clientes prácticamente todos los pares de jeans. El negocio empieza a levantarse y me ofrecen trabajar de tiempo completo. Yo les hago una propuesta: renunciaré a ciertos beneficios, como vacaciones pagadas y seguro médico, a cambio de la flexibilidad de poder ir a audiciones cada vez que las haya, sin que me hagan preguntas.

Acceden.

Una vez que he ahorrado suficiente dinero me mando hacer unos nuevos retratos y empiezo a mandárselos a agentes y representantes. Una representante prestigiosa me llama, y una semana después voy a su oficina en la Cincuenta y tres con la Tercera.

—¿Por qué Nueva York? —me pregunta dándole una fumada a su cigarro desde el otro lado de la mesa de centro con cubierta de vidrio—. ¿Por qué no Los Ángeles?

—Quiero ser una artista que trabaje, no una celebridad —digo, aunque es cierto que fantaseo con hacerla en grande algún día, tan grande que mi padre encienda la televisión y reconozca el rostro de la pantalla, o que vaya manejando en México por una carretera desierta, vea mi rostro en una valla publicitaria, les dé un codazo a sus amigos y les diga: "Miren, ésa es mi hija". Ellos se reirán y le dirán: "Cómo no, viejo embustero. Si esa joven es su hija, ¿por qué no se apellida como usted?". Tengo un nombre artístico para mi trabajo escénico: el mismo nombre de pila pero diferente apellido, como si al reemplazar su apellido pudiera cortar todo rastro de su linaje.

La representante firma un contrato conmigo y en poco tiempo estoy acudiendo a audiciones y recibiendo llamadas para cintas independientes y programas de HBO.

* * *

—Le dije a mi apá que vendrías —dice Sonia cuando me llama a principios de diciembre—. Está emocionado, dice que le llames —me da su número de celular; la última vez que ella fue a verlo le consiguió uno.

Programo el número en mi teléfono y lo registro como "Apá". Cada vez que me desplazo por el directorio y aparece esa palabra de tres letras, me paro en seco. *Apá:* allí está, casi al principio de la lista. Se siente como un fallo técnico, una mentira. Por mucho que se aparezca el nombre en la pantalla, no le llamo. Han pasado catorce años desde que cargó su camioneta, arrancó y se alejó de la casa en las horas oscuras previas al amanecer. Si ya esperé todo este tiempo para hablar con él, he decidido esperar hasta que estemos frente a frente.

LIBRO DOS

16. RETRATO DE FAMILIA

Martin y yo llegamos a Zacatecas unos días antes de Navidad. Nos registramos en un hotel con un patio desordenado que se extiende alrededor de una fuente. Hay una escalera y un balcón de hierro forjado con una fila de plantas en grandes macetas de barro. Nuestra habitación está en el segundo piso; tiene vigas de madera en el techo, baldosas de terracota y una terraza con vista a toda la ciudad de Zacatecas. A la distancia, un teleférico sube turistas al Cerro de la Bufa, el punto más alto de la ciudad. En la punta del cerro hay una estatua de gran tamaño de Pancho Villa montado en un caballo. He oído historias sobre un tío abuelo que luchó en la Revolución Mexicana junto a Villa, fue uno de sus principales generales; todavía recuerdo el orgullo que sentí cuando supe que mi linaje podía remontarse hasta las primeras líneas de una revolución.

—¿Qué le compraste a tu papá de Navidad? —me pregunta Martin mientras pone su maleta sobre la cama.

—Nada. Ya bastante contento debería estar ese cabrón de que vengo a verlo.

—Oquidoqui —dice, y saca la ropa que se va poner—; pues yo le compré una linterna. Pondré nuestros nombres en ella —la linterna es idéntica a una que mi padre tenía y de la que estaba un tanto orgulloso, pues era de las mismas que usaba la policía. Es negra, de metal pesado, y tiene una luz potente y ajustable.

Dos días después tomamos a mediodía un camión para Valparaíso, y a las tres de la tarde entramos al polvoriento estacionamiento. Martin y yo cogemos nuestras mochilas y caminamos por el corredor mal iluminado de la terminal de autobuses. Con su 1.87 de estatura y pelo rubio con corte disparejo que le llega a los hombros, destaca entre todos los otros sombreros vaqueros. A media cuadra de la estación hay un restaurante de mariscos. Entramos, encontramos un gabinete vacío y nos deslizamos en los asientos anaranjados de vinil. La cubierta de formica está pegajosa. En el centro de la mesa hay un molcajete de plástico negro lleno de jalapeños, zanahorias y cebollas en escabeche. Viene la mesera y le pedimos dos Coronas, la cerveza local.

—Lo logramos —dice Martin levantando su botella. Brindamos, y desde el primer trago helado empiezo a sentir que se disipan las tres horas de autobús y mi cruda. La noche anterior habíamos ido a La Mina, una vieja mina de plata en Zacatecas convertida en club nocturno. El DJ ponía una mezcla de música: hilaba de todo, de Michael Jackson a Maná y al corrido esporádico, la música de mi padre. Cuando pusieron "El rey", todo el lugar se puso a cantar. Aunque yo me sabía la letra de memoria, me la había aprendido en esas largas noches sin poder dormir, no me uní al canto colectivo. Cuando la música se detuvo, algunos hombres con sombrero vaquero cerca de la barra gritaron como gallos salvajes. Yo casi esperaba oír balazos.

Doy otro trago. Es difícil creer que mañana a esta hora estaré frente a frente con mi padre. El plan es comer algo, registrarnos en un hotel, encontrar un café internet y comprar algunas cosas, especialmente bloqueador solar: la nariz de Martin ya esta rojísima. Observo que una mujer sentada en una mesa al fondo del restaurante no deja de mirarme. Murmura algo a la gente con la que está y todos voltean a verme.

—¿Qué pasa? —pregunta Martin.

—Toda esa gente se me queda viendo —digo, y pienso que quizá deberíamos terminarnos las cervezas y partir, pero en eso la mujer ya viene en nuestra dirección.

—¿Cómo se llama? —pregunta cuando llega a nuestra mesa.

—Maria de Jesús —digo deteniéndome en mi segundo nombre, un amortiguador.

—¿Maria de Jesús qué? —pregunta.

—Maria de Jesús Venegas —respondo.

—¡Lo sabía! —dice casi gritando—; es la hija de José, ¿no es así? No, no, no, estaba yo sentada pensando: "Yo conozco esa cara, yo conozco esa cara". Probablemente no tenga idea de quién soy, pero yo nunca olvido un rostro —dice con una amplia sonrisa—. Soy la hermana de su padre, su tía Esperanza —dice tendiéndome los brazos.

—Es mi tía —le digo a Martin mientras me salgo del gabinete a darle un abrazo.

—Mire nomás —dice dando un paso atrás—, ¡qué alta es! La última vez que la vi era como de este tamaño —pone la mano al nivel de la mesa—. Debe de haber tenido tres o cuatro años. ¿Qué edad tenía cuando se fueron al otro lado?

—Cuatro.

—¿Cuatro? Entonces no, no puede acordarse de mí. Era muy chica, pero esa cara… Yo nunca olvido un rostro. Es igualita a su mamá —dice—. ¿Cómo está ella?

—Está bien. En Chicago.

—¿Cómo están todos por allá? —pregunta mirando a Martin.

—Están bien.

—¿Él es su esposo?

—No, es mi novio.

Martin y ella se saludan con un gesto de la cabeza.

—Acabamos de llegar —dice, aún sonriendo—; habríamos ido directo a casa de su padre pero nos moríamos de hambre y teníamos que usar el baño.

—¿Dónde vive? —le pregunto.

—California. Hemos estado unos días en Fresnillo pero iremos a La Peña en cuanto acabemos de comer —voltea a ver a Martin—. ¿Y ustedes ya fueron a ver a su padre?

—Acabamos de llegar —digo—. Vamos a quedarnos en un hotel y mañana iremos a su casa.

—¿Un hotel? —espeta—. ¿Para qué necesitan un hotel? La casa de su padre está aquí adelantito. ¿Hace cuánto tiempo que no se ven?

—No sé. Como catorce años, creo.

—Entonces es una de las últimas en venir a verlo —dice—. La última vez que anduvimos por acá —hace una pausa, mira el techo—, ¿quién era? ¿Sonia? ¿Roselia? —me mira de nuevo—. Una de ellas estuvo aquí.

En los últimos años, mis cuatro hermanas habían ido a verlo. Sonia fue la primera: lo fue a ver cuando aún estaba en la cárcel. Un día apareció con sus hijos al otro lado de los barrotes en horas de visita, y él no la reconoció. Más adelante me dijo que de las dos horas que estuvo allí, mientras sus hijos jugaban con sus figuras de Power Rangers en el piso de cemento, mi padre, allí sentado al otro lado, había llorado todo el tiempo.

—¿Sabe que viene? —pregunta.

—Sí. Sonia le llamó.

—Entonces probablemente la esté esperando —su sonrisa se agranda todavía más—. No, no, no, *tiene* que venir con nosotros.

—No, de verdad, no pasa nada —digo—. Necesitamos darnos un baño y hacer algunas compras. Mañana tomaremos un taxi a su casa.

—¡Un taxi! —empieza a reírse—. ¿Para qué van a gastar su dinero en un taxi? Podemos llevarlos ahora mismo.

* * *

Martin y yo estamos apretujados en el asiento trasero de la Suburban entre nuestras mochilas y unos primos que ni sabía que tenía. El polvo y el sudor del viaje en camión siguen en nuestro pelo y nuestros poros: no es así como imaginé mi primer encuentro con mi padre. Estamos en el tráfico, pasando a vuelta de rueda por farmacias, licorerías, clínicas dentales, panaderías, carnicerías y puestos de fruta.

—Todos los norteños están aquí en este momento —dice mi tía, volteando a verme desde el asiento del copiloto—, por eso hay tanto tráfico.

Es fácil distinguir entre los locales y los norteños, entre las camionetas oxidadas armadas con partes rescatadas del deshuesadero y las que brillan en el sol de la tarde y tienen placas de Texas, California, Colorado, Arizona e Illinois. Una camioneta local tiene en la parte de atrás una caja azul que dice Toyota y un capó gris que lleva escrito Jeep en el frente, mientras que los norteños manejan la troca del año, aunque sólo sea una fachada, comprada a crédito, porque cuando terminen las fiestas, los dueños de esas camionetas nuevecitas y relucientes regresarán a sus trabajos de recoger mesas, lavar platos y podar jardines para terminar de pagarles. Pero ahora nada de eso importa. Son las fiestas, es diciembre, el único mes del año en el que los norteños invaden las calles estrechas de esta pequeña ciudad con sus camionetas y sus puños llenos de dólares para gastar en músicos, carreras de caballos, peleas de gallos y mujeres. Es el único mes en el que pueden vivir como reyes. Lo sé. Esa era la rutina de mi padre.

—¿Le resulta conocido algo de lo que ves? —pregunta mi tía.

—No —le digo.

—¿De verdad? ¿Nada?

—Nada.

—No, qué se va a acordar. Era muy chiquita cuando se fueron de aquí.

Tiene razón. No tengo ningún recuerdo de este lugar. Es como si lo que hubiera habido antes de aquel largo y nauseabundo viaje por las montañas no hubiera sido más que un sueño, y una vez que hube cruzado al otro lado, hasta el recuerdo de ese sueño se desvaneció.

Pasamos algunos topes a la orilla de la ciudad, y al rato vamos manejando por una carretera de dos carriles; el viento entra rugiendo por las ventanillas abiertas y me azota el pelo contra la cara mientras pasamos volando por una maderería, un yonke y maizales secos. Pasamos una ligera curva y enseguida damos vuelta a la izquierda en un camino de tierra. La cabina se llena de polvo mientras rebotamos por el camino y pasamos rocas, barrancas y un río poco profundo. Algunas vacas pastando por la orilla levantan la mirada y nos ven pasar lentamente. Martin me toma la mano y me sonríe.

Del otro lado del río hay una pequeña colina, y un muro de adobe de cuatro o cinco metros de alto que parece estarse derritiendo se extiende por toda la colina, como un fuerte. Dos pilares de piedra caliza en ruinas flanquean la entrada, y algunos pollos se dispersan a nuestro paso. Hay entradas que llevan a cuartos sin techo empotrados en el muro, cuartos en los que el sol del atardecer se vierte como líquido dorado, cuartos que llevan a entradas con forma de arco que enmarcan la lejana sierra, cuartos con árboles que crecen de sus suelos de tierra y nopales que retoñan en las espesas paredes de adobe: la naturaleza reclamando su territorio.

—Y ahora, ¿algo le resulta conocido? —pregunta mi tía mientras pasamos por una iglesita con muros pintados con cal; una gran campana está posada arriba en la torre.

—Nada —digo.

Pasamos junto a unas casitas; unos perros salen corriendo, nos ladran y se baten en retirada.

Nos estacionamos junto a una vieja camioneta Chevrolet azul igualita a la que mi hermano manejó desde Chicago hasta aquí, hace como diecisiete años. No puedo creer que este sitio árido y polvoriento sea donde pasó los dos últimos años de su vida. Tres perros vienen corriendo hacia el coche ladrándonos.

—No se preocupe —dice mi tía abriendo la puerta y ahuyentando a los perros—, no muerden.

Ella y los demás van por el camino de tierra hacia una casita de concreto con forma de L y techo de lámina. Martin y yo los seguimos. Hay una pila de leña junto a dos eucaliptos enfrente del muro del patio, y algunos pollos cloquean de acá para allá a la sombra de los árboles. Unos tendederos atraviesan el patio, con jeans tendidos al revés y de cabeza junto a unas toallas. Una de ellas tiene un flamenco rosado con las largas patas de palo metidas en un estanque azul acuamarina. Reconozco esa toalla: es de la fábrica en la que trabajaba mi madre años atrás.

Lo primero que veo son sus botas y sus jeans; el resto de él está oculto atrás del flamenco. Hace la toalla a un lado y se dirige a nosotros. Lleva un sombrero de paja y camisa a cuadros, y camina con una leve cojera. Su hombro derecho parece estar más bajo que el izquierdo. Parece como si se hubiera dislocado y lo hubieran puesto de vuelta en su lugar sólo a medias. Está más delgado, parece como desinflado. Su panza se ha ido. He oído que dejó de beber, quizá sea por eso. Como sea, Sonia le advirtió que si bebe mientras estamos aquí, nos vamos: ése es el trato.

—Mire a quién le traje —anuncia mi tía, como si yo estuviera aquí gracias a ella. Los demás se hacen a un lado, como una cortina abriéndose. Entrecierra los ojos en el sol del atardecer como para tratar de reconocerme. La piel de sus párpados baja y descansa en sus finas pestañas. Sus ojos color avellana siguen teniendo un dejo de verde. Ya no trae barba, y el hoyuelo en su barbilla apenas si se nota: tiene la barba partida como John Travolta, igual que mi hermano. Mira a Martin, luego a mí y luego a mi tía.

—¿Manejaron juntos hasta acá? —le pregunta.

—No —dice ella—; estábamos en la marisquería, ¿sabe cuál?, junto a la estación de autobuses. Y estábamos terminando de comer cuando veo entrar a esta muchacha y a este gringo, y que me le quedo viendo a ella y pienso: "Conozco esa cara, conozco esa cara", y mírela, ¿no es el vivo retrato de Pascuala? Es más morena que Pascuala, pero esa cara... Es la misma cara, ¿no?

Me mira.

—¿Cuándo llegaron? —pregunta.

—Hace unos días —contesto—. Estuvimos en Zacatecas.

Otra vez observa a Martin, que toma esto como su pie para pronunciar la línea que estuvo ensayando en el viaje de tres horas en camión.

—Hola. Mi nombre es Martin —dice en español extendiendo la mano.

Mi padre se la estrecha mientras su mirada viene de regreso a mí. Nos miramos, como si estuviéramos en un duelo, los dos exactamente en el mismo nivel, vacilantes, a la espera de ver quién tiene el valor de dar el primer paso. Es difícil creer que después de todos estos años esté aquí: vivo, de carne y hueso. Es como verse frente a frente con alguien que ha regresado de entre los muertos.

—¡Oh, por el amor de Dios! —suelta mi tía—, ¿me hacen el favor de darse un abrazo? —me empuja el hombro suavemente. Doy un paso hacia él. Parece más bajo, como si la gravedad lo hubiera hecho reducirse dos rayitas de la cinta métrica, mientras que yo he crecido unos cuantos centímetros. Me le acerco y mi pecho retrocede mientras las puntas de mis dedos les dan dos golpecitos a sus omóplatos. Tengo la vaga conciencia de su mano en mi espalda baja.

—¿Dónde está el baño? —pregunta Martin, a nadie en particular, y mis primos se ríen.

Mi tía le dice que vaya al corral. Por supuesto, no hay baño. Recuerdo haber oído conversaciones sobre la luz y el agua, que empezaban a llegar a todos los ranchos que se expandían desde Valparaíso. La luz y el agua habían llegado a San Martín, a Santana, a Las Cruces. La luz y el agua eran como dos invitados de honor largamente esperados, prácticamente santos. Una llegó por abajo saliendo a chorros por las tuberías y la otra viajando por arriba en los cables y encendiendo los focos e iluminando cuartos que no habían conocido otra luz que la de una lámpara de queroseno. Aunque a La Peña llegaron hace años, todavía no hay baño, ni siquiera un escusado exterior.

Martin y yo nos turnamos para ir al corral. Junto a él hay un enorme cuarto sin techo con paredes de adobe de seis metros. Algunas vigas de madera se proyectan hacia el cielo. Encuentro un lugarcito atrás de un abrevadero verde de metal y me pongo en cuclillas. Hay un pico y una pala recargados en la pared del otro extremo, y un hoyo en la tierra que mide como 1.80 de largo y tiene poco menos de un metro de fondo. Un cuervo desciende en picada y se posa en una de las vigas; mientras veo cómo eriza las plumas caigo en la cuenta de por qué cuando acampaba con Abigail y los amigos de Chico en el sur de España me resultaba tan familiar salir a la intemperie.

Cuando termino subo por un conjunto de amplios escalones de piedra caliza en el otro extremo del corral. Llevan a una meseta cubierta de hierba, y desde aquí puedo dar una vuelta de trescientos sesenta grados y ver donde las montañas se juntan con el cielo a todo mi alrededor. El cielo es tan inmenso que siento como si estuviera en otro planeta.

—¿Para qué es ese hoyo en el corral? —le pregunto a mi padre cuando vuelvo.

Me explica que cuando La Peña era una hacienda, lo que ahora es el corral era la iglesia, y dice la leyenda que en algún lugar entre esas cuatro paredes hay oro enterrado.

★ ★ ★

Más tarde esa misma noche, después de que todos se han ido, Martin y yo estamos en la recámara donde nos vamos a quedar.

Es un gran cuarto de ladrillos de concreto con techos altos y un tejado de lámina que, cada vez que entra una ráfaga de viento, traquetea contra las vigas de madera. El armario está lleno de ropa de mujer. Supongo que pertenece a la mujer y a la niña que viven con mi padre. Fueron a visitar a sus parientes en la sierra por las vacaciones.

Las paredes están cubiertas de retratos de santos; hay uno grande de la Virgen de Guadalupe. Una cortina de baño rosada cuelga a modo de puerta en el espacio que separa nuestra recámara de la bodega y el resto de la casa. Al pie de esta entrada está grabado el año 1986. Ha de ser el cuarto que construyó mi hermano. ¿Alguna vez le habrá pasado por la cabeza que en la habitación que estaba construyendo se haría su velorio? No importa adónde vaya, él siempre me encuentra. Incluso cuando ya me había mudado a Brooklyn él se apareció un día en mi puerta. Lo tomé de la mano y lo guie por mi barrio. Caminamos hasta el río Este y nos sentamos en la roca desde donde veo el atardecer.

—¿Me puedes ver desde el otro lado del sol? —le pregunté, pero cuando me di la vuelta ya se había ido: la corriente turbia lo había jalado hacia el fondo.

Pongo mi mochila sobre la cama, junto a la de Martin. Sacamos capas extras de ropa: calcetines, ropa interior térmica, gorras de lana y suéteres. En cuanto se puso el sol cayó la temperatura —el clima desértico—. Cuelga sobre la cama el retrato de un conquistador español. Está pintado sobre fieltro rojo, y plumas negras salen proyectadas como arañas de su sombrero de ala ancha. Tiene barba y bigote negros y su mano descansa sobre su espada. En el dedo lleva un anillo con una piedra roja que se parece a uno que tenía mi padre.

—¿Se puede? —llama mi padre desde la bodega.

—Ey —digo.

Entra y parado frente a la cortina nos ve ponernos capas de ropa encima.

—Asegúrense de sacudir las cobijas antes de acostarse —dice—. Puede que anden por ahí algunos alacranes —echa un vistazo al techo y dice que a veces caen de las vigas.

Le traduzco a Martin mientras quito mi mochila de ahí.

—¿Lo dices en serio? —brinca de la cama y sacude las capas de ropa.

—¿Y cuánto tiempo piensan quedarse? —pregunta mi padre.

—No estamos seguros —digo mirando a Martin, ocupado en devolver la ropa a su mochila—. Puede ser que nos vayamos mañana.

—¿Tan rápido? Entonces si vamos a ir al rancho tendríamos que ir mañana temprano.

—Está bien —le digo. Ya nos había hablado de su rancho en la cima de la lejana sierra a espaldas de su casa. Tiene dos cascadas, un manantial de agua dulce y tres piscinas de pizarra de formación natural. Es donde guarda a su ganado y al resto de sus caballos. Había dicho que si queríamos podríamos quedarnos ahí todo el día, empacar un almuerzo, ir a caballo, y si a Martin y a mí se nos antojaba, podíamos echarnos un clavado en una de las piscinas. Sonaba a que podía ser una bonita aventura, y Martin y yo decidimos que debíamos ir.

—La cosa es que tendríamos que salir de aquí a las cuatro o cinco de la mañana. Así podemos llegar allá como a las siete u ocho, pasar un rato, y con suerte estar aquí de regreso antes de que el sol empiece a quemar fuerte —dice volteando a verme a mí, mi mochila, a Martin, que ahora está parado a mi lado cargando su mochila—. También tengo que ir a San Martín y ver si me prestan un caballo. Aquí en el establo sólo tengo dos; todos los demás están en el rancho —dice atravesando el cuarto y quitando el cerrojo a las puertas azules de metal que dan al patio—, así que lo más pronto que podríamos ir sería pasado mañana —pero que no nos preocupemos, agrega, porque al día siguiente, después de preparar al caballo prestado, puede llevarnos a unas fuentes termales cerca de ahí. Podemos meternos al agua, acostarnos temprano y encaminarnos al rancho al día siguiente a primera hora. Abre la puerta y una ráfaga de aire frío llena la habitación y hace que se balancee la corona de ajos trenzados que cuelga de ahí—. Lo que ustedes decidan está bien, nomás avísenme —dice saliendo al patio.

—Entonces si queremos ir al rancho tendríamos que quedarnos dos días —le digo a Martin.

—Lo que quieras hacer está bien por mí —dice—, aunque, si nos vamos a quedar un día más, tendría que ir al centro, llamar a mis padres, comprar bloqueador.

—Tengan —dice mi padre, que regresa con dos sillas blancas de plástico—; si ponen aquí sus cosas no les va a pasar nada—. Las pone en medio del cuarto.

Martin y yo ponemos nuestras mochilas en las sillas y le explico a mi padre que si vamos a quedarnos un día más tenemos que ir al centro en la mañana y hacer algunas compras.

—Llévense la camioneta —dice—. Podemos levantarnos temprano, desayunar algo, y mientras ustedes van a sus mandados yo voy a San Martín y veo lo del caballo.

★ ★ ★

El sol de la mañana se mete entre los barrotes de metal azul de la ventana de la recámara de mi padre. La cobija de lana sobre su cama me pica a través de mi falda de lino. Cambio de posición y los resortes rechinan debajo de mí. Junto a su cama hay un asiento de coche azul de vinil y una mesita llena de artículos de aseo personal: una rasuradora azul de plástico, cepillo y pasta de dientes, tijeras, una botella de brillantina, una lata de sardinas llena de tintura negra para el pelo, y junto a ella un peine negro de plástico. El sonido de los platos y los cubiertos golpeando contra el lavadero de pizarra se filtra desde el patio. Después del desayuno Martin ofreció lavar los platos; dijo que mi papá y yo teníamos mucho que platicar y ponernos al día. En la pared, sobre la cama de mi padre, un rifle con correa de cuero cuelga de un clavo oxidado. Hay un baúl verde oscuro en la esquina al otro extremo del cuarto, y sobre ella sus sombreros vaqueros, cada uno metido en una funda de plástico.

Una foto en blanco y negro de mi padre cuelga enmarcada sobre el tocador. En la foto se ve aproximadamente de veintisiete años y lleva puesto un gran sombrero, una camisa blanca de cuello abotonado y pantalones negros estrechos, de los que cuelga una pistola con su funda. Está montado en un caballo negro con una mancha blanca en la frente y una pata blanca. La foto parece devolvernos a otra era. Una parte de mí quiere preguntarle si me la regala, pero decido no hacerlo. Supongo que si es la única foto suya expuesta debe de estar muy orgulloso de ella. Junto a su foto hay una de mi hermano. Está de pie afuera del corral junto a su caballo. Probablemente la tomaron poco después de que llegó porque lleva puesta la misma ropa que cuando se fue de Chicago: un rompevientos azul claro, jeans y sus tenis blancos Nike de piel. Cómo desearía haberle dado un abrazo de despedida.

En la misma pared hay una pintura al óleo: una especie de retrato de familia. El rostro de mi padre está en la esquina superior derecha y los de Yesenia, Jorge y Sonia salen irradiados de la suya: inmortalizados en la blusa que llevaron a la escuela el día que se tomó la foto, el año anterior a su partida. Reconozco la blusa azul que trae Yesenia: de hecho es un vestido que en algún momento me perteneció. Vuelve a filtrarse el ruido de cubiertos desde el patio y me entra un impulso de salir de ahí y decirle a Martin que ya nos vamos: al carajo las fuentes termales, su rancho y sus platos; que lave él sus malditos platos sucios. Se abre la puerta verde de metal que lleva a la cocina y mi padre entra con dos vasos llenos de agua. Me da uno y se sienta en el asiento de coche de vinil.

—¿Dónde le hicieron ese retrato? —le pregunto con un gesto hacia su retrato de familia.

—En el centro —dice volteando a verlo—. Hay un pintor, varios, de hecho, y si uno les lleva fotos separadas pueden ponérselas todas juntas en un retrato —me mira—. ¿Por qué? ¿Quiere mandarse hacer uno?

—No —respondo—; sólo me daba curiosidad.

Se queda un rato estudiando el cuadro.

—Yesenia ha cambiado muchísimo, ¿eh? —dice—. La primera vez que vino ni siquiera la reconocí —toma un sorbo de agua—. Fuma mucha mota, ¿verdad?

—No lo sé —digo, aunque Sonia me ha contado que una vez él le llamó para decirle que estaba preocupado por Yesenia. Que alguien tenía que vigilarla, porque acababa de estar en la ciudad y la habían visto en la feria fumando churros con la chusma local. La Ovejita Perdida, le había puesto él de apodo, y no pude evitar preguntarme si se daba cuenta de que ser una oveja perdida podría tener algo que ver con el hecho de que él se hubiera ido.

—¿Y Pascuala? —pregunta—. ¿Ella cómo está?

—Está bien —digo, aunque lo que realmente quiero decir es: "¿Y a usted qué le importa como está?", pues siento que no tiene derecho a siquiera murmurar su nombre—. Está en Chicago.

—Supe que tiene una casa nueva.

—Sí, Salvador se la construyó.

—Salvador gana bien, ¿eh?

—Supongo. Todas las casas que construye se venden como en un millón de dólares —le digo, aunque estoy segura de que esto ya lo sabe. Salvador tiene su propia compañía constructora, y en pocos años estará construyendo casas para los Osos de Chicago y vivirá justo al lado del *punter*.

—Un millón de dólares —dice ahogándose con el trago de agua—. Es una buena lana —y no puedo evitar pensar en la ironía de que mientras él está aquí excavando en busca de oro, al otro lado de la frontera la mayoría de sus hijos han hecho sus propias pequeñas fortunas.

Una nube de polvo entra disparada por la ventana abierta mientras un carro pasa por ahí lentamente. Él estira el cuello para asomarse por encima de mi cabeza como si fuera una barricada y ver al carro pasar. La piel del cuello se le ha aflojado y la cicatriz en la barbilla donde Joaquín clavó el cuchillo se ve claramente.

—¿Ése es el mismo rifle que se trajo de Chicago? —le pregunto.

—No, es el rifle de mi padre —dice mientras estudia el rifle de la pared—. El que traje conmigo lo vendí; de hecho vendí casi todas aquellas armas —recorre el piso con la mirada como si estuviera contemplando algo—. No, cuando llegué y descargué la camioneta mi padre miró todo lo que había traído y me dijo que estaba loco por haber tomado ese riesgo.

—¿Y qué pasó con el puertorriqueño con el que se vino?

—Quién sabe —dice—. Pasó un buen rato por aquí, algunos meses; iba a los rodeos y salía a divertirse a San Martín y Santana. Luego alguien le habló de mi cargamento y un día se apareció por acá —hace un gesto hacia la puerta azul de metal que da al patio—. Se paró aquí mero para preguntarme si era cierto —se queda viendo la puerta un largo rato, como si el puertorriqueño estuviera parado allí ahora mismo exigiendo respuestas—. Nos reímos mucho del asunto —dice dándose una palmada en el muslo y mirándome—. Entonces ¿cuánto tiempo es que lleva viviendo en Washington?

—No es Washington —le aclaro—: es Nueva York —ya hemos hablado de esto, pero está confundido. Apenas han pasado cuatro meses desde el 11 de septiembre y él sigue pensando que las torres estaban en la capital del país, en Washington, D. C.—. Llevo viviendo allí como siete meses.

—¿No le dan miedo los terroristas? —me pregunta—. Tal vez debería regresar a Chicago.

¿Regresar a Chicago? ¿No era él el mismo hombre que me enseñó a mirar por el cañón de una pistola cargada? ¿El mismo que me advirtió que nunca debía huirle a un pleito? Otro coche pasa enfrente y de nuevo estira el cuello para verlo pasar.

—¿Supo que me tendieron una emboscada? —pregunta.

—Ey —digo.

—La gente se la pasa diciéndome que debería irme de aquí, que he hecho demasiados enemigos, pero les digo que yo no me voy a ninguna parte. Si alguien tiene un problema conmigo, sabe bien dónde encontrarme. Siempre y cuando sean francos, ¿verdad?, porque esos culeros que me tendieron la emboscada me llegaron por la espalda.

Me dice que había visto el coche azul parado a un lado del camino, cerca del matadero, y no le dio ninguna importancia hasta que los vio corriendo de regreso a él.

—Esos cobardes ni siquiera tuvieron los huevos de acercarse a mi camioneta y asegurarse de que estuviera muerto.

—¿Llevaba su chaleco antibalas? —pregunto, pensando que seguramente sí. ¿De qué otra manera habría sido posible que se salvara de dos ametralladoras?

—No, no lo traía —me dice, y aunque en ese momento no le creo, años después Rosario me confirmó que era cierto. Pone su vaso en el suelo de piedra caliza—. Una de las balas me dio aquí mero —se da una palmada en el bíceps derecho—. Por eso no tengo mucha fuerza en este brazo —flexiona la mano—. Otras dos balas me rasguñaron la cabeza —inclina la cabeza para que le pueda ver el nacimiento del pelo; hay allí dos cicatrices que se montan una sobre otra, dos líneas que se entrecruzan—. Me dejaron la cruz pintada —dice, y tiene razón: la cicatriz de la frente se parece al signo de la cruz.

—¿Y descubrió quién lo hizo?

—Sí, cómo no —levanta el vaso del suelo y da un trago—. Fueron dos tipos a los que alguien contrató, no estoy seguro de quién, pero tengo algunas sospechas —ladea la cabeza y ve hacia la puerta de la cocina—. Hace no mucho tiempo esos dos tipos aparecieron muertos, y la única razón por la que lo sé es porque los federales vinieron a interrogarme, a preguntarme dónde había estado tal y tal noche. Esa noche había estado bebiendo con Máximo y Rogelio, así que tenía una coartada.

Recuerdo a sus primos Máximo y Rogelio. Habían vivido varios años en Chicago antes de regresar a México. A veces mi padre salía con ellos los fines de semana, y una vez habían estado bebiendo en casa de Máximo cuando a éste se le metió en la cabeza que mi padre estaba coqueteando con su esposa. Tuvieron unas palabras y Máximo sacó su pistola, la apuntó a la cara de mi padre desde el otro lado de la mesa y disparó. La bala quemó la barba de mi padre antes de desaparecer en la pared atrás de él. Él no traía consigo su pistola. Se levantó de la mesa, cogió su sombrero vaquero y salió por la puerta, mientras Máximo ya estaba deshaciéndose en disculpas. Luego pareció que todos sus parientes llamaban a mi padre desde México y se disculpaban por Máximo. Hasta mi abuelo llamó varias veces para decirle a mi padre que lo que había hecho Máximo era una estupidez de borrachera y que lo olvidara, porque Dios no quisiera que eso desatara un pleito de familia, y entonces ¿dónde acabaríamos todos?

—Fueron a checar con Máximo y él confirmó que habíamos estado juntos esa noche —dice. Cada vez que pasa algo o alguien aparece muerto, con toda seguridad se enterará, porque los policías siempre vienen a visitarlo. Así es como se enteró de la muerte del hermano de la mujer con la que antes vivía. El hermano había venido de Colorado a visitar a unos parientes y encontraron su cuerpo en un camino de tierra afuera de la ciudad. Una vez más, los federales llegaron a tocar a su puerta—. Les dije que no tenía nada que ver con eso, pero no parecieron creerme. Fueron, verificaron mi coartada y todo, y finalmente me dejaron en paz —examina el vaso que tiene en la mano—. Aunque si hubiera tenido chance de ponerle las manos encima a ese hijo de puta, yo mismo lo habría estrangulado —sabe a ciencia cierta que fue él quien lo delató, quien reveló su identidad e hizo que lo arrestaran cuando estuvo viviendo en Denver.

—¿Cómo lo mataron? —pregunto, aunque ya he oído que al hombre lo llevaron arrastrando varios kilómetros y luego le pasaron encima con un coche varias veces, de modo que lo que la policía recuperó no fue más que partes de cuerpo humano esparcidas por todo el camino de tierra.

—Lo atropelló un coche o una camioneta —dice tomando un sorbo de agua.

—Pobre —digo.

—Pobre pendejo —farfulla. Oímos el sonido de otro coche que se acerca, y otra vez estira el cuello.

—¿Y alguna vez descubrieron quien lo mató? —pregunto.

—No —mira el coche pasar—. Y probablemente nunca lo descubran.

Algo en la compostura con que me lo dice me hace pensar que tal vez no sea del todo inocente.

—¿Éstos dónde van? —pregunta Martin desde la entrada; está cargando la tina negra de plástico con los platos mojados.

Entramos en la cocina y mi padre nos da las llaves de su camioneta. Dice que va a ensillar a su caballo. Cuando terminamos de secar y guardar los platos, Martin y yo nos dirigimos al centro.

—Baja la ventanilla —dice Martin en el instante en que damos la vuelta en el camino donde le tendieron a mi padre la emboscada—. Quiero que todos vean quién va manejando esta camioneta.

Bajo la ventanilla de cristal tintado, y al rato ya vamos volando por la curva. Nos estacionamos a las afueras de la ciudad. Hemos decidido que mientras menos tiempo pasemos en su camioneta, mejor.

★ ★ ★

—¿Están despiertos? —llama desde el otro lado de la cortina rosada; las luces de la bodega y de la cocina ya están encendidas.

—Sí —digo, aunque Martin está roncando junto a mí bajo la pila de cobijas de lana.

—Es hora de levantarse —dice, y puedo oírlo arrastrar los pies por el cuarto en la oscuridad antes de darle al interruptor.

—¿Qué hora es? —pregunto torciendo la vista en el resplandor.

—Poco después de las cuatro —dice. Ya está vestido y lleva un chaleco verde de plumas de ganso y una gorra invernal de camuflaje con orejeras—. Si queremos llegar y estar de vuelta a tiempo para que tomen ese camión de las dos de la tarde, deberíamos estar saliendo como en media hora. ¿Qué tal durmieron?

—Bien —contesto al tiempo que me siento y me jalo la gorra de lana para taparme las orejas; se ve mi exhalación frente a mí.

—Dejé dos alforjas para que guarden su almuerzo —dice mientras corre el pestillo de la puerta; una ráfaga de aire helado llena el cuarto—. Deberían prepararse un café y comer algo antes de salir, porque el viaje es largo.

—Está bien —digo.

—Voy a ensillar a los caballos —dice al salir, y antes de dar la media vuelta y volver a entrar—: no se les ocurra cerrar los ojos porque podrían volverse a dormir.

Sale y le doy un ligero codazo a Martin.

En la cocina Martin y yo nos acurrucamos cerca de la estufa y nos calentamos las manos mientras esperamos que hierva el agua. Hacemos café instantáneo Nescafé y empacamos las provisiones que compramos el día anterior: bolillos, un aguacate, jamón y una lata de jalapeños en escabeche, junto con un salero, un cuchillo, una botella de agua y algunas servilletas.

—¿Listos? —mi padre está de pie en la entrada de la cocina.

Nos despachamos el café, cogemos las alforjas y lo seguimos afuera. Sigue oscuro. Los perros están en el patio con las lenguas de fuera agitando las colas y los dos caballos están ensillados y atados a un mezquite del otro lado del camino de tierra. Cuando Martin y yo estamos montados, mi padre levanta la silla extra del suelo y va a pie por delante de nosotros. Los caballos lo siguen, al igual que los perros, un poco más atrás. La luz de la luna crea sombras amenazantes mientras andamos por el camino de tierra; los arbustos parecen animales al acecho, y algunas grietas en la tierra tienen apariencia de enormes serpientes negras arrastrándose por el terreno. Montamos hacia la lejana sierra, que parece un gigante dormido bajo la bóveda celeste. Es tan difícil de creer que la sombra proyectada por la luz de la luna que se mueve frente mí sea mi padre... vivo... de carne y hueso.

—Allá está San Martín —dice apuntando a unas lucecitas dispersas a lo largo de unas montañas cercanas.

Cuando nos acercamos a San Martín el olor de la leña ardiendo llena el aire. Se puede oír a los gallos cantar. Los cascos de los caballos resuenan sobre los estrechos caminos de adoquín que suben sinuosos entre casas de adobe enclavadas detrás de los corrales de piedras apiladas. Llegamos a una casa de adobe pintada con cal en la cima.

—Esperen aquí —dice mi padre, y desaparece detrás de la casa.

—¿Cómo te has sentido? —pregunta Martin.

—Bien —detrás de él, la primera rodaja de luz de día corre por el horizonte como un hilo de oro—. ¿Y tú?

—Bien —responde con una amplia sonrisa—. Esto es alucinante, ¿no?

—¡Ajá!

Si no fuera por él, probablemente no estaría aquí. Hemos hablado de la posibilidad de que se mude a Nueva York y yo ni siquiera he empezado a buscar un departamento para nosotros.

—A ver —viene mi padre detrás del corral con el tercer caballo ya ensillado y listo para partir—. Dígale a Marsimino que mejor monte este otro caballo. Es mucho más manso que el mío.

Intercambian caballos y seguimos hacia la lejana sierra a un paso mucho más veloz. Estamos cortando camino por un campo abierto cuando un pájaro que parece un pollo con largas patas de palo pasa corriendo zigzagueando enfrente de nosotros antes de desaparecer.

—¿Qué demonios fue eso? —grita Martin detrás de mí. Su caballo ya se está rezagando; queda claro que es el más débil de los tres.

Le pregunto a mi padre qué clase de pajarraco era aquel.

—Un correcaminos —dice.

Un correcaminos. ¿Existen de verdad? Todos estos años había creído que los correcaminos eran imaginarios, algo que sólo se ve en las caricaturas, como las sirenas o los unicornios.

—¡Eso era un correcaminos! —le grito a Martin.

—¿Un correcaminos? ¿Existen de verdad? —mira en la dirección por la que se fue el ave—. ¿Y ahora qué vamos a ver? ¿Una pantera rosa?

Nos reímos y trato de explicarle la broma de la pantera rosa a mi padre. Le pregunto si recuerda aquellas caricaturas del sábado en la mañana, la del correcaminos al que siempre perseguía un coyote, o esa otra de la pantera rosa. Se encoge de hombros y dice que sí podríamos toparnos con un lobo o con algún jabalí, sobre todo si seguimos subiendo por la montaña.

—¿Hay lobos por ahí? —pregunto.

—Por ahí hay un poco de todo, incluso leones.

—¿De verdad? ¿Leones? —digo, y pienso que probablemente sea demasiado tarde para regresarnos—. ¡Por ahí hay leones! —le grito a Martin.

—¡Puta madre!, ¿de veras?

Asiento con la cabeza.

—¿Y qué se supone que debemos hacer si vemos uno?

—¿Qué hacemos si vemos un león? —le pregunto a mi padre.

—Más que leones son grandes gatos monteses —dice, y explica que probablemente no veremos ninguno pues ya no son tan comunes por estos lares. Sin embargo, cuando él era niño los había por todas partes—. Si nos encontramos con lo que sea sólo recuerden no perder la calma. Si un animal salvaje percibe el miedo es más probable que ataque.

—¿Qué dice? —pregunta Martin con un grito detrás de mí.

—Dice que si nos encontramos un animal salvaje, sólo no perdamos la calma.

Al rato estamos montando por la orilla de una barranca, siguiendo el curso del río, y el murmullo del torrente de agua llena el espacio que nos rodea.

—¿Ven esas casas allá a lo lejos? —dice mi padre señalando hacia una cresta del otro lado del río, donde hay unas casas de adobe metidas entre árboles y rocas—. Eso es Santana —explica—. De allá es Pascuala.

Siempre he sabido que mi madre nació en un lugar llamado Santana, pero me lo había imaginado como una ciudad pequeña, no un puñado de casas desperdigadas en una ladera. Nos dirigimos a una inclinada pendiente donde el camino es tan estrecho que si mi caballo diera un solo paso en falso a la derecha, caeríamos en picada hacia el valle. No hay un barandal, una red de protección, nada.

—¿Qué tan seguido viene al rancho? —le pregunto a mi padre ya que pasamos la pendiente.

—Como dos o tres veces por semana —dice—. Normalmente salgo hacia las cuatro, cuando aún está oscuro, y me tomo mi tiempo y medito por el camino —con una punta de la camisa se limpia el polvo de los ojos—. Rezo y le pido a Diosito que cuide a cada uno de mis hijos. Repaso la lista del más chico al mayor —y cuenta con los dedos—: la Vicki, Jorge, usted, Sonita, Chela, Chavo y Nena —y me dice que, uno por uno, le va pidiendo a Dios que nos proteja, que nunca permita que nos falte nada. Me sorprende mucho oírle decir eso y no puedo evitar preguntarme a qué dios le rezará—. Está tranquilo por aquí, ¿verdad?

—Ey —asiento. El sol rompe el horizonte como un ojo gigante que se abre y manda sus largas pestañas doradas a lo largo del terreno a iluminarlo todo. Se siente como si la montaña misma se despertara.

Poco antes de las ocho llegamos a la entrada del rancho. Martin y yo ya nos hemos quitado algunas capas y untado bloqueador en los brazos y la cara. Sustituyo mi gorra de lana con un sombrero de paja, y él con una gorra de beisbol. Mi padre le quita el cerrojo al largo portón de metal y lo hace girar sobre sus goznes. Lo seguimos por una pendiente que lleva a un riachuelo poco profundo que corre sobre un amplio tramo de pizarra gris. Hay dos piscinas talladas en la roca. Me dice que mi madre lavaba nuestra ropa en una de ellas y nosotros nos bañábamos en la otra. Atravesamos el riachuelo y subimos por la colina del otro lado; allí, dentro de un corral de piedras apiladas hay dos chozas de adobe con techos de lámina.

—Aquí es donde nos quedábamos en temporada de lluvias —dice mi padre—. Aquí nació Chemel —me mira—. La que usted trae es su silla —mi padre le compró a Chemel esta primera silla de montar y un caballo cuando él tenía cinco años, y desde entonces iban juntos a todas partes.

Detrás de las rocas y los nopales empiezan a asomar la cabeza algunas vacas. Unas se encaminan al corral, donde están los comederos, pero se detienen al vernos; mueven las cabezas de un lado a otro, como preguntándose qué hacer.

—Están vacilantes porque no los reconocen —dice mi padre—. ¿Por qué no se van a montar por el río y reúnen a las vacas que estén en la sombra cerca del agua? —y nos pide que sigamos a los perros, que ellos saben qué hacer. Va a poner un poco de sal en los comederos porque ahora que estamos aquí las vacas lo estarán esperando; la van a venir a buscar y no está bien confundirlas. Hay una chocita de adobe en la cima de la montaña; allá nos alcanzará.

—¿Y si las vacas nos atacan? —le pregunto.

—No lo harán. Las vacas son muy pacíficas.

—¿Y el toro?

—Mientras no se baje del caballo no le pasará nada —dice.

Martin y yo seguimos a los perros por la barranca, donde grupos de vacas echadas a la sombra se espantan perezosamente con la cola las moscas que se les paran en las ancas. Nos miran como para decidir si deben darnos alguna importancia o no. Los perros suben corriendo y les ladran; las vacas levantan del suelo todo su incómodo peso. Cuando por fin están de pie, lentamente empiezan a encaminarse hacia los comederos.

Cuando llegamos a la choza de adobe en la cima, mi padre ya está ahí; su caballlo está parado junto a un árbol partido a la mitad teñido de carbón. Con un par de binoculares echa un vistazo al cañón.

—Asómese y dígame si ve algo que se mueve —me dice al pasarme los binoculares, y en ese momento veo la pistola, negra y pesada, en su otra mano. Desde que él vivía con nosotros no había estado tan cerca de un arma, y de sólo verla me estremezco. Prácticamente puedo oír la voz de mi madre:

—¿Para qué vas a ver a ese viejo? —me dijo cuando le hablé del viaje que Martin y yo estábamos planeando—. ¿Y si les hace algo a Martin o a ti?

Recorro el cañón con la vista lo más rápido que puedo, sin dejar de vigilar la pistola.

—No, nada —digo.

—Me pareció ver algo por ahí —guarda la pistola en la parte trasera del cinturón y me alegra que desaparezca de mi vista. Le devuelvo los binoculares—. Con éstos, en un día claro puedes ver hasta Jalisco —dice. Jalisco es el estado vecino, donde vive Mary con su esposo y sus hijos.

—¿Qué le pasó a ese árbol? —pregunto.

—Le dio un rayo —dice; voltea a verlo y me explica que Salvador, su hermano, acababa de subir adonde ahora estamos cuando se desató una tormenta. Se bajó del caballo, lo ató a un árbol, entró a la choza, y probablemente ni siquiera había terminado de cerrar la puerta cuando un rayo le cayó al árbol y mató a su caballo—. Si hubiera caído unos segundos antes, probablemente también habría matado a Salvador.

—¿Cómo lo mataron? —pregunto, porque sabía que a su hermano Salvador lo asesinaron cuando tenía veintidós años, más o menos por la fecha en que nació mi hermano Salvador, y por eso le pusieron así.

—A él y a otro cuate les gustaba la misma muchacha —empieza a caminar de regreso a la pendiente y nosotros lo seguimos—, así que ya traían pleito, y un buen día llegaron a los golpes. Desde entonces Salvador empezó a decir que la siguiente vez que se topara con ese fulano se iban a matar. Como un mes después, los dos estaban en un rodeo allá en Las Ajuntas, y efectivamente, en el instante en que se cruzaron sus miradas, desenfundaron la pistola y se dispararon.

—¿Y los dos murieron? —pregunto.

—Ey.

Mi madre me contó una vez que después de que mataron a Salvador, mi padre se despertaba a mitad de la noche, aventaba las cobijas y salía a trompicones al patio, donde lloraba a gritos y gemía hasta el amanecer.

Cuando llegamos al corral con las dos casitas y los comederos de sal, un mar de cuernos se asoma por las piedras apiladas.

—Faltan muchas vacas —dice después de contar las cabezas. Cuando murió su padre, su hermana menor y su esposo se llevaron todo el ganado a su rancho, y cuando él salió de la cárcel un día fue a verlos y les dijo que estaba ahí para recoger el ganado de su padre. Su hermana no estaba; el esposo trató de armarle pleito, pero enseguida recapacitó.

—¿Cómo sabía qué vacas eran de su padre?

—Estaban marcadas con este fierro —me muestra—. Sólo quedaban como veinte o veinticinco, ya las habían vendido casi todas. Las traje de vuelta y compré un bonito toro, y poco a poco empecé a reponer la vacada.

Ahora calcula tener como cien vacas, y yo no puedo evitar pensar que está haciendo honor a su apodo, El Cien Vacas, que lo ha acompañado prácticamente toda su vida, aunque en ese momento no estaba segura de cómo acabó teniendo un apodo tan curioso.

—Cuando llegué, todo mundo creyó que en cuestión de tiempo tiraría la toalla, pero Dios me ha ayudado a prosperar.

Todo lo que hago, todo esto, es para ustedes, para mis hijos —dice volteando a verme, y a mí me da cierta lástima, porque muy en el fondo debe de saber que no necesitamos nada de eso. Señala las diferentes vacas que le ha dado a cada una de mis hermanas, junto con las crías que hayan tenido, y luego apunta hacia una tricolor de largos cuernos grises y dice que ésa es para mí.

—Gracias —le digo, y no puedo evitar preguntarme qué haríamos si decidiera llevarme mi vaca conmigo a Brooklyn.

Martin y yo encontramos un lugar abajo de la sombra de un árbol, sacamos la comida de las alforjas de cuero y preparamos tres tortas; le damos la primera a mi padre. Masticamos en silencio, y todo está tan callado que cuando un halcón pasa por arriba de nosotros podemos oír el ritmo constante de sus alas al batir.

—Si quieren llegar al camión de las dos, tendríamos que irnos pronto —dice mi padre cuando se acaba su torta.

—¿Qué hora es? —le pregunto.

—Han de ser como las nueve y media —dice viendo al cielo como para medir la distancia entre el sol y el horizonte—. Si emprendemos el camino a las diez, estaremos llegando a La Peña como a la una.

Limpiamos y nos lleva a dar una caminata por la barranca; dice que quiere mostrarnos la cascada y el manantial de agua dulce. La cascada no es sino una cortina de agua que corre por la pizarra gris y escurre hasta llegar a una pequeña charca.

—Deberían volver en el verano, en temporada de lluvias —dice arrodillándose junto a la charca. En esa época todo está verde y hermoso, y la cascada está llena—. Recoge un poco de agua en las manos ahuecadas y se la toma.

—¿Bebe de esa agua? ¿No es peligroso? —le pregunto.

—¿Peligroso? —dice, echando los talones hacia atrás y viendo la botella de agua que traigo en la mano—. Esta agua probablemente esté más limpia que la que de esa botella. De esta agua tomaba usted cuando era una niña —el sol se refleja en la superficie de la charca y pone a titilar unas ondas de luz en su cara—. Pruébenla.

—¿Quieres probar el agua? —le pregunto a Martin.

—No, gracias —dice.

Le doy la botella de agua, me arrodillo y me acerco a la charca. El agua se siente deliciosa, helada. Ahueco las manos para recoger un poco, bajo la cabeza y le doy unos lengüetazos.

—Está buena —digo, y otra vez mi padre me mira como si estuviera tratando de reconocerme.

El camino de regreso es mucho más rápido, y hace mucho más calor, y para cuando llegamos a casa ya es casi la una de la tarde. Mi padre desensilla a los caballos y mientras los lleva al corral para que tomen agua llevamos las sillas a la bodega. Cuerdas, arneses y herraduras cuelgan de clavos en las paredes de concreto. Hay una gran bolsa de comida para perro en el piso de piedra al lado de un saco lleno de granos de maíz y otro lleno de frijoles pintos. Hay seis baúles de acero apilados uno sobre otro recargados en la pared; frente a ellos una sillita de madera, y al lado de ésta, dos prensas de madera para queso. Necesitamos de todas nuestras fuerzas para levantar las sillas de montar y colgarlas en las prensas, como nos pidió mi padre.

—Estoy agotado —dice Martin derrumbándose en la cama.

—Yo también —digo, y me aviento junto a él. Nos quedamos viendo las vigas del techo; el tejado de lámina chasquea bajo el sol de mediodía. Si en este momento cayera un alacrán, probablemente ni tendríamos la energía para esquivarlo.

—¿Sabes qué sería maravilloso en este momento? —pregunta Martin—: una cerveza helada.

—Muero de hambre —le digo.

—Yo también —dice inhalando y dando una larga exhalación—. Si cerrara los ojos me quedaría dormido.

—Yo no siento las piernas.

Los perros están en el patio bebiendo agua de la llanta. El agua estaba congelada esta mañana cuando salimos, pero ahora está completamente derretida. Oigo el sonido de sus espuelas raspando el patio.

—¿Listos? —está en la entrada y lleva una cuerda enrollada—. Si quieren alcanzar ese camión de las dos, ya tenemos que irnos.

—Por nada del mundo me voy a subir a un autobús ahorita —me dice Martin.

—¿Hay algún lugar donde vendan cerveza fría por aquí? —le pregunto a mi padre.

—Sólo en el centro —dice revisando la cuerda—. Si quieren esperar y tomar el autobús mañana temprano, podemos ir al centro y comer algo. Hay una rosticería que vende pollos enteros; son buenísimos: ricos y jugosos. Podemos ir por uno para llevar, comprar un *six-pack* y comer aquí. Pero ustedes decidan. Por mí está bien lo que quieran hacer.

Echa un vistazo a las paredes detrás de nuestras cabezas, finge no notar que estamos agotados, y en ese momento caigo en la cuenta de que siempre lo supo: siempre supo que no habría modo de que nos subiéramos a ese camión.

* * *

Queremos tomar el camión de las diez de la mañana, así que al día siguiente nos levantamos temprano y empacamos nuestras mochilas. Martin y yo estamos en la cocina y acabamos de poner a hervir agua para Nescafé cuando mi padre entra con cuatro huevos rojos y los pone con el resto de los huevos en la canasta que está sobre la mesa. Cuando vivíamos en los suburbios de Chicago encontró una granja que podía venderle huevos; él siempre decía que los huevos de una granja eran mucho mejores que los que se compraban en la tienda, aunque en aquel entonces yo era muy chica para que me importara o para entender cuál era la diferencia.

—¿Puedo llevarme esa silla de montar de madera que está en la bodega? —pregunto.

—Esa todavía la uso a veces —dice—, pero si quieren, después del desayuno podemos ir a la otra casa; allá hay otras dos que no uso más.

—¿Qué otra casa? —pregunto.

—En la que vivíamos antes de que nos fuéramos al otro lado.

Después del desayuno lo seguimos por la colina al otro lado del camino de tierra; el olor de la leña encendida llena el aire y algo de ese olor me resulta muy familiar, aunque no ubico qué es.

—¿A qué huele? —le pregunto a mi padre—; esa leña, ¿qué tipo de madera es?

—Encino. Es el mismo tipo de madera que usaba Pascuala para cocinar cuando vivíamos aquí.

—¿Cocinaba con leña? ¿Dónde?

—En la cocina, en el horno de leña —me responde, y en ese momento entiendo por qué, cuando me sentaba frente a una fogata en el sur de España, el olor de la leña encendida me hacía evocar a mi madre tan vívidamente que el espacio a mi alrededor se impregnaba de su presencia. Esperaba a que la sensación pasara, pero se quedaba conmigo como un prolongado *déjà vu,* como un vago recuerdo que insistiera en volver a la mente.

—¿Es tu hija, José? —dice una vecina mientras pasamos frente a su patio. Es una anciana que trae sombrero de paja de ala ancha, delantal, falda larga y calcetines de lana oscura hasta las rodillas. Nubes de humo salen de la chimenea detrás de ella; un chihuahueño ladra a su lado.

—Ey —dice mi padre.

—A ver —dice ella secándose las manos en el delantal y acercándose a la puerta—, ¿cuál de todas? —pregunta viéndome con los ojos entrecerrados. Hondos surcos atraviesan su cara quemada por el sol.

—Maria de Jesús —dice mi padre.

—Maria de Jesús —repite ella sonriéndome. Sus únicos dientes son los dos amarillos inferiores y la hacen parecer prógnata—; eres una de las más chicas —dice, y en eso voltea a ver a Martin—. ¿Es tu esposo?

—No, es mi novio.

—¿Cuánto tiempo se van a quedar? —pregunta.

—Hoy nos vamos —le respondo.

—¿Tan pronto? ¿Pero qué no acaban de llegar hace unos días?

—Ey.

—Es una lástima, pero bueno, por lo menos viniste a ver a tu padre. Lo conozco desde que era niño; no, mentira, lo conozco desde antes que naciera. Sus padres vivían en esa casa —señala hacia la casita de adobe al lado de la suya—. Recuerdo cuando su madre estaba embarazada de él; la pateaba tan fuerte que ella decía que el bebé debía de tener al diablo adentro —y voltea hacia mi padre—. ¿Verdad, José, que eso decía tu madre?

—Ey —dice.

Su madre era una mujer pequeña y de piel oscura que vino a visitarnos a los suburbios de Chicago cuando yo tenía como seis años. Insistía en que yo durmiera con ella, y eso siempre me daba miedo pues mi madre nos había contado que era una bruja, que toda la vida había practicado la santería. A veces se caía de la cama a medianoche, y despertaba a toda la casa gritando en busca de mi padre y diciendo que las brujas habían venido y la habían tirado de la cama.

—Es la casa en la que nació tu padre, y probablemente tú también, ¿verdad, José? ¿No es esta muchacha una de las que nacieron en esa casa?

—Ey; allí está enterrado su cordón umbilical —dice mirando hacia la casa con un pequeño patio frontal invadido por la maleza y rodeado de un corral de piedras apiladas. Se excusa y dice que debemos irnos o podríamos perder nuestro camión.

Nos dirigimos a la puerta y desenrosca el gancho de metal oxidado que sujeta el portón de madera a un poste. Lo seguimos entre la alta maleza; saca una llave maestra, la introduce en la cerradura de una pesada puerta verde de madera y le da un ligero empujón. La puerta se abre y levanta del piso de piedra caliza una capa de polvo antes de golpear contra la pared de adobe. Adentro el aire está más frío y gruesas telarañas cubiertas de polvo cuelgan de las vigas de madera del techo. De las paredes de adobe pintadas con cal cuelgan retratos de santos y viejos calendarios. Hay una cama de metal pegada contra la pared del otro extremo; no tiene colchón, sólo los resortes oxidados expuestos. Cajones de madera llenos de viejos arneses, alforjas y herramientas agrícolas se apilan en la esquina. Junto a ellos hay dos monturas de madera idénticas.

—¿Quién dormía en este cuarto? —pregunto.

—Todos —dice—; Pascuala y yo dormíamos aquí —señala hacia la cama de metal—, y allá —continúa haciendo un gesto hacia los cajones— había dos camas. Chavo y Chemel dormían en una y ustedes las niñas compartían la otra. Éste es el cuarto donde usted nació.

No puedo evitar pensar que pude haber nacido en esa mismísima cama. Siento como si no hubiera viajado a México sino al pasado. Como si hubiera abierto una cápsula del tiempo y hubiera entrado a un lugar donde el tiempo se quedó por siglos detenido. Años después mi madre me dijo que la mañana en que nací mi padre había llevado el ganado al río y acababa de volver cuando ella ya estaba en labor de parto. Él salió a buscar a la partera. Estuvo fuera apenas quince minutos; cuando volvió, ya era demasiado tarde: se le había roto la fuente y yo había salido montada en esa ola. Es difícil creer que vine al mundo en este cuarto oscuro y polvoriento.

—En este cuarto nací —le digo a Martin, que está atrás de mí observando los retratos en las paredes.

—Alucinante —dice, tratando de no perderse un detalle de la habitación—; qué suerte tienes de que tus padres hayan dejado este lugar en el momento en que lo hicieron —me rodea con el brazo—. ¿Te puedes imaginar lo que habría sido crecer aquí?

Tiene razón. El solo hecho de cruzar la frontera me hizo brincar generaciones enteras.

★ ★ ★

Cuando llegamos a la estación la gente ya está abordando. Sacamos las mochilas de la camioneta de mi padre y las aventamos en el compartimento inferior del camión junto a cajones de plástico atados con cordeles, cajas amarradas con mecate y bolsas de vinil cerradas con cinta para ductos. Me cuelgo del hombro un bolso de lona azul en el que metí la montura de madera y nos formamos.

—Debería poner eso con el equipaje para no tener que cargarlo todo el camino —me dice mi padre.

—Está bien así —le digo—, no quiero que se rompa.

Un hombre ha estacionado su carrito de frutas enfrente de la estación. Hay una hilera de vasos con rebanadas de coco, mango, papaya y melón al frente de su puesto. Exprime un limón sobre uno, le espolvorea chile piquín y se lo da a una mujer. Los dos parecen hacer caso omiso de las moscas y abejas que revolotean a su alrededor.

—¿No quieren un vaso de fruta para el camino? —pregunta mi padre.

—No, gracias —le digo mientras avanza la fila; me doy cuenta de que todo mundo mira a Martin de soslayo.

—Mmm, ¿cómo se dice "It was nice meeting you"? —pregunta Martin.

—Gusto en conocerlo.

Martin ve a mi padre de frente y repite esta línea; se estrechan la mano; mi padre le hace un gesto con la cabeza y Martin aborda el autobús.

—Ándele pues, mija —dice mi padre mientras los últimos pasajeros se hacen un hueco entre nosotros y suben al camión—; ya sabe que siempre que quiera regresar, mi casa es su casa —sugiere que tome su dirección y su teléfono; saco un cuaderno y una pluma de mi bolsa de paja y anoto la dirección de La Peña. Es la misma adonde yo le mandaba cartas a mi hermano, la misma adonde Sonia le mandó a mi padre la carta que yo nunca quise enviar. Años después de esto Alma me dijo que cuando empezaron a vivir juntos, a veces, cuando tenía algunas copas de más, lloraba y decía que su propia hija le había enviado una carta en la que decía desear que estuviera muerto.

—Le escribiré —le digo, aunque sé que no lo haré.

—Estaré esperando su carta —una sonrisa débil le destella en la cara. Se le vidrian los ojos, la barbilla le empieza a temblar y aprieta los labios para reprimir las lágrimas—. Deberíamos tratar de mantenernos en contacto mientras podamos —dice—, mientras estemos vivos.

Nos damos un rápido abrazo y nuestras caras se rozan. Su mejilla es tibia y suave, y a la vez rasposa por la barba de pocos días. Le digo que sí con la cabeza y subo al camión. Me siento junto a Martin, pongo el bolso de lona en mi regazo y se me empieza a entrecortar la respiración. Su súbita muestra de emoción me agarró desprevenida. Pensé que nos daríamos la mano, nos iríamos cada quien a su casa y ahí terminaría todo, pero cuando vi su barbilla temblando algo se hizo pedazos dentro de mí.

El camión arranca, sale de la estación y me reclino sobre Martin para mirar por la ventanilla. Mi padre sigue parado en el estacionamiento de grava; tiene un pañuelo rojo en la mano. Nuestras miradas se encuentran. Le digo adiós con la mano, y luego él a mí. El camión se aleja y él se queda en medio de una nube de polvo. Empiezo a buscar en mi bolsa mis lentes oscuros y me los pongo porque, por mucho que lo intento, no consigo reprimir las lágrimas.

Martin me pasa un trozo de papel de baño, me toma la mano, y en el instante en que pasamos el último tope a la orilla de la ciudad, al camión se le poncha una llanta.

17. EL MUSEO

Cinco años después regreso a visitarlo. Vuelo a Chicago y desde ahí manejo a Valparaíso con Roselia y mi madre. Para entonces mi madre está pasando la mayor parte del tiempo en Valparaíso con mi abuela. En el camino nos detenemos en Real de Catorce, un viejo pueblo minero que Martin y yo habíamos hablado de visitar, aunque al final nunca lo hicimos. Después de estar un año en Nueva York encontré para nosotros un departamento de una recámara, y por un año más lo esperé; parecía que siempre surgía algo con su grupo: estaban grabando un nuevo disco o haciendo un nuevo *tour*. Finalmente le llamé y le dije que había reservado un vuelo a Chicago para el fin de semana y necesitaba hablar con él.

—¿Sobre qué? —preguntó.

—No es nada —dije—. De verdad, sólo quiero hablar contigo en persona, es todo.

Podría haber dicho: "Han pasado ya dos años, carajo"; podría haber dicho: "Mis sentimientos han cambiado". Podría haber dicho cualquier cantidad de cosas, pero en aquel entonces no fui capaz de articular algo que yo misma a duras penas podía reconocer.

Al día siguiente, mientras juntaba mis cosas en el trabajo y me preparaba para salir, entró por las puertas de vidrio del salón de exposición y caminó a mi escritorio.

—No hagas esto —dijo antes de que yo tuviera chance de decir nada. Pero ya estaba hecho. Dos años no es tanto tiempo, pero había sido suficiente.

Ese mismo verano recibí un telefonazo de una amiga de Abigail. Después de un año en Nueva York, Abigail había regresado a Maine para encontrarse con que el dueño de la galería todavía no se terminaba de divorciar. Estaba teniendo dudas y empezaba a alejarla de él. La última vez que yo había hablado con ella, Abigail estaba sentada en la orilla de la cama, y aunque podía ver que afuera brillaba el sol, no lograba reunir la energía para salir.

—Me siento como anestesiada, me siento como anestesiada —se la pasaba diciendo, consciente de lo mal que estaba eso: su hermana acababa de tener un bebé, ella ahora era tía, y no le importaba: no sentía absolutamente nada.

Le sugerí que pensara en dejar de medicarse. Tal vez eran las pastillas lo que estaba obstaculizando su capacidad de sentir. Además no era tanto que estuviera deprimida como con el corazón destrozado, y que si ese cobarde estaba teniendo dudas, pues que las tuviera. A la larga ella encontraría a alguien que de verdad la supiera apreciar. Pero no quería a nadie más, ella sólo quería al hombre a cuyo alrededor había estado construyendo su vida los últimos dos años. Me llamó unos días después y estaba de mejor ánimo; dijo que había ido con un psiquiatra que le redujo la dosis. Luego, como dos semanas después, recibí la llamada.

—Oh, Maria, no sé cómo decir esto, pero Abigail se murió.

Murió. Ahí estaba, esa horrible palabra de la que no hay retorno: muerte. Su madre fue quien la encontró. Boca abajo en el piso de su sala, los brazos doblados por encima de la cabeza como si hubiera estado completamente exhausta y hubiera decidido acostarse a tomar una siesta allí mismo, en la duela fría. Tenía moretones en la cabeza y en el cuerpo, y un hilo de sangre escapaba de la nariz. Una autopsia reveló que había tenido derrames durante horas antes de sufrir un aneurisma cerebral.

Años después su madre me dijo que en su familia había antecedentes de apoplejías del lado de su esposo. Era sabido que los medicamentos que tomaba Abigail causaban apoplejías, sobre todo durante esos periodos críticos en que se aumentaban o reducían las dosis, aunque quizá Abigail no fue consciente de estos antecedentes familiares, debido a la relación distante con su padre. Él se marchó con su amante cuando Abigail todavía estaba en la secundaria, y aunque ella le llamaba con frecuencia y hacía planes con él —como ir a ver una película o salir a cenar—, una y otra vez él le cancelaba o la dejaba plantada. Yo desconocía esa relación distante, pues nunca hablábamos de nuestros padres.

Perder a Abigail no sólo me obligó a cuestionarme qué estaba haciendo con mi vida, sino que me hizo replantearme mi relación con mi propio padre. Por muchos años él había sido mi secreto mejor guardado, y aunque nunca hablaba de él o del pasado, mi escritura empezó a gravitar a su alrededor. Aunque trabajaba de tiempo completo, había seguido con mis clases de actuación y de escritura por las tardes. Puede ser que la actuación fuera el arte que me permitió tener acceso a mis emociones, pero la escritura era la herramienta con la que había empezado a vérmelas con el origen de esas emociones.

Después de escribir un cuento sobre cómo mi padre le disparó al vecino, el profesor sugirió que aplicara a un máster en Bellas Artes. Llené solicitudes para Iowa, Hunter y Columbia. En aquel entonces trabajaba como ejecutiva de cuenta en Juicy Couture y tenía un salario alto, dinero para ropa, un seguro médico de 401 000 dólares, asistente, y oficina privada en el piso 16 del edificio Empire State. Me aceptaron en los tres programas, renuncié a mi puesto, y prácticamente salí como bólido hacia México.

A principios de mayo llegamos a Valparaíso; cuando Roselia se va, paso dos semanas en la ciudad con mi madre y con Tito. El día anterior a que me fuera a La Peña visitamos un pequeño museo en el centro. Una sala al fondo del museo guarda los restos de un mamífero prehistórico. Están adentro de una caja de vidrio, junto con una tarjeta que explica que un anciano de un rancho cercano había encontrado los huesos mientras cavaba cerca del río y los donó al museo.

Tito y yo caminamos por la sala principal, donde se exhiben varias antigüedades: un fonógrafo, una máquina de escribir, artículos para afeitarse y anteojos de lectura. Hay un baúl de madera color azul cobalto cerca de la entrada, y sobre él hay varias planchas, que van de kilo y medio a cuatro kilos. En la pared del otro extremo hay varias fotografías enmarcadas; sobre ellas un letrero dice: HACIENDAS DE VALPARAÍSO.

—Ésa es la entrada a La Peña —dice Tito, acercándose a uno de los marcos para ver mejor. Es una foto en blanco y negro de los pilares de la entrada.

—"La Paña". Así le decías porque no podías pronunciarlo bien —dice, ajustándose la pañoleta en la cabeza—. Probablemente no te acuerdes, pero cuando se fueron tus padres no pasaba un día sin que preguntaras por ellos. Todos los días sin falta me pedías que te llevara de regreso a La Peña, y todos los días te explicaba que tus padres ya no estaban allá, pero no sé, supongo que eras muy chiquita para entender. Los otros eran mayores y entendían lo que pasaba, pero tú no, y llegó el punto en que a cualquiera que pasara por la casa le preguntabas si había visto a tu mami, a tu papi y a Jorgito. Si íbamos al mercado, la plaza, la panadería, le preguntabas a la gente si los había visto. Te daban un dulce de leche, un chicle, cualquier cosa para distraerte y que ya no pensaras en ellos, porque todo mundo sabía que tus padres se habían ido al otro lado.

"Ya llevaban tres meses fuera y tú todas las mañanas, antes que ninguna otra cosa, seguías pidiéndome que te llevara a La Peña. ¿Yo qué iba a hacer? Un buen día te llevé, a esa casa en la que naciste, para que pudieras verlo con tus propios ojos, y cuando viste que no estaban allí, nunca más preguntaste por ellos: nunca. Después de ese día dejaste de hablar por completo. Eras muy lista, decías de todo, pero como por dos semanas no pronunciaste una sola palabra. Ni a mí ni a nadie —dice sin dejar de estudiar la foto, y en eso cobro conciencia de un vago dolor en el brazo: estoy enterrándome las uñas tan fuerte que podría salirme sangre—. Esos pilares probablemente ya ni están allí, ¿eh?, tal vez ya se desmoronaron —dice volteando a verme.

—No —digo mirando la foto, que quiere ponerse borrosa atrás del vidrio pero yo no lo permito—: todavía están allí.

Sigue hablando como si estuviera platicando con la foto y no conmigo.

—Cuando finalmente tus padres mandaron por ustedes, no querías irte. Habían pasado dos años, y para entonces estabas tan apegada a mí que no querías irte. ¿Pero te imaginas si te hubieras quedado aquí? Un día, cuando fueras grande, me lo ibas a echar en cara. El día que se fueron, los llevamos a tus hermanos y a ti a la casa de tus abuelos. ¿Ya sabes, una que había en la plaza, la que tus abuelos vendieron después de lo que pasó con Manuel? A lo mejor no te acuerdas, pero de allí partieron, y Manuel fue con ustedes. Él no había planeado quedarse del otro lado, pero tu padre lo convenció. Se quedó, trabajó por un rato, y cuando regresó aquí, nunca más se volvió a ir al otro lado, y ni quería.

"Manuel creía que lo mejor para un hombre era trabajar su propia tierra, y tenía razón. Creo que si este país está tan atrasado es porque todos sus hombres han abandonado sus terrenitos para irse a trabajar al otro lado, ¿y para qué? Porque, de verdad, les pagan salarios de miseria, dime si no es cierto, ¿pero qué le vamos a hacer? Antes era más fácil ganarse la vida. Cuando ustedes eran niños teníamos maizales, huertas de duraznos, pero desde que se firmó ese tratado de libre comercio con el norte nos la han puesto más difícil. Antes ibas al mercado y los productos locales eran más accesibles, pero ahora la producción que traen del otro lado es más barata, ¿y cómo se supone que debemos competir con eso? Todo mundo ha abandonado sus terrenos, y ya nadie se toma la molestia de guardar sus semillas. Sólo Dios sabe dónde vamos a parar.

"Recuerdo que ese día, cuando el autobús salió del pueblo, me volteé con Lupe y le dije: "¿Cuándo volveremos a ver a esos niños?" Pero henos aquí, ¿verdad? —me sonríe—. Qué bueno que hayas regresado para vernos, que vayas a La Peña a pasar un tiempo con tu padre, porque nos guste o no, vida sólo hay una. Tu padre hizo lo que hizo con Manuel, y no puedo decir que por eso le desee ningún mal, pero tampoco le deseo ningún bien. Cada uno de nosotros tendrá que rendirle cuentas a Dios. Sólo Él sabe por qué tu padre sigue aquí.

—¿Qué es lo que están viendo? —pregunta mi madre, que viene de la sala donde se exhiben los restos del animal.

—Es la entrada a La Peña —dice Tito—. Le estaba contando a Chuyita que de chiquita le decía "La Paña" —se aleja unos pasos y recorre la pared para ver las otras fotos. Mi madre viene y da un vistazo.

—Ah, cierto —dice, inclinando la cabeza hacia adelante.

Me quedo viendo su perfil y siento como si la estuviera viendo por primera vez. *¿Por qué eres así? ¿Por qué eres tan distante? ¿Por qué no hablas conmigo? ¿Por qué, por qué, por qué?* Tendría que haberlo sabido siempre. Sólo una vez intentó hablar conmigo sobre cuando nos dejaron en México. Ya me había graduado de la universidad, estaba viviendo en Chicago, y Jorge y ella habían ido en coche a la ciudad para unas compras y encargos. Luego, de regreso a su casa, una tormenta de nieve paralizó el tráfico en la autopista. Cuando llamaron del celular de mi madre, daba la casualidad de que estaban cerca de la salida que llevaba directo a mi departamento. Vinieron y terminaron pasando ahí la noche. Jorge se quedó en el sillón y mi madre y yo compartimos mi cama.

—¿De dónde sacaste ese retrato que tienes en la sala? —me preguntó cuando estábamos acostadas con la luz apagada.

—En la tienda de segunda mano.

El retrato era una pintura al óleo de una niña como de cuatro o cinco años. Una mascada verde le cubría el pelo castaño; una lágrima se había escapado de sus grandes ojos cafés y se resbalaba por su mejilla rosada. Lo había comprado en la tienda del Ejército de Salvación. La tenían exhibida en el aparador, y cuando la vi desde la acera de enfrente me paré en seco. Lo siguiente que supe fue que estaba en la caja desembolsando más de cuarenta dólares por la pintura.

—¿Te recuerda algo? —preguntó.

—No —dije. Me pareció una pregunta extraña. ¿Qué se supone que debía recordarme?

—¿No te recuerda cuando los dejamos en México? —preguntó—. ¿No te recuerda si cuando los dejamos te sentías triste o asustada?

—No lo creo. No me acuerdo.

Afuera el viento rugía y el plástico de mi ventana se hinchaba con el aire. Estábamos acostadas con el débil resplandor blanco de la luna y la nieve, y en eso la oí sorbiéndose la nariz. Me acerqué al buró, saqué algunos pañuelos desechables de la caja y se los di.

—Nunca debí dejarlos —confesó, y sólo en ese momento me di cuenta de que estaba llorando—. Ojalá alguien me hubiera dicho: "No dejes a esta niñita. Llévenla con ustedes. Es muy chica. Si la dejan, nunca más se encontrarán". Pero no tenía a quién pedirle consejo, y tu padre no ayudaba en nada. Él podría haberte cargado. Yo cargué a Jorge, él podría haberte cargado a ti.

—Amá, está bien —dije—. Hizo lo que tenía que hacer.

—Nunca debí dejarte. ¿Me podrás disculpar algún día?

—Amá, de verdad no pasa nada —traté de explicarle que era algo que ocurría todo el tiempo, que por siglos lo habían vivido inmigrantes y refugiados de todo el mundo: padres e hijos separados por un año, dos o diez: no era para tanto. Eso pensaba, porque en aquel entonces no era consciente de lo que perdimos cuando cruzamos la frontera.

—Miren —dice mi madre, dando la vuelta y acercándose al baúl azul de madera cerca de la entrada—. Les dicen antigüedades. Éstas no son antigüedades —levanta una de las planchas—. Cuando vivíamos en La Peña yo planchaba tu ropa con éstas. Tenía seis o siete. Cuando veas a tu padre, pídele que te lleve a esa casa en la que vivíamos —devuelve la plancha al baúl—. Apuesto a que esas planchas siguen allí.

18. DIABLOS DE POLVO

Ya empiezan a formarse a todo lo largo de los terrenos abandonados. Es como si los hombres que cayeron en ese mismísimo sitio años atrás ahora inhalaran el aire, se levantaran bajo su embrujo y dieran vueltas, patearan el polvo, las briznas de hierba y las ramitas: diablos de polvo. Uno viene dando giros por el campo, choca con el corral de piedras apiladas que rodea la casa donde nací y hace traquetear el techo de lámina.

Al otro lado del camino de tierra, la hamaca verde que colgué cuando llegué, tres meses atrás, está dando vueltas con el viento y se enreda en las ramas del mezquite. Había venido preparada para quedarme una buena temporada. Traje una hamaca, mi computadora portátil, mi cafetera exprés, una pila de libros, una guitarra y mis tenis para correr. Todas las mañanas me levanto antes de que el sol haya aclarado la sierra lejana, y mientras mi padre y Rosario ordeñan a las vacas en el corral, yo cojo mi iPod y voy a correr un buen tramo por los caminos de tierra, con los perros de mi padre jadeando y corriendo a mi lado. Otra ráfaga viene soplando por el muro y yo me doy media vuelta.

Busco entre los bolsillos de mis pantalones militares y saco el botón de peyote que guardé en el refrigerador desde el día que llegué. Lo envolví en una toalla de papel, lo metí en una bolsa de papel estraza, y lo deslicé abajo de un montoncito de tortillas duras adentro del cajón de las verduras, esperando que ni mi padre, ni Rosario ni Alma lo encontraran. Cuando nos detuvimos en Real de Catorce en el camino hacia acá, Roselia al día siguiente se fue al desierto y recogió dos botones, uno para ella y otro para mí. Ella se comió el suyo enseguida, pero yo guardé el mío. Aunque cuando viajé por Europa tuve varias oportunidades de probar el peyote, sobre todo en Ámsterdam, siempre supe que si alguna vez lo probaba quería que fuera aquí, en México, su lugar de origen. Como me iré de aquí en unos días, es ahora o nunca. Me meto a la boca el primer trozo y mastico la pulpa espesa, un poco amarga. Mi hermana me dio una especie de entrenamiento sobre lo que debía esperar; me explicó que era más fuerte que la mota, pero no tan fuerte como los hongos, y que debía tomarlo con el estómago vacío. También me dijo que debía tomarlo con un propósito: lanzar una intención al universo… como pedir un deseo.

Si tan sólo pudiera regresar en el tiempo y rescatarme del silencio que se me adhirió el día que mi abuela me trajo de regreso a este lugar… Si en dos semanas no hablé con nadie ni pronuncié una sola palabra, ¿entonces adónde me fui? Debo de haberme estado recobrando, porque si tus padres podían esfumarse, entonces cualquier cosa en este mundo era posible. Imagino que durante esas dos semanas estuve armando un escudo, algo que me protegiera e impidiera que volvieran a lastimarme: mi propio chaleco antibalas. ¿Y qué sentido tenía ir por la vida protegiéndote del amor? Martin tenía razón: yo me fui a Nueva York y nunca volví. Si pudiera pedirle una cosa al universo, pediría ser liberada. Renunciar a mi escudo, dejarlo aquí, en la misma entrada donde por primera vez se me adhirió. Antes de irme de casa de Tito le pregunté a mi madre cómo fue cuando nos volvimos a encontrar en Chicago.

—¿No te acuerdas? —dijo—. Yo no estaba cuando llegaste. Estaba trabajando, en el hotel en el que limpiaba habitaciones, y cuando llegué a la casa, María Elena ya los había bañado a todos y les había cambiado la ropa. Todos corrieron a abrazarme, excepto tú. Tú te quedaste a un lado, viendo a tu alrededor; parecías completamente perdida. Era como si no tuvieras idea de dónde estabas parada.

Me meto otro trozo a la boca, y de la pared sale una ráfaga y hace que se balanceen las malezas del patio de la entrada. Es difícil creer que mi cordón umbilical está enterrado en algún lugar debajo de ellas. Siento que si me arrodillo y empiezo a cavar la tierra, a arrancar la maleza y escarbar con las manos, alguna profunda intuición me guiará a mi cordón umbilical y lo desenterraré.

—¿Qué hace aquí afuera? —me grita mi padre desde el otro lado del portón.

—Nada —digo, envolviendo con las manos lo que queda del botón y sentándome derecha.

—Voy a llevar al ganado al río a tomar agua. ¿Quiere venir conmigo? —me dice.

—Claro —respondo, aunque había planeado pasar la mayor parte del día en la hamaca, más cerca de la casa por si el peyote me daba náuseas o algo peor.

Me dice que vaya a preparar una cartera mientras él ensilla al burro. Me acabo el resto del botón y me dirijo a la casa; paso por el mezquite en el que está amarrado el Relámpago. El Relámpago es el caballo que mi padre está domando, y ahora golpea el suelo con el casco delantero; parece frustrado de que le pongan la silla y de todas formas no ir a ningún lugar. El Relámpago nació en el rancho, y desde que era un potro deambulaba libre por las ciento cincuenta hectáreas en compañía de su madre, hasta hace poco, que mi padre lo trajo al corral para domarlo.

Por las mañanas, antes de ensillarlo, hace al Relámpago correr en círculos, unas vueltas a la izquierda, otras a la derecha. El Relámpago corcovea y patea una nube de polvo alrededor de mi padre; a veces se levanta en las patas traseras para tratar de liberarse del arnés y la cuerda que tiene alrededor de la cabeza, antes de caer de vuelta al suelo con estruendo, como relámpago. Después de que cansa al caballo, lo ensilla y lo amarra una horas al mezquite que está enfrente de la casa, para que se acostumbre a tener una silla en el lomo.

Tomo una cartera de cuero de la bodega, voy a la cocina y meto una naranja, una botella de agua, dos latas de Modelo heladas. Razono que si el peyote se pone muy intenso, una o dos cervezas frías podrán ayudar a suavizar sus efectos. En la recámara, que ahora comparto con Rosario y Alma, me unto bloqueador en brazos y cara, me pongo una playera blanca de algodón de manga larga, agarro mi sombrero de paja y vuelvo a salir.

Mi padre toma la cartera y la cuelga del fuste de la montura de madera del burro, que es idéntica a la que me dio la primera vez que vine a visitarlo. Detiene al burro, como siempre hace, mientras pongo el pie en el estribo y paso la pierna sobre la silla. Me da las riendas, y ya que está montado en el Colorado, su otro caballo, damos la vuelta por atrás de la casa y subimos por el camino de tierra que lleva a La Mesa, con los perros siguiéndonos de cerca. La Mesa es donde guarda la mayor parte del ganado en la estación seca, y aunque la propiedad legalmente ya no le pertenece, mientras esté vivo de todas formas seguirá siendo su tierra.

Montamos por los maizales desiertos, donde nada más que unos cuantos tallos de maíz se levantan hacia el cielo, como si rezaran por una gota de lluvia. El sol nos quema los hombros, el viento sopla fuerte y pone a girar por el campo un diablo de polvo que choca contra un tractor abandonado y explota en mil partículas. Uno por uno se siguen materializando y van como bólidos por toda la extensión del terreno, cual si se turnaran como hombres en un rodeo. Mi padre va unas zancadas adelante de mí y no parece percatarse de los remolinos o darles ninguna importancia. Luego me doy cuenta de que uno viene directo hacia nosotros y me le quedo viendo, pensando que cambiará su curso. Por el contrario, parece que gana fuerza; su embudo crece, y se hace más alto y más ancho mientras se aproxima.

—¡Apá! —grito, pero parece que por los rugidos del viento no me puede oír—. ¡Apá! —grito de nuevo, mientras se acerca. Parece tener la fuerza suficiente para hacernos volar a los dos más allá de la sierra distante.

—¿Quihubo? —se detiene y ve hacia los dos lados, tensando los hombros frente a la fuerza del viento.

—Mire —señalo en dirección del remolino que se acerca, y en el instante en que lo ve, se detiene el sombrero con la mano.

—¡Cuidado con el sombrero! —me grita, y me lo detengo justo en el momento en que choca con nosotros: una ráfaga de viento, como si alguien hubiera azotado una puerta en la falda de una montaña, me azota el pelo y la pañoleta rosa de lino con la que me amarro el sombrero a la cabeza. La pañoleta es mi propia red de seguridad: a la distancia, cualquiera puede darse cuenta de que la persona que va montando con él es una mujer. Aunque tenga enemigos, éstos tienden a dejar fuera a las mujeres y a los niños.

Cuando llegamos a La Mesa los perros son los primeros en entrar, y pasan agazapados por debajo de la alambrada que rodea la propiedad, como siempre hacen.

Mientras reunimos al ganado, mi padre hace gestos con la mano para que vea un área llena de maleza y señala al cielo, donde dos buitres vuelan en círculos.

—¿Sabe qué están haciendo? —pregunta. Me encojo de hombros, y él apunta hacia la alta maleza, donde duermen dos becerros acurrucados. Una vaca los vigila, mientras que cerca de ahí otra se toma una siesta. Me dice que las vacas se turnan para descansar y vigilar a sus crías para que no las ataquen los depredadores. Dos semanas atrás, los coyotes mataron a un becerro. Él no pareció sorprenderse: dijo que la vaca siempre estaba dejando atrás a su becerro, que le preocupaba más seguirle el paso al resto de la vacada que quedarse cerca de su cría.

Reunimos a los últimos animales y poco después ya estamos siguiendo a la vacada mientras se dirige al río. Sus pezuñas patean la tierra suelta en el campo, hacen que vuele como humo café. Las vacas que tienen becerros se quedan atrás de la manada. Mi padre me explicó que lo hacen para evitar que las otras vacas pisoteen a sus crías. Vamos a la mitad del campo cuando la rodilla izquierda empieza a dolerme. Saco el pie del estribo y estiro la pierna: es una vieja herida de infancia que me persigue.

Cuando tenía nueve años hicimos un paseo familiar al parque, y mientras mi madre y mi tía volteaban tortillas y fajitas de res en el asador, mi padre y los otros hombres platicaban en el estacionamiento bebiendo cerveza y oyendo la música ranchera que salía retumbando de su camioneta. Yo estaba jugando futbol con los otros niños, y uno que fácil me doblaba la estatura iba corriendo al mismo tiempo que yo por la misma pelota. Chocó con mi pierna, y cuando los dos nos caímos, mi pie quedó atrapado bajo su peso. Sentí que todo daba vueltas a mi alrededor, y mientras mi rodilla estaba estrujada y el cielo se movía, hasta pensé que algo había tronado. Entre las altas briznas de pasto vi a mi madre corriendo hacia mí con su vestido café estampado de flores flotando en la brisa.

—¡Está rota —grité—, oí un chasquido!

Me ayudó a levantarme y a llegar cojeando a la mesa de picnic, y me pasó una lata de cerveza helada. Dijo que me la pusiera en la rodilla, que ya se estaba inflamando.

—¿Y a usted qué le pasó? —me preguntó mi padre cuando regresó del estacionamiento. Le expliqué lo que había pasado—. ¿Duele? —preguntó mientras sacaba una cerveza de la hielera y la destapaba. Dije que sí con la cabeza—. Bueno, pues si el dolor no se va —dijo mirando la lata que yo tenía en la mano—, tómese esa cerveza y se le va a olvidar —se dio media vuelta y regresó adonde estaba su música.

Al día siguiente mi rodilla tenía como cinco diferentes tonos de morado y se había hinchado hasta tener el tamaño de una pelota de sóftbol. Cuando mi padre llegó a casa del trabajo y yo cojeaba por la casa como pájaro herido, me llevó a ver a un viejo que él conocía: un curandero. El viejo me hizo sentarme en su cocina en una silla de madera, y después de aparchurrar y pinchar mi rodilla con sus largos dedos determinó que no se había roto nada, que sólo era que mis nervios y tendones se torcieron y se enrollaron unos con otros. Sacó del refrigerador una botella de aceite de cocina, se puso un poco en las manos y luego tomó mi rodilla. Sus manos estaban tibias y casi me aliviaban el dolor, hasta que empezó a escarbar, sobar y frotar con tanta fuerza que sentía como si tuviera la rodilla metida en un molinillo de carne. Mi padre estaba en el porche, del otro lado de la puerta mosquitera, dando la espalda a mis gritos, y al instante siguiente estaba en la cocina ofreciéndome una Tutsi Pop.

Mi rodilla se recuperó por completo después de eso y nunca me dio problemas, hasta que me fui a vivir a Nueva York. Me hice una resonancia magnética y cuando el cirujano ortopedista vio los resultados me preguntó si de niña me había herido la rodilla. Explicó que tenía un poco de masa ósea extra de un lado de la rodilla, y que a menudo, si un hueso se fractura o se fisura, sufre un traumatismo que genera más masa ósea en un intento de curarse.

Aunque la rodilla pocas veces me da lata, ha estado empeorando desde que llegué, quizá lastimada por mis carreras matutinas y los largos paseos a caballo. Cada vez que hemos ido a montar fuera del rancho y volvemos, de regreso me ha punzado. Me agacho y la masajeo. El burro se para en seco, inhala profundo y da un largo rebuzno. Su vientre palpita al inhalar y exhalar rápidamente, gritando, y yo siento como si usara el aire de mis pulmones, como si nos hubiéramos fundido en un solo ser. Parece emocionado; no me sorprendería que se pusiera a dar de brincos.

—¿Qué está haciendo? —le grito a mi padre por encima del viento que ruge.

—Está contento porque ésta es su tierra —grita por encima del hombro. Supongo que se refiere a México, pero luego señala a San Martín, al otro lado del río, y dice que ahí compró el burro. Voltea y se da cuenta de que mi pierna cuelga junto al estribo—. ¿Cómo va su rodilla?

—Está bien —le digo.

—Debería mantener el pie en el estribo —dice—. Ese burro puede ser artero. En el instante en que baje la guardia, la va a sentar en un cactus.

Regreso el pie al estribo, me agarro más fuerte de las riendas y seguimos montando hacia el río. Al poco tiempo las primeras vacas han llegado a la barranca y empiezan a caminar hacia las rocas y la maleza alta a la orilla del agua. Montamos a la sombra de un mezquite y las vemos pasar hasta que las últimas desaparecen entre la maleza.

—¿Vio a su vaca? —me pregunta, y le digo que no, aunque si la hubiera visto no la habría reconocido entre la manada. Cuando llegué me contó que había tenido una becerrita unos años atrás. Luego la becerra y la vaca habían tenido más crías, y ahora yo tenía cuatro vacas.

—¿Quiere una cerveza? —pregunto.

Levanta un dedo y lo mueve de un lado a otro.

—Ahora no, pero a lo mejor en el camino de regreso —dice; se sienta derecho sobre el caballo, alarga el cuello y echa un vistazo a la sierra del otro lado del río—. ¿Oyó eso? —pregunta, apretando las riendas.

—¿Qué cosa? —pregunto mientras lo veo sacar la pistola de la parte de atrás de sus jeans. Todavía me intranquilizo de sólo verla.

—Espere aquí —dice, y se va cabalgando; el dorso de su camisa ondea en el viento hasta que desaparece alrededor de la barranca.

¿Qué es lo que oyó? ¿Sería una persona o un animal lo que lo mandó a todo galope hacia el río? ¿Qué debo hacer si oigo disparos? ¿Me convendrá más quedarme en el burro y acortar el camino por el campo, o mejor debo irme a pie por la orilla del río? Por el río hay más lugares donde esconderse. Me bajo del burro, y en el instante en que mis pies tocan el suelo siento los efectos del peyote, que me corre espeso y lento por las venas. Antes había notado un vago indicio, cuando me sentí como si el burro estuviera sacando aire de mis pulmones, pero ahora, parada en el suelo, me siento como si midiera quince metros; estoy segura de que si diera dos pasos gigantes hacia el norte recorrería en un instante toda la sierra. Estoy casi segura de que si me estirara podría pasar la mano por la espina vertebral del horizonte. Es como si todas las partículas de mi ser se hubieran expandido más allá de los límites de mi carne y mi sangre, fundiéndose con mis alrededores: me siento inmediatamente conectada con el suelo, el viento y el cielo.

Otro remolino viene girando desde las montañas, pasa rozando una capa de polvo de la llanura y la azota contra los maizales, donde supongo que el encarnizado rodeo de diablos de polvo sigue a todo galope. Pasa por el cielo una nube como sábana blanca a la deriva. Eclipsa el sol y proyecta una sombra que se desliza sobre el terreno. Más nubes flotan en lo alto, y conforme cada una de sus sombras atraviesa el campo, prácticamente siento que el tiempo mismo se mueve. Con cada sombra que pasa tengo la sensación de que otro día se ha ido. ¿Cuántos años tiene un día? ¿Puede medirse el lapso de toda una vida desde el momento en que sale el sol hasta que se pone? Y de todas formas, ¿qué son catorce años frente a la eternidad?

Nuevamente vienen las ráfagas de viento y mandan una manta de polvo a volar entre los maizales, y me entra la sensación de que mi padre está allí, se ha ido a bailar entre los diablos de polvo. ¿Y si no regresa?

Se oyen crujidos detrás de mí, entre la maleza, y cuando volteo hay una vaca allí parada viéndonos al burro y a mí.

Más vacas se dirigen a las rocas y a la maleza, y cuando nos ven se detienen, hasta que toda la manada está paralizada y se me queda viendo, como si esperara indicaciones. Es imposible que yo sola lleve a la vacada de vuelta por el campo. Escudriño la barraca en la dirección en que se fue mi padre, pero no hay ni un rastro de él. ¿Y si no regresa?

El toro se abre paso hasta el frente de la vacada y se detiene, como si exigiera saber por qué las vacas no se mueven. Es un toro Angus grande y fornido, con anchos cuernos contundentes. ¿Y si me embiste? Hago un rápido inventario de lo que llevo puesto: tenis Kangaroos anaranjados, pantalones militares cafés, playera blanca de algodón, sombrero de paja, pañoleta rosa. Bien, nada de rojo. Lentamente doblo las rodillas y empiezo a recoger todas las piedras que alcance. Me lleno los bolsillos de los pantalones, aprieto una en cada mano y me levanto. Se siente como una confrontación: el toro y su vacada contra el burro y yo.

—¡Vaca! —gruñe mi padre desde el otro lado del río, y la manada avanza a tirones, como si la azotaran con un látigo gigante. Empiezan a atravesar el campo—. ¡Vámonos! —dice, y ya que está frente a mí, es como si nunca se hubiera ido.

—¿Adónde fue? —le pregunto mientras suelto las rocas que tengo en las manos y vacío mis bolsillos antes de volverme a montar en el burro.

—Creí oír algo —dice. Andamos tras el ganado; sus pezuñas levantan el polvo, que nos envuelve como una espesa niebla, y siento que podríamos perdernos para siempre en este terreno polvoriento, este lugar en el que las calles todavía no tienen nombre—. ¿Estaba aventándoles piedras a las vacas? —pregunta cuando ya vamos a la mitad del campo.

—Me dio miedo que el toro pudiera embestirme.

—No, ese huevón. Es demasiado flojo para hacer nada. Son las vacas con becerros de las que tiene que cuidarse: pueden ser un poco impredecibles, sobre todo si se acerca demasiado a su cría, pero fuera de eso, las vacas son animales muy pacíficos. No debería aventarles piedras. Es importante tratar a los animales con amor.

★ ★ ★

Un tapiz de moscas se levanta del suelo con un zumbido cuando me dejo caer a la hamaca. El Relámpago sigue amarrado al árbol en el frente de la casa y sigue pateando el suelo. Las persianas azules de metal de la ventana del cuarto de mi padre están cerradas. Cuando volvimos de La Mesa, después de desensillar al caballo y al burro, dijo que iba a echarse a tomar una siesta. Al otro lado de la calle doña Consuelo está regando sus plantas. Su marido está sentado en su silla de ruedas a la sombra del tejado de lámina con su tanque de oxígeno junto a él. Cuando llegué, doña Consuelo me hizo señas para que fuera y me preguntó si me iba a quedar con mi padre para siempre. Le contesté que no. Dijo que de todas formas era bueno que hubiera venido a verlo, que cuando salió de la cárcel pasaba horas, incluso días enteros, sentado en el mezquite frente a su casa, bebiendo, oyendo música y llorando.

—¿Y sabes por qué lloraba? —preguntó—. Por ustedes, por sus hijos. Estaba seguro de que moriría aquí solo, lejos de su familia, como un perro. Así lo decía, con esas palabras.

El sol se cuela por las ramas del mezquite; manchitas de luz dispersas planean sobre mí mientras me mezo. En lo alto, tres cuervos vuelan en círculos, como tiburones, contra el cielo azul.

"Ay", grita Alma, y su risa llena el aire. Está sentada hasta arriba de los escalones de piedra caliza en el otro extremo del corral. Su pelo largo negro azabache oculta su rostro cuando se concentra en rasguear la guitarra y practica los tres acordes básicos que le enseñé. Cuando llegué y oí que le decía "papi" a mi padre, me agarró desprevenida y pensé que era una ironía que nos hubiera dejado a nosotros en Chicago, a los otros dos en Denver, y aquí estuviera, criando a una niña que ni siquiera era suya y educándola como niño: le enseñó a ensillar un caballo y montarlo, cómo lazar una vaca y cómo manejar un coche de velocidades. Fuimos los tres al mercado unos días antes; a la hora de regresar, Alma iba caminando despreocupadamente hacia a la camioneta y él le gritó desde la ventanilla:

—Camina con ganas, chingado.

Cuando volvió a subir a la camioneta, seguía gritándole y le decía que más le valía apurar el paso, que empezara a caminar como si quisiera hacerlo, o el mundo iba a pasarle por encima. "Ay", grita, y otra vez llena el aire con su risa.

Un anciano atraviesa el camino de tierra frente a la iglesia. Se apoya en su bastón, levanta el hombro derecho, se impulsa hacia adelante, y cuando vuelve a caer sobre el bastón, sus rótulas parecen doblarse hacia atrás. El viento le rebana una capa de polvo al camino y hace que pase volando por sus pies. Ya no es la misma potencia, ya no es lo suficientemente fuerte para levantar a los diablos bajo su embrujo. Una larga sarta de flores amarillas de plástico que quedaron de la celebración del 3 de mayo cuelga de la torre de la iglesia. La sarta vuela de un lado a otro en el viento agonizante, suavemente golpea las altas puertas de madera de la iglesia, y se apodera de mí el impulso de golpear la puerta del cuarto de mi padre, despertarlo y hablar con él.

En lo alto, más alllá de las ramas del mezquite, los tres cuervos siguen volando en círculos, y siento como si fuera yo a quien ven, pero entonces me doy cuenta del pollito muerto. Su cuerpo quedó atrapado en las ramas con el ala abierta. Cuando volvimos de La Mesa, Alma y Rosario estaban en el patio colgando ropa y oyendo música en una vieja grabadora portátil plateada. Yo estaba en la cocina tomando un vaso de agua cuando un remolino entró volando por la ventana. Fue tan fuerte que la casa entera tembló. Me azotó el pelo contra la cara antes de irse como bólido a la bodega y hacia la recámara, donde abrió los cuadernos de Alma e hizo volar sus poemas de amor. Luego, tan rápidamente como vino, se fue. Oí a Rosario gritar algo de que el viento se había llevado a su bebé. Cuando regresé al patio, Alma estaba cargando en su mano el pollito negro. Su cuello le caía abatido sobre el dedo; pequeñas gotas de sangre se escapaban de su pico y estallaban en el cemento como gotas negras de lluvia.

—Esa escoba es la asesina —gritó Alma exaltada, apuntando a la escoba verde que yacía exánime en el suelo. El remolino había arrojado la escoba contra el tendedero, de un extremo del patio al otro, y se desplomó contra el pollo y le rompió el cuello instantáneamente. Rosario le dijo a Alma que tirara el pollo muerto; Alma caminó por el camino de tierra y lo arrojó al campo, pero evidentemente fue interceptado por las ramas del mezquite. Los tres cuervos siguen volando en círculos en lo alto, y otra vez siento el impulso implacable de ir a despertar a mi padre, hablarle mientras todavía pueda, mientras él siga vivo.

Los pollos se dispersan mientras recorro el camino de tierra. El aire dentro de la casa es mucho más frío, y mientras mis ojos se ajustan, momentáneamente todo está oscuro. Rosario está en la recámara, tejiendo y viendo la telenovela de la tarde. Voy directo a la cocina, al refrigerador, destapo una Modelo y doy un sorbo; pienso que tal vez ayude a calmar las emociones que están brotando. La puerta de su recámara está cerrada y yo me quedo viéndola un largo rato, mientras me pregunto si debo despertarlo o no. En la puerta hay tres agujeros de bala. Me acuclillo y paso el dedo sobre ellos. Están rellenos de algo que parece barro. ¿Cómo es posible que haya escapado de tantas balas? Parecía como si las hubiera estado esquivando toda la vida. Una bala es lo que les había bastado a todos los demás —su hermano, mi hermano, los dos hermanos de mi madre y mi abuelo materno—. ¿Cómo se las había arreglado él para escapar de tantas? ¿Quién cuidaba de él y por qué?

Una vez le dijo a Sonia que cuando era niño había esqueletos humanos esparcidos por toda la ladera: restos de la Revolución Mexicana. Él jugaba con los huesos, hasta les hacía entierros de mentiritas, y un día, mientras cubría un esqueleto con tierra y ramitas, un soldado apareció frente a él y le agradeció. Mi padre le pidió al soldado si lo protegería, si sería su guardián. El soldado accedió, caminó atravesándolo y desapareció. Quizá era el espíritu de ese revolucionario el que había estado cuidando de él, o quizá haberse disparado en la pierna en la adolescencia había sido el equivalente a darse el antídoto.

Me despacho la cerveza y toco la puerta. Es un sonido fuerte y metálico, y aunque quiero dar la media vuelta y huir, espero, mientras oigo mi corazón acelerarse. No hay respuesta. Qué bueno, pienso. Lo intenté. A lo mejor ahora la voz me dejará en paz. Voy al refrigerador, tomo otra cerveza y salgo de la casa.

—¿Quihubo? —me llama.

—¿Apá? —me paro en seco.

—¿Ey?

—¿Sigue dormido?

No hay respuesta.

—Quiero hablar con usted —digo.

Hay un largo silencio.

—Deme cinco minutos —grita con la voz adormilada.

Tomo otra cerveza del refrigerador y espero. Lo oigo arrastrándose por su cuarto, oigo el crujido de las persianas de metal, y en eso aparece la blanca línea de luz debajo de su puerta.

—Adelante —dice.

Empujo la puerta. Él está sentado en la cama, bajo un haz de luz de atardecer. Parpadea para alejar el sueño. Sus pies descansan sobre sus huaraches negros de plástico.

—¿Quiere una? —digo al sentarme junto a él y pasarle la cerveza.

—No, gracias.

Doy un trago y miro nuestras sombras que se alargan por el suelo. No sé por dónde empezar, ni siquiera estoy segura de lo que quiero decir, aunque puedo sentir que me mira, que me espera…

—¿Sabe que en Europa hay un país en el que la mariguana es legal?

Frunce el ceño.

—Pues hay un país en Europa en el que la mota es legal —digo—. Hace varios años fui, cuando andaba de mochilera por allá con unos amigos, y en una tienda vendían botones de peyote en macetitas de barro. Mis amigos querían probarlo, pero yo me negué porque siempre sentí que si alguna vez iba a probar el peyote, quería que fuera aquí, ¿sabe?, en México.

¿Y recuerda que esta mañana yo estaba sentada en la entrada de la otra casa?

—Ajá —dice mirándome fijamente con el ceño fruncido, como si tratara de entender adónde quiero llegar con todo esto. Y quizá ni siquiera yo sé adónde quiero llegar con todo esto, pero hago lo que puedo para explicarle que acababa de comer un poco de peyote, y cuál había sido mi intención, porque Tito hacía poco me había hablado del día que me trajo aquí y me contó que después de ese día no volví a preguntar por ellos. Y luego, cuando la escoba rompió el cuello del pollito, había sentido como si fuera yo, como una recreación de aquel día, porque cuando me di cuenta de que ellos no estaban aquí, ha de haber sido el equivalente de que me rompieran el cuello.

—Es como si hubiera muerto aquí —le digo, y trato de explicar que la persona que yo estaba en camino de convertirme, en ese momento se alteró para siempre, de modo que la niña que llegó a esa entrada y la que se fue no eran la misma—. O quizá no fui yo quien murió, sino usted y mi amá, porque cuando me di cuenta de que no estaban aquí, debo de haber creído que se fueron para siempre, debo de haber llorado su pérdida, como si estuvieran muertos. ¿Sabe lo que quiero decir? —digo volteando a verlo.

—Pues sí —dice aclarándose la garganta—. Supongo que estaba demasiado chica para entender lo que pasaba, así que debió de pensar que algo nos había pasado a nosotros.

—Así es —digo—, pero tal vez haberlos perdido a una edad tan temprana no fue tan malo; no hay mal que por bien no venga. Quizá fue esa experiencia inicial lo que me ayudó a aguantar todo lo que vino después. Como cuando usted se fue de Chicago: realmente no me perturbó porque yo ya lo había perdido a usted una vez. Pero Yesenia y Jorge no. Cuando se fue, probablemente les afectó a ellos más que a nadie, porque nunca habían estado lejos de usted.

Pone las manos en las rodillas y contempla el suelo un largo rato antes de voltear a ver la cerveza que le traje.

—A ver esa cerveza —dice, y le paso la lata. La destapa, da un trago y se queda viendo la pared del otro extremo; parece estar cavilando sobre algo, y quizá esté pensando en esa vez que llamó a la casa y nadie quiso hablar con él, o tal vez está pensando en el día que arrancó para irse antes del amanecer, sin saber que pasarían años antes de que volviera a ver a alguno de sus hijos.

—Cuando usted se fue, si sabía que no iba a volver, ¿por qué no se despidió? —le pregunto viéndolo a los ojos.

Estudia la etiqueta de la lata que tiene en la mano, como si la respuesta a mi pregunta pudiera estar escrita ahí en letra chiquita.

—Planeaba regresar —dice—, pero luego alguien me dijo que la policía andaba buscándome. Que había una orden judicial para que me detuvieran, y que más me valía quedarme lejos.

—Pero para entonces usted ya estaba viviendo con esa otra mujer, ¿no es así?

—Eso también —dice estirando el cuello y rascándose la barbilla—. Creo que si Pascuala no se hubiera convertido a esa religión, la habríamos hecho. Desde que se volvió una aleluya empezamos a tener problemas —dice, aunque probablemente sepa que sus problemas empezaron el día que la vio por primera vez. Mi madre siempre decía que ella no quería casarse con él, pero que si no lo hubiera hecho, él la habría raptado a la fuerza; ya una vez lo había intentado. Sostenía que nunca lo había amado, y que de eso ya no cupo duda cuando él se fue. No importa qué alegue cualquiera de los dos, nunca conoceré los detalles de las conversaciones que hayan tenido lugar detrás de la puerta de su recámara—. Luego pasó todo lo de Manuel, y después de eso sabía que no había marcha atrás —da otro trago—. Mi pobre cuñado, nos llevábamos bien y todo, ¿sabe? —dice no a mí sino a nuestras sombras—. Pero bueno —se da una palmada en la rodilla—, es mejor no pensar mucho en el pasado, eso sólo nos deprime —se termina la cerveza—. Entonces —voltea y me mira— estuvo todo el día en su avión, ¿eh?

—Ey —digo.

—¿Y qué se siente? —pregunta, aunque estoy segura de que sabe qué se siente. Unos años antes Yesenia le había traído un poco de peyote que ella misma recogió, y le explicó que era medicinal, que a lo mejor le podría ayudar a hacer las paces con su pasado.

Le digo que es intenso pero apacible. Que altera la percepción del tiempo y la distancia: hace que una hora parezca eterna, y toda una vida, efímera.

19. VESTIDO AZUL

El día de mi partida estoy sentada en los escalones de piedra caliza del corral y veo a mi padre haciendo al Relámpago correr en círculos. El caballo corcovea, patea un anillo de polvo alrededor de mi padre. A veces se para: se levanta en las dos patas traseras y avienta la cabeza de izquierda a derecha intentando liberarse del arnés, para luego caer al suelo con estruendo. El Lobo corre hacia el caballo y le ladra. El Relámpago baja la cabeza al suelo y arremete contra el perro; cuando está bastante cerca, se sacude y trata de patear al Lobo con sus patas traseras.

—¡Lobo, cabrón! —grita mi padre, y el perro se va.

Después de que mi padre ensilla al caballo y lo amarra al mezquite, me lleva al centro y me deja a dos cuadras de la casa de Tito. Pasaré la siguiente semana con mi madre y con Tito antes de volar de regreso a Nueva York. Desde que llegué, he ido y venido entre la casa de Tito y La Peña, entre mi madre y mi padre. La última vez que él me dio un aventón a casa de Tito, mi madre abrió la puerta y me abrazó.

—Ésta es la casa donde nos perdimos —dice—. Quizá sea aquí donde nos volvamos a encontrar.

Pongo mis cosas en la banqueta y me vuelvo a subir a la camioneta de mi padre. Me estiro para darle un abrazo y un beso en el cachete, y percibo un olorcillo a alcohol en su aliento. Sé que ha vuelto a beber, he olido indicios aquí y allá. Rosario me dijo que esconde botellas en todas partes: en su recámara, en la cocina, en el patio, en la camioneta y hasta en el corral.

—Regresaré en diciembre, en cuanto terminen las clases —le digo—, para las fiestas.

—Ándele pues, mija —dice que va a estar esperándome, que mientras él esté vivo, su casa es mi casa.

Dos días después, mi madre, Tito y yo estamos en casa de Mary, en Jalisco, a tres horas de camino. Es poco antes de medianoche y estamos alistándonos para ir a la cama cuando suena el teléfono. Es Rosario, que llama para decir que mi padre ha tenido un accidente. Había estado bebiendo desde que me fui. Ese día volvió a su casa más temprano, ensilló al Relámpago después del atardecer y se encaminó a su rancho. En algún punto del camino descargó su pistola hacia el cielo. El caballo nunca había estado tan cerca de los balazos y se paró en dos patas, cayó hacia atrás y aplastó a mi padre contra las rocas cerca del río. Si no hubiera sido por un hombre que por casualidad iba cabalgando cerca de ahí, podría haberse quedado tendido por el río hasta la mañana. El hombre le ofreció una mano, pero mi padre le dijo que no lo moviera, porque se daba cuenta de que estaba bastante lastimado. Le pidió que fuera a La Peña, preguntara por Rosario, y ella sabría qué hacer.

—Está todo roto —dice Rosario, aunque no explica más cuando le preguntamos: "¿Roto cómo?" Cuando el hombre llegó, Rosario llamó a una ambulancia; recogieron a mi padre y lo llevaron al hospital más cercano, en Fresnillo, a dos horas de camino.

Mary y yo vamos al hospital y la carretera se alarga interminablemente frente a nosotras. Los campos a uno y otro lado están negrísimos; yo me quedo con la mirada fija en la oscuridad y trato de no pensar en lo que encontraremos al llegar al hospital, trato de no pensar en las diferentes maneras en que puede haberse "roto". Manejamos en silencio y el zumbido de las llantas sobre el asfalto llena la cabina. Tiene algo de hipnótico el ritmo fluido, y cuando quiero darme cuenta, cada una de mis aspiraciones se ha sincronizado con la cadencia, se ha convertido en un cántico: *Por favor no se muera, por favor no se muera, todavía no, por favor no se muera.* Apenas empezaba a conocerlo y no estaba preparada para perderlo de nuevo.

—Su padre tiene suerte de estar vivo —me dice el doctor cuando llegamos al hospital a las dos de la mañana. Nos informa que mi padre tiene ocho costillas fracturadas. Un pulmón se ha colapsado por completo y el otro funciona sólo al treinta por ciento de su capacidad. Le han introducido un tubo de plástico a cada lado de la caja torácica para drenar los líquidos que se le han acumulado en los pulmones. Los tubos lentamente filtran sangre y fluidos oscuros en dos grandes frascos de vidrio que están en el suelo a cada lado de la cama, como pulmones externos de vidrio.

—Apá —digo inclinándome sobre su cama. Sus ojos están inyectados de sangre y cansados, sus labios partidos y surcados de sangre seca. Percibo un olorcillo de alcohol en su aliento, fuerte y rancio—. ¿Cómo se siente? —pregunto.

—Bien —dice tratando de sonreír, aunque parece que hacerlo le duele. Nos mira primero a mi hermana, luego a mí, luego otra vez a ella, y pregunta quién más vino. Le decimos que somos sólo nosotras y que Rosario y Alma están tomando una siesta en el vestíbulo. Pide un trago de agua, pero el doctor dice que mientras no determinen si sus intestinos están funcionando adecuadamente no puede comer ni beber nada, es muy riesgoso. Cuando se va el doctor, vuelve a pedirme un trago de agua: prácticamente me suplica que se lo dé. Saco la botella de agua de mi bolsa, encuentro una toalla de papel limpia, la humedezco y exprimo unas gotas en su lengua reseca.

En la mañana, después de dormitar junto a su cama y cabecear toda la noche, llamamos al resto de los hermanos en Chicago. Sonia llega al día siguiente; mi madre la recoge y la lleva al hospital.

—¿Por qué no me llamó a mí? —le pregunta mi padre a Sonia—; yo habría podido ir a recogerla al aeropuerto.

—Cómo no —dice ella—, ¿y qué habría hecho con esos frascos?

—¿Éstos? —mira los tubos que sobresalen de su pecho y una expresión triste ensombrece su rostro, como si acabara de darse cuenta de que los tubos están sujetos a él. Dice que podría haber traído la camioneta junto a la cama, subido los frascos atrás, y luego manejar al aeropuerto.

Le lanzo una mirada a Sonia. Después de la primera noche estaba claro que algo andaba mal, muy mal. Una de las primeras tormentas de la temporada de lluvias había caído con furia toda la noche y él no había pegado el ojo. Estaba convencido de que la lluvia caía por las paredes adentro del hospital; se la pasaba preguntándome cómo iban a sacar toda esa agua. Un relámpago destelló en toda la sala y él se aferró a las sábanas, convencido de que estaba resbalándose hacia un túnel oscuro al pie de su cama. Cuando le pregunté al doctor por qué mi padre estaba alucinando mencionó varias razones. Podía ser el fuerte analgésico que le estaban administrando o la falta de oxígeno en el cerebro, pues estaba respirando con menos de medio pulmón. Además, a la gente mayor le costaba más trabajo recuperarse de estas cosas, dijo.

—No es tan viejo —le dije, y el doctor señaló con un gesto la cabecera. Allí, entre botones que destellaban, interruptores y válvulas, había un trozo de papel que decía:

JOSÉ VENEGAS
65

Sesenta y cinco. Ese número parecía una errata, una equivocación. Hasta que no vi ese número escrito, yo había seguido pensando en él como eternamente de cuarenta y cinco: la misma edad que tenía cuando se fue de Chicago. Mi padre podía tener sesenta y cinco, pero no era un anciano ni mucho menos. Una de las primeras cosas que le preguntó al doctor fue en cuánto tiempo podía volver a montar su caballo; le explicó que la temporada de lluvias acababa de empezar y necesitaba llevar el ganado de La Mesa a su rancho antes de que los campos empezaran a echar retoños. El doctor se rio entre dientes y le dijo que no se preocupara tanto del ganado o de volver a montar su caballo. Primero necesitaba concentrarse en mejorarse o en salir de ese lugar, adonde la mitad de los hombres llegaban gracias a sus caballos.

Al día siguiente llega Jorge, y al que le sigue llega Roselia. Así es como mi madre queda envuelta en la situación y termina haciendo de chofer para nosotros.

—¿Quién la trajo? —le pregunta mi padre a Roselia.

—Mi amá —dice.

—¿Su amá está aquí? —su rostro se ilumina un poco, aunque sigue viéndose extenuado. No ha dormido nada desde que llegó, tres noches atrás—. ¿Ella va a venir a verme?

—¿Usted qué cree? —dice Roselia.

Él se encoge de hombros, se ve un poco como un niño al que acaban de regañar.

—¿Quiere que venga a verlo? —le pregunto.

—Si ella quiere —contesta dando un manotazo a una mancha verde en la sábana. Ese día le habían dado su primera comida: puré de verduras y duraznos en un almíbar espeso. Aunque le costaba trabajo acercarse la cuchara de plástico a la boca, insistió en hacerlo él solo y terminó derramando la mitad en la sábana.

—Se lo pediré de su parte.

Hace un gesto con la cabeza y otra vez le da un manotazo a la mancha: cree que es una araña. Agarro mi bolsa y me voy al estacionamiento. Aunque brilla el sol, cae una suave lluvia y el aroma de la tierra mojada llena el aire. Desde que él llegó, todas las noches ha habido tormenta, y todas las noches las ha pasado totalmente en vela viendo los relámpagos iluminar la sala. Un momento es consciente de que está en el hospital, y al siguiente piensa que está en su rancho. El túnel al pie de su cama no ha dejado de girar. El día anterior trajeron a un nuevo paciente y él, inmutable, vio a dos enfermeros acostar al hombre en la cama a su lado.

—¿Por qué metieron a ese muerto aquí? —les gritó. Yo lo callé, y cuando un enfermero cerró la gruesa cortina de hule entre sus camas le dije que el hombre no estaba muerto.

Esa noche, mientras caían los relámpagos, él entró en pánico. Miraba la cortina con los ojos como platos y decía que el muerto estaba ahí parado, junto a su cama, y le extendía la mano.

—Apá, allí no hay nada —le dije; fui al lado de su cama y pasé la mano por la cortina—. ¿Ya ve?

Terminó por calmarse, aunque no quitó la vista de la cortina en toda la noche.

—¿Cómo está su padre? —pregunta mi madre cuando me subo a su Jeep. Nos ha estado trayendo y llevando entre el hospital y la casa de su hermana, adonde hemos estado yendo a comer, bañarnos y dormir.

—No está bien —le digo, y le explico que un momento suena coherente y entiende dónde está, pero al momento siguiente su mente se ha ido y piensa que está en su rancho reuniendo al ganado; incluso jura que puede oír tamborazo retumbando a todo su alrededor—. Está convencido de que el hombre en la cama de junto está muerto.

—Tal vez se golpeó la cabeza al caer —dice al salir del estacionamiento—. Hay muchas rocas cerca de ese río en el que lo encontraron.

Ya le había preguntado al doctor si habían revisado su cabeza, pero dijo que si el médico que estaba de guardia cuando llegó mi padre no había pedido una tomografía, entonces no era necesario. Cuando le pedí si podían darle un sedante para ayudarlo a dormir, el doctor explicó que la situación de mi padre era un callejón sin salida. Como no había dormido nada, había la probabilidad de que le diera un paro cardiaco, pero además tenía un latido muy débil, y un sedante podía parar su corazón por completo. Aunque no tenía sentido, me senté junto a su cama tratando de aceptar este dilema; pensaba que quizá ésa sería la manera como terminaría su vida. No con una bala sino con su corazón. ¿Y si se moría? ¿Sería tan malo? Mis primos todavía vivían en la ciudad o en los alrededores, y estoy segura de que les aliviaría saber que el hombre que mató a su padre estaba muerto. Tito y mi madre probablemente también respirarían más tranquilas: recientemente le había dado por manejar en círculos cerca de su casa, oír música atronadora en su camioneta y poner un corrido que solía llevarle a mi madre de serenata antes de que se casaran.

—Preguntó por usted —le dije a mi madre cuando nos detuvimos frente a la casa de mi tía—. Preguntó si usted va a ir a verlo.

—Nunca debieron decirle que estoy aquí.

—Él lo dedujo.

—No sé qué hacer —dice agarrando el volante y mirando al frente. Puedo ver el conflicto en su rostro. Si él muere, puede ser que ella se arrepienta de no haberlo visto, pero ¿y si abre esa puerta y luego él sobrevive?

—Creo que si le va a hacer sentirse mejor, debería ir a verlo. No lo haga por él, hágalo por usted —le digo, empleando el mismo razonamiento que Martin empleó conmigo.

—No es como si yo pudiera quitar esa sangre de tus venas —me mira y es como si pudiera ver la sangre de él y la suya entrelazadas para siempre y nadando en mis venas.

Al día siguiente me lleva de vuelta al hospital, y Sonia y Jorge dicen que mi padre mantuvo a toda el ala despierta la noche entera. Un momento gritaba que el muerto estaba parado al pie de su cama y al momento siguiente trataba de levantarse e irse. Exigía saber quién se había llevado sus botas y le había puesto ese vestido azul. Los frascos se arrastraban por el piso mientras luchaban por contenerlo. Mis hermanos pidieron un sedante y les dieron la misma respuesta del callejón sin salida.

—Apá, ¿cómo se siente? —pregunto, y dice que bien, aunque se ve completamente exhausto: parece haber envejecido veinte años desde que llegó. El tubo de oxígeno se le resbaló de la nariz y está posado en su pecho, y su bata azul está sucia y le queda muy suelta alrededor de los hombros expuestos. Parece tan indefenso... Le ajusto la camisa de dormir, devuelvo el tubo a su nariz y le subo unas muescas a la perilla del oxígeno.

—Inhale —le digo; se me ocurre que una elevación de oxígeno en el cerebro ayudará a despejar el túnel por el que su mente se resbala constantemente. Inhala profundamente. Nada de esto tiene sentido. ¿Qué se supone que debemos hacer? ¿Sentarnos junto a su cabecera y esperar a que su corazón deje de latir?

—Otra vez —le digo, e inhala con menos entusiasmo. No puedo evitar sentirme parcialmente responsable de su condición, como si tal vez hubiera arriesgado su vida y hubiera hecho lo necesario para venir a dar al hospital sólo para tenerme cerca un poco más. Debió saber que el caballo se encabritaría si oía disparos. Tal vez todo esto fue su tímida manera de mostrar su amor por mí.

—Otra vez —digo. Inhala y le da un manotazo a la mancha verde en la sábana; sigue pensando que es una araña. ¿Y si se muere? ¿Podré vivir sabiendo que lo vi irse y no hice nada por ayudarlo? Voy al pie de su cama, levanto su registro y empiezo a copiar todas sus estadísticas: presión sanguínea, medicamentos, ritmo cardiaco. Martin tiene un amigo en Chicago que es médico. Pienso enviarle un correo electrónico, pedir una segunda opinión.

—Hola, mija —dice. Levanto la mirada. Está viendo a alguien detrás de mí, y sólo de ver la manera en que su cara se ilumina sé que debe de ser mi madre. Se le queda viendo con una amplia sonrisa y sobrecogido, como si el techo se hubiera abierto y un rayo de sol estuviera brillando sólo para él. Probablemente no es así como imaginó una reunión con mi madre: él en la cama, sin sus botas vaqueras y con un vestido azul.

—Sus hijos me pidieron que viniera a rezar por usted —dice, apretando su bolsa contra ella como un escudo—. ¿Quiere que rece por usted?

—Podría ser una buena idea —dice sin dejar de verla con incredulidad.

Da dos pasos hacia su cama y le dice que cierre los ojos y repita lo que ella diga. Todo su rostro se frunce cuando aprieta los párpados; parece usar todas sus fuerzas para mantenerlos cerrados.

—Querido Dios —dice ella cerrando los ojos e inclinando la cabeza.

—Querido Dios —repite él.

Estoy al pie de su cama. Veo sus ojos abrirse. Se le queda viendo. Repite cada palabra que pronuncia como si tuviera miedo de que una sola sílaba pudiera caer de sus labios al suelo. Yo volteo a ver a uno y a otro y no puedo creer que aquí, en el mismo cuarto, en tal proximidad, respirando el mismo aire rancio, estén mis padres, reunidos después de veinte años.

—Vengo a pedir tu perdón —dice ella.

—Vengo a pedir tu perdón —repite él.

—Por favor perdóname por todo el dolor que les he causado a otros —dice ella.

—Por favor perdóname… —dice él. Su sonrisa mengua, y se ve como si quisiera estirar los brazos y estrecharla.

—…por todo el dolor que les he causado a otros —repite ella.

—Perdóneme, Pascuala —dice él; ella abre los ojos y lo mira—. Perdóneme por haberla dejado con la carga, con todos los niños, y por haberle quitado la vida a su hermano. Por favor perdóneme —se miran el uno al otro, y por una fracción de segundo pienso que realmente podría empezar a llover adentro del hospital—. Desde que la dejé, mi vida ha sido inestable, no he hecho nada más que dar bandazos y...

—Yo ya lo perdoné —dice sacando la barbilla—. Ahora pidámosle a Dios que Él lo perdone —cierra los ojos, continúa con la plegaria, y aunque él repite todo lo que ella dice, no le quita la mirada de encima.

—Amén —dice ella, y abre los ojos.

—Amén —dice él, otra vez con una amplia sonrisa.

—Cuídese, José —dice, y se da la vuelta para irse.

—¡Espere! —Sonia prácticamente grita, alejándose de la pared donde Jorge y ella han estado semiparalizados, tan asombrados como yo de ver a nuestros padres frente a frente después de todos estos años—. Quiero una foto —dice, y ya está removiendo en su bolsa. Saca la cámara, me la pasa, corre a la cabecera de la cama y le hace un gesto a mi madre para que vaya. Ella va y se apoya del otro lado. Yo saco la única fotografía de nuestra improvisada reunión familiar. Dicen que una imagen vale más que mil palabras, pero ninguna cámara podría haber captado la magnitud de ese momento.

Mi madre otra vez se dispone a marcharse, y esta vez es mi padre quien la llama.

—¿Me puede dar un abrazo?

Ella se detiene, pone su bolsa al pie de la cama, gira sobre sus talones, da dos rápidas zancadas hacia él, le da dos rápidos golpecitos en los hombros con las puntas de los dedos y un beso en el cachete. Regresa, toma su bolsa, y aunque los brazos de él siguen alzados para encontrar el abrazo de mi madre, ella ya se fue.

Más tarde, ese mismo día, le mando a Martin un correo electrónico con los detalles de la condición de mi padre y le pido si por favor se lo manda a Eric, su amigo el doctor. Eric responde casi de inmediato. *¿El padre de Maria bebe? ¿Es posible que esté teniendo síndrome de abstinencia del alcohol? ¿Le cuesta trabajo dormir? ¿Siente que se cae de la cama? ¿Hay un túnel? ¿Arañas? Si es así, que me llame de inmediato.*

—El analgésico que está tomando tu padre no es suficiente para hacer alucinar a nadie —dice cuando le llamo—. Es aspirina, básicamente.

Me dice que lo que tiene mi padre son los clásicos síntomas del síndrome de abstinencia y que necesita un sedante de inmediato.

—Si no le dan un sedante, tendrá un ataque al corazón. Me sorprende que no lo haya tenido. Honestamente no entiendo cómo tu padre sigue vivo.

Después de colgar con Eric, voy directo al hospital y prácticamente exijo que le den a mi padre un sedante. El doctor trata de explicar su teoría del callejón sin salida una vez más, y yo estoy a punto de decirle que se vaya al carajo. ¿Cómo era posible que no supiera que mi padre estaba teniendo síndrome de abstinencia, mientras que a un doctor a miles de kilómetros le bastó un correo electrónico para diagnosticarlo? Quizá para ellos, si le diera un ataque al corazón sería una persona "mayor" menos en la seguridad social o un borracho menos en la calle. Quizá para ellos él no era sino un paciente más, pero para mí era mi padre: el único que tengo.

El director del hospital baja a hablar con nosotros y dice que le dará un sedante a mi padre, pero si nunca despierta no será culpa de ellos sino de nosotros. ¿De verdad a esto habíamos llegado? ¿A que si mi padre vive o muere sea de alguna manera nuestra responsabilidad?

—Está bien —digo, con la conciencia de que si mi padre nunca despierta, al menos puedo vivir sabiendo que cuando no pudo valerse por sí mismo no le di la espalda.

Le dan el sedante y duerme treinta y seis horas seguidas; sólo se despierta de vez en cuando para pedir un trago de agua. Cuando se despierta, el túnel y las arañas se han ido, igual que el hombre que estaba en la cama de junto: murió a mitad de la noche. Se fue silenciosamente, sin hacer alboroto. También él tenía líquido en los pulmones.

Tres días después dan de alta a mi padre y Yesenia y yo lo llevamos a La Peña. Ha llovido tanto que el aspecto de la tierra misma se ha transformado. A los dos lados del camino, los campos que estaban resecos y polvorientos ahora se extienden por todo el horizonte y resplandecen con diferentes tonos de verde.

★★★

Cuando terminan las clases, a mediados de diciembre, empaco mis maletas, un montón de libros, zapatos para correr y suministro de exprés para treinta días. La noche anterior a mi viaje a México organizo una fiesta de despedida, una fiesta "de pay de manzana". Hago el pay de todo a todo con la receta de Abigail, y mientras está en el horno, una botella de tequila circula por la habitación. Ésta ha sido mi rutina los últimos dos años. En el instante en que terminan las clases y empiezan las vacaciones de verano o las decembrinas, armo una fiesta de despedida y me trepo en el primer avión a México.

—¿Y a qué parte de México vas? —grita Matt por encima de la música—. ¿Vas a la playa?

—Voy a ver a mi padre —digo.

—Qué bien. ¿Vas a pasar las fiestas con tus padres?

—No exactamente —digo camino a la cocina para revisar el pay. Sí, mis padres habían tenido ese momento, esa breve reconciliación dos años antes, y mi padre no dejaba de hablar de mi madre, decir que había ido a verlo y que, quién sabe, quizá cuando él saliera de ese lugar podrían reconciliarse, pero muy en el fondo debió saber que el pasado correría siempre entre ellos como una veta honda y oscura.

—Casi listo —grito encima de la música mientras saco el pay del horno. Estallan vítores en la sala, donde todo mundo está bailando una mezcla de hip-hop y disco.

Cuando regresé a Nueva York después de ese viaje, de pronto me sentí como una forastera en mi propio barrio. Williamsburg había sufrido construcciones en masa ese verano, y edificios nuevos, con todo y elevadores y porteros, habían brotado en una esquina sí y otra no, según parecía. Un día venía caminando a casa de mis clases y me detuve completamente en una intersección. Donde nunca antes había habido un signo de alto, ahora había un semáforo. Antes allí no había ninguna necesidad de signos de alto ni semáforos, pues prácticamente no había tráfico, pero ahora la línea de coches esperando la luz verde se alargaba por toda la calle como una víbora metálica. Diseminadas entre los coches estaban las únicas cosas que en Williamsburg eran tan poco comunes como los turistas: taxis. Era desorientador.

Pongo el pay a enfriar en el mostrador junto a las tablas de quesos y carnes frías, y saco del congelador dos botes de helado de vainilla. Los últimos dos años la gentrificación ha avanzado a un ritmo tan acelerado que cada vez que iba a México y volvía, otro montón de edificios se había levantado, otra ola de extranjeros se había mudado y otro puñado de amigos que ya no podían pagar las rentas, cada vez más caras, se habían ido, Josh entre ellos. Se había mudado a Bushwick, y en pocos años volvería a California. Me sentía cada vez más como una forastera al ver cómo el barrio del que me había enamorado prácticamente desaparecía a mis pies.

Otra botella de tequila hace la ronda y yo tomo un trago. Sé que por la mañana lo sentiré en el avión.

20. BALAS Y ESTRELLAS

Empiezan a aparecer algunas estrellas dispersas, una por una, como ojos que brillan contra el azul cobalto. La rebanada de luna casi no ilumina el patio ni el camino de tierra donde están los perros, fundidos en una bola de garras y dientes que se despedaza por la noche. Allá la niebla ya se adhiere a la sangre fresca. Un perro se separa de la jauría y corre hacia la iglesia bajo el único poste de luz en La Peña. Una nube de polvo se levanta hacia la luz mientras la jauría se abalanza sobre el que se separó, el que trató de huir. Un leño se colapsa en el fuego, chispas rojas se elevan por el aire frío, se mezclan con los gruñidos y desaparecen.

—¿No debemos hacer algo? —le pregunto a mi padre.

—¿Con qué? —pregunta. Se reclina en su silla blanca de plástico, con las piernas extendidas frente a él, cruzadas una sobre la otra. Las suelas de sus botas vaqueras están casi en el fuego.

—Los perros —digo—. ¿No se van a matar?

—No, ya lo resolverán —dice, y toma un trago de cuba en su taza de peltre.

La batalla sigue embraveciéndose frente a la pequeña iglesia, mientras a la distancia, a lo largo de la sierra oscura, las luces de otros ranchos empiezan a entrar en foco; allá afuera, donde un par de ojos podrían estar viendo el resplandor de la danza de fuego en nuestros rostros. Normalmente no nos quedamos a la intemperie cuando ya oscureció. Cuando los pollos ya se guardaron en las ramas de los eucaliptos y el sol se ha puesto, nos metemos, cerramos las puertas y nos quedamos adentro hasta la mañana. Engancho mi dedo índice a la liga que me sostiene la cola de caballo y me la saco; dejo que el pelo me caiga suelto alrededor de los hombros.

—¿Por qué están peleando así? —pregunto. Mi padre ahora está con una rodilla en el suelo, reacomodando los leños en la fogata—. A lo mejor es una señal.

—Sí, a lo mejor —dice—. A lo mejor la Huesuda anda suelta, desesperada por llevarse algunas otras almas antes de que termine el año —mete un grueso leño al fuego—. Sólo le quedan unas horas —resopla mientras lo pone en el centro de la pila ardiente.

Quizá tenga razón. Los animales siempre son los primeros en saber. El año pasado, cuando vine por las fiestas decembrinas, los perros habían aullado toda la noche, y en la mañana descubrimos que la mujer de noventa y dos años que vivía enfrente de la iglesia había muerto al amanecer. Mi padre y yo fuimos a la misa, y después seguimos a la procesión, a la camioneta con el ataúd y la de los músicos que iban por delante camino al cementerio. Mientras avanzábamos lentamente, los tambores y las trompetas parecían batir en mi pecho.

—Con la música, como que entran ganas de llorar, ¿eh? —dijo mi padre mirando por la ventanilla.

—Ey.

La primera vez que fui al cementerio en la colina me paré al pie de la tumba de mi hermano; miré su nombre grabado en la piedra y me endurecí frente a él: me negué a derramar una sola lágrima.

—¿Hubo música en el funeral de Chemel? —le pregunté a mi padre, y me dijo que había tanta gente en su funeral que para cuando la camioneta con los músicos llegó a la plaza, aún había coches saliendo de La Peña. Mientras seguíamos a la procesión yo percibía que mi padre se quedaba viendo mi perfil. Luego busqué mis lentes oscuros, como si pudieran contener las lágrimas que habían tardado años en salir.

—Este leño tendría que durarnos toda la noche, o al menos hasta el Año Nuevo —dice, y regresa a su asiento—. Encino. Buena madera. Yo mismo la corté. No se quema tan rápido como las otras —voltea a verme y sigue mi mirada hacia la pelea, que ahora se dirige a la parte trasera de la casa.

—Creo que una de esas perras está en celo —dice—, por eso están tan exaltados.

Me reclino en la silla y tomo un sorbo de mi cuba. El calor seco del fuego se siente bien en mis brazos descubiertos.

—¿Ve esas estrellas? —pregunta apuntando al Cinturón de Orión. Alzo la mirada, más allá del tendedero y de los cables eléctricos que cuelgan arriba—. Cuando éramos niños las llamábamos los Reyes Magos.

—Y allá, a aquellas las llamamos la… —la palabra se me escapa. Así me pasa a veces: no puedo encontrar la palabra adecuada en español, y vacilo—. Es, eeeh, como la olla, la sartén o la cucharota. ¿Ve cómo las estrellas están en fila? ¿Y que parecen formar un mango?

—Ajá —dice, y aunque su cabeza sigue volteando al cielo, me mira de soslayo con un ojo cerrado.

El cielo está lleno de estrellas, miles de ellas posadas alrededor de la luna esperando que llegue el Año Nuevo. Un pedacito de carne cruda cuelga del tendedero. Unos días antes una vaca se rompió un tobillo y hubo que sacrificarla.

Mi padre saló la carne que ya no cupo en el congelador y la colgó en el tendedero para secarla al sol. La carne cruda estuvo dos días colgada en el patio como ropa limpia. Estira el brazo, desprende el trozo del tendedero y lo echa al fuego.

—Tejí esa cuerda cuando estaba en la cárcel —dice apuntando al tendedero. Es una cuerda amarilla atada a una extensión eléctrica que a su vez está atada al poste del pozo—: ésa y la rosa que até a su silla de montar esta mañana.

—¿En la cárcel te enseñan a hacer cuerdas? —pregunto.

—Te enseñan a hacer montones de cosas —dice—. Si pones atención, sales sabiendo más de lo que sabías al entrar. Le di esas cuerdas a mi padre cuando vino a verme para decirme que habían vendido la casa de la plaza y depositado el dinero en una cuenta para el abogado que llevaba mi caso.

Los perros ya le dieron toda la vuelta al corral y ahora vienen como bólidos por el camino de tierra hacia nosotros; los gruñidos se hacen más y más fuertes conforme se acercan.

—Tal vez deberíamos meternos —digo—.

—No. Si nos metemos nos vamos a quedar dormidos —tal vez está recordando que el año pasado abrí una botella de vino tinto y nos preparé de cenar filete miñón y puré de papas, y cuando dieron las doce, los dos nos habíamos quedado dormidos.—. Está más rico aquí, junto al fuego. Podemos tomarnos unas copas, tener un poco de plática, y cuando llegue el Año Nuevo entramos y nos planchamos las orejas —se fija en mis brazos descubiertos, mis jeans rotos—. ¿Quiere que le preste una chamarra?

—No, estoy bien —digo, dándole un trago a mi cuba.

—¿De veras quiere entrar? —pregunta.

—Tal vez.

—Bueno, entonces hay que apagar la fogata —dice.

Nos sentamos un rato en silencio. Miro más allá del camino de tierra, más allá de la casa donde él y yo nacimos, y no puedo evitar sentir que nos observan. Me siento y me vuelvo hacia él.

—¿Y si alguien nos dispara? —pregunto.

Todo su cuerpo se voltea hacia mí.

—No, no, mijita —sacude la cabeza—. ¿Qué pasó? No piense eso —se acerca a la fogata, voltea uno de los leños—. Nadie va a venir a molestarnos, no a estas horas; no cualquier pendejo se acercaría aquí —dice—. Además es Año Nuevo: todo mundo está demasiado ocupado en festejar.

Todo mundo está ocupado en festejar: festejar y beber, beber y festejar. Todo el día los hombres han estado bebiendo en los rodeos, las peleas de gallos, las carreras de caballos, con el sol pegándoles en los párpados, haciendo que todo se vea borroso; viejos conflictos han salido a la superficie. Parece como si en estos lares las tragedias ocurrieran durante las fiestas. Fue en Nochebuena, hace veintidós años, cuando a mi hermano le dispararon y cayó boca abajo en el río y se ahogó. Mi madre me llevó poco tiempo atrás a Las Cruces y yo me paré cerca de la orilla del río a ver el agua gélida corriendo sobre las piedras lisas. La casa de su novia todavía estaba en la roca del otro lado, pero hacía mucho que ella había partido, se había casado y vivía del otro lado. Por muchos años culpé a mi padre. Lo culpé por haber convencido a mi hermano de que regresara a México, por hacer que se quedara un poco más, justo hasta las fiestas decembrinas, pero ¿él cómo podía prever lo que se avecinaba?

—¿Sabe lo que le pasó al tipo que mató a Chemel? —le pregunto.

—Ouh, a ese méndigo cojo yo mismo me lo chingué —dice viendo la flama—. Cuando volví para acá fui a buscarlo a la cárcel, pero me informaron que lo habían transferido a la prisión federal en Zacatecas, así que me fui manejando para allá, y me dijeron que lo habían mandado a un hospital psiquiátrico en Guadalajara. Tomé el camión nocturno a Guadalajara, sólo para enterarme de que lo habían soltado, pero hice que se corriera la voz y esperé. Sabía que tarde o temprano ese hijo de puta tenía que aparecer —continúa, y da un trago—. Luego oí que estaba viviendo cerca de la frontera, en Mexicali, trabajando de paletero. Había una cantina que frecuentaba, y me dijeron que si me apersonaba en la susodicha cantina cualquier día entre semana entre tal y tal hora, él estaría ahí. Recluté a otros dos y fuimos para allá. Encontramos la cantina, y en efecto, allí estaba ese méndigo, sentado en la barra y tomándose una cerveza como si nada hubiera pasado.

—¿Y lo reconoció? —pregunto.

—Sí, cómo no, méndigo cojo —dice—. Uno de los hombres con los que yo iba se le acercó y le pasó el brazo por los hombros. "Hola, amigo", lo saludó. "¿Se acuerda de mí?" El méndigo movió la cabeza y dijo que no, no se acordaba. "A lo mejor no se acuerda de mí", dijo el hombre, acercándose un poco más, "pero apuesto a que se acuerda de Chemel Venegas, ¿verdad que sí?", dijo apretando el cañón de la pistola contra las costillas del méndigo, a través del bolsillo de su abrigo. Ha de haber sido en ese momento cuando el muy hijo de puta se dio cuenta de que su pasado lo había alcanzado —se termina su trago y me dice que el cojo ni siquiera opuso resistencia. Se fue silenciosamente.

No es la primera vez que me lo cuenta. En los últimos años me ha contado la misma historia, y cada vez es exactamente igual, casi al pie de la letra; y hay algo en su exactitud que la hace parecer un poco demasiado pulida, como si estuviera contando una historia no como la vio, sino como se la contaron. ¿Y qué importa si él mató a ese cojo o si lo mandó matar? Nada me regresará a mi hermano ni borrará las pesadillas que me han perseguido por tantos años.

—No, está cabrón, mijita —dice—. Si alguna vez alguien me vuelve a quitar así a uno de mis hijos, de esa manera tan cobarde, o tan siquiera los lastima, iré tras él, y no me importa quién se ponga en mi camino: hermano, padre, hermana, madre… De todas maneras lo voy a aplastar.

Los otros dos hermanos se habían largado de la ciudad cuando él volvió, y años después supo que ambos habían muerto en accidentes automovilísticos o algo así. Después de que salió de la cárcel y regresó, estuvo vigilando al padre de ellos.

—Realmente eso es todo lo que tienes que hacer —dice—; nomás vigilar sus movimientos, saber por qué puertas entran y de cuáles salen, y luego, cuando menos se lo esperan… —se encoge de hombros—. Ese hombre finalmente murió de un ataque al corazón —dice—. Quién sabe, a lo mejor sabía que yo lo estaba vigilando y le dio tanto miedo que estiró la pata.

Otra vez está con una rodilla en el suelo acomodando los leños en el fuego, y no puedo evitar preguntarme qué haría él si un buen día yo me presentara aquí con el perro de perros que me encontró inconsciente en el sótano. Un paseo a caballo fuera del rancho, adonde no pueda llegar ningún antídoto… con cincuenta alacranes en sus pantalones tendría que bastar. Me despacho mi trago y me levanto.

—¿Todavía queda? —pregunta sonriéndome, con un destello del fuego en sus ojos.

—Sí —digo tomando su taza—; nos prepararé otras.

En el instante en que me alejo del fuego, me ataca el frío. Ha caído la noche y también la temperatura. Voy hacia la cocina y prendo la luz. El foco pelón, cubierto de una capa de grasa y polvo, cuelga del cordón negro que cae de la viga de madera. El pollo frito que Rosario y yo preparamos está en una gran bandeja de plástico verde sobre la mesa, cubierto con una manta de cielo. La grasa ya penetró en la tela. Desde el día que llegué, dos semanas atrás, él se la pasó mencionando cómo le gustaba ese pollo frito del otro lado, cómo hacía años no lo comía, cómo solía comerlo a cada rato en aquel lugar de pollos, y cómo ni siquiera las guarniciones estaban mal. Fui al centro, descargué la receta de Kentucky Fried Chicken de internet, compré dos pollos, dos botellas de aceite, unas papas y algunas verduras: pollo frito con dos guarniciones.

Tomo la botella de ron que está detrás del gabinete blanco de metal oxidado donde la escondí antes y mezclo otros dos tragos. Es el trato que hicimos cuando llegó con los ojos vidriosos, patinándosele las palabras, y estacionó su camioneta roja en pleno patio mientras Rosario y yo terminábamos de freír el pollo. Ella se fue a la cama y yo accedí a tomarme unos tragos con él, celebrar el Año Nuevo, siempre y cuando me diera a mí la botella, dejara que yo me hiciera cargo, vigilara cuánto tomaba, me asegurara de que no bebiera demasiado, de que no perdiera el conocimiento ni olvidara dónde y con quién estaba.

Oigo la puerta de su camioneta azotarse y espero oír un corrido entrar atronando por toda la casa, pero la música nunca llega. Mezclo nuestros tragos; el mío lo hago doble, el suyo mucho más suave, y voy para afuera. Está sentado enfrente del fuego, exactamente donde lo dejé, como si nunca se hubiera movido. Le paso su trago y me siento. Da un sorbo.

—Ouh, esto no sabe a nada —dice, tomando otro trago—; sabe a pura Coca-Cola —me mira—. ¿Sí le echó algo?

—Sí —digo.

—No parece —sonríe y mira mi taza—. A ver, déjeme probar el suyo.

—¡Ah, jijo! —tose—. ¿Echó aquí el resto de la botella?

—No quedaba mucho —toma otro trago—. ¿Está seguro de que no tiene otra botella escondida en algún lugar? —pregunto.

—No, era la única —responde—, y la única razón por la que la tenía es porque me encontré a un cuate en el centro y me la dio; quería que fuera con él a la cantina, pero le dije que una de mis hijas andaba en la ciudad e íbamos a pasar juntos el Año Nuevo.

Tomo las dos tazas. Vacío mi trago en su taza, luego lo echo todo en la mía, y una vez más, para mezclar ambos. Luego le devuelvo la suya. El Lobo se acerca y me empuja suavemente el codo. Le acaricio la cabeza, le paso los dedos por el cuello. Está húmedo, pegajoso. Pongo mi bebida en el suelo, le paso las dos manos por el cuello y las acerco al fuego: están cubiertas de sangre.

—Se lo chingaron —dice al ver la sangre. Camina a su camioneta, estacionada atrás de nosotros; regresa con una linterna, se arrodilla y dirige el haz de luz al cuello del Lobo. Yo le sostengo la cabeza al perro. Tiene en el cuello un profundo tajo como de cinco centímetros del que gotea sangre espesa—. Le arrancaron el tumor —dice, señalando el sitio—. Exactamente aquí tenía una bola y ya no está —lo examina con cuidado de no tocarlo, de no mancharse las manos de sangre—. Está bien —se levanta—, ahora no tendré que quitárselo yo.

Presiono suavemente el tajo con el dedo. Lobo da un aullido.

—Está sangrando mucho —digo—. ¿No deberíamos llevarlo con un doctor de perros o algo?

—Va a estar bien —hace una mueca al ver la sangre—. Lávese las manos —apunta la luz hacia el lavadero de pizarra.

Camino al lavadero, tomo la barra de jabón Zote rosa, acomodo la manguera entre las rodillas y me inclino hacia el chorro de agua helada mientras él me alumbra.

—Ésta es la linterna que me regaló el año pasado en Navidad —dice.

Es una gran linterna negra de metal con luz ajustable, idéntica a la que Martin le dio en nuestra primera visita. Mi padre me había contado que esa linterna le gustaba mucho por su luz potente, pero la perdió. Su amigo y él volvían de una fiesta en una ciudad vecina, y como había bebido demasiado dejó que el amigo manejara su camioneta. Aunque le decía que fuera despacio y con cuidado, porque más valía llegar tarde que nunca, de todas formas su amigo se salió del camino, y la linterna se cayó al volcarse la camioneta.

Devuelvo el jabón a su lugar debajo del lavadero y todavía estoy encorvada cuando oímos los primeros balazos. Sólo algunas explosiones aisladas a la distancia, y luego suenan más fuertes y cercanas, como una granizada que se aproximara, y al rato ya nos rodean por completo. Mi padre avienta la linterna a la caja de su camioneta, entra a la casa y sale con dos pistolas cargadas. Me da la más grande, una Magnum .357.

—Truénela —dice.

La luz de la fogata se refleja en el largo cañón plateado y la empuñadura de madreperla. Le doy la vuelta, arrobada por su belleza.

—No sé, nunca antes he disparado una pistola.

—No importa —dice; una gran sonrisa le atraviesa la cara—. Sólo apúntela hacia arriba y dispare.

Miro la pistola. Vacilo. Si la disparo, siento que habré cruzado alguna línea, será una transgresión: una Magnum .357 le quitó la vida a mi hermano.

Hay pistolas disparando a todo nuestro alrededor. Apunta la suya al cielo y la descarga, disparando rápido, una tras otra, tal como hacía en los suburbios de Chicago cuando éramos niños.

—¿Ve? —dice con los ojos bailando de la emoción—: sólo apunte hacia arriba y dispare.

—Bueno —digo—. No puedo pensar en qué otro lugar sería mejor, um, estaría más bueno como para truenar... —de nuevo el español me falla y se me patinan las palabras. Ahora me mira como si a lo mejor estuviera arrepintiéndose de haberme dado una pistola cargada.

—Truénela —dice; su sonrisa se ha apagado.

Me volteo y apunto la pistola hacia arriba, la sostengo sobre mi cabeza con las dos manos. Veo hacia la pequeña iglesia a la distancia, presiono el gatillo suavemente y me sorprende lo duro que es. Es como si la fuerza de gravedad hubiera invertido su curso y estuviera empujando hacia arriba contra mi dedo. Presiono más fuerte. La presión cede, de las puntas de mis dedos salen tiros y de los cables eléctricos llueven chispas mientras un zumbido agudo llena el aire. Oigo a mi padre gritar algo, pero no entiendo lo que dice. Es como si nos hubiéramos resbalado en un pozo. Los oídos lentamente se me llenan de agua y amortiguan los sonidos a mi alrededor. Lo único que oigo con completa claridad adentro de este espacio que he abierto es el fuerte zumbido. Su timbre continuo suena como un "om".

—¿Oye eso? —le grito a mi padre por encima del hombro mientras mis manos instintivamente se mueven para cubrir mis oídos, y por una fracción de segundo olvido que sigo cargando la pistola.

—¿Qué? —su voz es tan débil que suena como si me gritara desde el otro lado de una pared gruesa.

—Ese zumbido —le grito—. ¿Lo oye? —volteo y está agachado atrás de su camioneta.

—Cuidado con la pistola —dice al ver mi mano oscilante, la pistola vagamente apuntada en su dirección—. Vacíela. Apúntela hacia arriba y dispare. Rápido. Una después de la otra, así suena más bonito.

Me volteo y sostengo la pistola con las dos manos, la apunto un poco en ángulo. Arriba no hay nada más que las estrellas y la rebanada de luna, y aunque no suena la música, juro que oí el tamborazo bajando por la ladera de la montaña, los tambores y las trompetas tronando a mi alrededor. Apunto a la luna, convencida de que puedo hacerle un agujero. Salen tiros de mis manos al tiempo que cuatro balas se siguen una a otra en el cielo nocturno, y con cada explosión siento la adrenalina descargándose en mis venas. Miro el revólver y me invaden las ganas de volver a dispararlo. *Así suena más bonito.* Sorprendente que todas esas explosiones que me robaban horas de sueño sean música para sus oídos. Todo tiene sentido —su música, sus pistolas, su bebida—. Todo va de la mano.

Le devuelvo la pistola y me pasa una pesada botella azul de vidrio con forma cuadrada.

—Pensé que no tenía otra botella —digo.

—Acabo de encontrarla en mi camioneta —dice.

Aun antes de que la botella toque mis labios, percibo el olor afilado del tequila. Tomo un sorbo y le devuelvo la botella.

—¿Ésas son las mismas pistolas que se trajo de Chicago?

—No —dice—. Ésas las vendí casi todas.

—¿Y su chaleco antibalas? ¿Todavía lo tiene?

—Ouh, quién sabe qué le pasó a ese chaleco —da un gran trago—. Creo que lo vendí o a lo mejor lo regalé, ya no me acuerdo.

Me pasa la botella y me recargo en su camioneta, apoyo el pie en la llanta.

—¿Cómo supo que Joaquín quería matarlo? —pregunto.

—Así nomás —explica—. Era un poco demasiado amigable —voltea el revólver en su mano—. Esa noche me pasó el brazo por los hombros y me dio palmaditas en la espalda, haciendo como si fuéramos mejores amigos, pero yo sabía que estaba revisando si traía mi pistola. Estábamos jugando cartas y dije que tenía que correr a la casa para usar el baño, y lo hice. Pasé al baño y luego agarré mi .45 —doy otro sorbo, le paso la botella—. Luego, cuando volví a salir, propuso un brindis: con una mano levantó la cerveza y con la otra me clavó un cuchillo de cocina en el cuello —le cuesta trabajo dar el trago—. Pero bien que le dio la bala a ese hijo de puta.

—¿Supo quién lo contrató? —es algo que toda la vida me he preguntado.

—Quién sabe —se encoge de hombros, aunque años después Rosario me contó que él le dijo que fueron quienes mataron a mi hermano, porque sabían que en cuestión de tiempo él volvería a México a buscarlos.

—¿Sabe que al día siguiente de que pasó todo eso con Joaquín los periódicos decían que fue por una discusión sobre quién se tomaba la última cerveza? —le cuento.

—¿A poco? —dice con una risita—. ¿Eso decían los periódicos?

—Ey. ¿No lo sabía?

—No —dice, ahora riendo más fuerte, y supongo que es lógico que no lo supiera, pues después de eso estuvo dos semanas en terapia intensiva. El doctor nos decía que tenía suerte de estar vivo, que la navaja, por un pelito, habría entrado a la yugular—. ¿Se imagina? Matar a un hombre por una pinche cerveza —dice, y se ríe tan fuerte que yo también empiezo a reír, y al rato los dos estamos recargados en su camioneta desternillándonos de risa.

A lo lejos, tres fuegos artificiales aceleran hacia el cielo; sus colas los siguen como cometas. Son como estrellas fugaces que hubieran caído en las montañas años atrás y ahora volvieran a su hogar en el universo.

★ ★ ★

El día de mi partida me deja en la terminal de camiones, como siempre hace.

—¿Cómo se va a llevar eso sin que se le rompa? —dice viendo la jarra de barro que tengo entre los brazos.

—La voy a llevar en el regazo —le explico. Encontré la jarra unos días antes en la casa donde nací. Cada vez que he venido me he metido a esa casa a revolver y escarbar, y siempre he salido de ahí cubierta de polvo y cargando algo que quiero llevarme a Nueva York: llaves maestras oxidadas, tazones blancos de peltre, el hierro de mi abuelo para marcar el ganado, carteras de cuero, tijeras de esquilar, rastrillos, lámparas de queroseno y seis de las planchas de mi madre. Mi departamento de Nueva York parece estar convirtiéndose en un mini museo; poco a poco se llena de reliquias que he rescatado de mi pasado. La última vez que estuve aquí me dio un machete que ya no usaba. Venía en una funda de cuero y tenía un paisaje desértico grabado de un lado y una inscripción en el otro—. Volveré en el verano —le digo mientras le doy un abrazo y un beso en el cachete.

—Ándele pues, mija —dice—. Aquí la estaré esperando.

21. QUELITES

A mediados de julio, al principio de la temporada de lluvias, llego a la ciudad un domingo temprano por la mañana. Tomo un taxi a casa de Tito. Mi madre en ese momento está saliendo al mercado y me le uno. Dejamos el coche en el polvoriento estacionamiento de grava y caminamos por estrechos corredores entre los puestos. Hay de todo, desde verduras frescas y queso hecho en casa hasta cuencos de madera hechos a mano y ropa usada.

—¿Por qué compras tanto mandado? —pregunta mi madre al ver mi provisión de fruta y vegetales—. Tenemos bastante comida en casa.

—La voy a llevar a La Peña —le explico.

—¿Qué allá no tienen comida?

—Simplemente quiero llevar las cosas que me gusta comer.

—¿Cuándo planeas ir para allá? —pregunta, aunque sabe que la principal razón por la que estoy aquí es pasar tiempo con mi padre, que se está recuperando de otro accidente a caballo. Tres semanas antes, el Relámpago otra vez lo dejó tirado en las rocas cerca del río, con cuatro costillas fracturadas y la cadera dislocada. Estuvo ahí tendido toda la noche bajo la lluvia, y cerca del amanecer dos hombres vieron su caballo, aún con la silla de montar y pastando en un prado con una manada de caballos que deambulaban en libertad. Se pusieron a buscarlo cabalgando por la orilla del río, hasta que lo encontraron. Estaba cubierto de una costra de lodo seco; la hipotermia se había instalado en sus huesos; su respiración era superficial y su piel estaba tan pálida que poco después de que lo encontraron, volvieron a proliferar en la ciudad los rumores de que estaba muerto.

—No lo sé, probablemente mañana o pasado —digo.

—¿Tan rápido? —me dice que ella iba a ir a Chicago, pero mejor se esperó porque sabía que yo vendría—. Si vas a ir a quedarte con tu padre, entonces mañana me voy —dice. Siempre es así, siempre una lucha por ver con quién paso más tiempo, aunque sabe que cuando vengo a México mi prioridad es pasar tiempo con mi padre. A ella puedo verla en Chicago, o si lo quisiera, podría ir a visitarme en Nueva York. He estado allá ocho años y nunca ha ido a verme—. ¿Por qué no te quedas una semana conmigo y luego vas a La Peña? —sugiere mientras subimos los comestibles a su Jeep.

—¿Toda una semana? —digo—. Acaba de tener un accidente. Me ha estado esperando desde el miércoles.

—Bueno, por eso tiene a esa vieja ahí, ¿no? Para que le ayude —con "esa vieja" se refiere a Rosario, que a veces está ahí y a veces, por haberlo dejado por enésima vez, no. Alma se había ido para siempre el año anterior: se fugó con su novio—. Soy yo la que debería haberse ido —continúa mi madre—, y a lo mejor así vendrías a verme a mí en vez de a ese viejo —nos subimos a su Jeep y al rato vamos avanzando lentamente de tope en tope por el tráfico de domingo—. Tu padre nunca se preocupó de nadie más que de sí mismo —dice—. A ustedes nunca los quiso.

—Eso no es cierto —le digo; eso es algo que nos ha estado repitiendo desde el día que él se fue: "Su padre nunca los quiso". Y por muchos años dejé que lo dijera y absorbí esas palabras hasta que terminé creyéndomelas. Él nunca me quiso, y no pasa nada, de todas formas no necesito su cariño; eso pensaba. Pero ahora he visto cómo le tiembla la barbilla cada vez que me deja en la terminal de camiones, cada vez que nos despedimos, y a lo mejor los dos somos hiperconscientes de que cualquiera de esas despedidas podría ser la última. Sé que me quiere, y me niego a dejar que ella, ni nadie, me quite eso—. Lo que haya pasado entre ustedes dos —continúo— pasó. Pero a mí me quiere; sé que me quiere.

Nos quedamos en silencio, sentadas en la cola del tráfico, exhaustas; entra polvo por las ventanillas abiertas. Si por ella fuera, yo nunca habría vuelto para ver a mi padre, ni yo ni ninguno de mis hermanos. Hasta Salvador había venido a verlo recientemente, y cuando estuvo aquí, mi madre se quejó de que casi no lo veía porque él se pasaba casi todo el tiempo llevando y trayendo a la concubina al hospital en la ciudad vecina. La había llevado a que le hicieran una operación para que pudiera volver a caminar, lo cual era posible porque la médula espinal no estaba dañada y seguía teniendo sensibilidad en las piernas. Aunque la operación había salido bien, ella no se había recuperado debidamente y seguía en silla de ruedas.

Vamos a vuelta de rueda cuando pasamos por la tienda de suministros ganaderos y vemos su camioneta roja ir como bólido por el acotamiento, en contra del flujo del tráfico, del otro lado del camino, antes de cortar por el estacionamiento y levantar una nube de polvo a su paso.

—Allá va —casi grito—. Sígalo.

—No voy a seguir a ese viejo —dice, sin quitar la vista de enfrente. Nos ponemos a discutir, yo le digo que se haga a un lado y ella se niega, hasta que empiezo a tomar mis bolsas del mandado, y cuando ve que estoy a punto de saltar del Jeep, se hace a un lado.

—Apúrate o me voy —me dice.

—Paso zigzagueando entre coches y camionetas y atravieso el estacionamiento haciendo crujir la grava bajo las chanclas. Lo veo bajar de su camioneta y quedarse ahí parado, sosteniéndose de la puerta como para recobrar el aliento. Está buscando algo en el asiento cuando llego por detrás.

—Quihubo, don José —digo con una voz exageradamente grave. Voltea y, en cuanto me ve, una sonrisa se extiende por toda su cara.

—¿Cuándo llegó? —pregunta echando los hombros para atrás y tratando de pararse derecho, aunque sigue sostenido de la puerta.

—Apenas —digo. Pongo las bolsas en la grava y le doy un abrazo y un beso en el cachete. Con la mano libre me da unas palmaditas a media espalda—. ¿Cómo está su cadera? —pregunto.

—Ahí la lleva —dice—. Estaba preguntándome qué pasaba con usted. Llamé a Sonia esta mañana pero no sabía nada.

Le explico que en esta ocasión volé a la ciudad de México y pasé unos días visitando a un amigo, un periodista que vive en Nueva York pero pasa los veranos en la ciudad de México. El día anterior había perdido el autobús nocturno y tuve que esperar un día más, y llegué a la ciudad justo a tiempo para ir al mercado con mi madre.

—¿Su madre está aquí? —dice estirando el cuello y echando un vistazo a los carros detrás de mí.

—Sí, está allá, cerca del río.

Recojo la compra y le digo que por qué no se la lleva de una vez; yo llegaré a su casa al día siguiente.

—Oh, ¿por qué mañana?

—Mi amá dice que se va a Chicago, así que pasaré el día con ella.

Pongo las bolsas adentro de su camioneta, en el suelo frente al asiento del copiloto, y veo que hay un bastón junto a la palanca de velocidades.

—¿Ése es su bastón? —pregunto.

—Me lo dieron cuando salí del hospital, pero no me gusta usarlo —dice—. Si mi cuerpo se acostumbra a él, puede ser que mi cadera no se termine de curar.

—A lo mejor debería deshacerse de ese caballo —digo, y señalo que es la segunda vez que el Relámpago está a punto de matarlo, ¿y cómo dice el dicho? ¿La tercera vez…?

—La tercera es la vencida —dice.

—¡Eso! Bueno, me voy, antes de que mi amá me deje aquí —le doy un rápido abrazo y le pido prestado su teléfono celular, porque a lo mejor recibo allí una llamada. Antes de irme de Nueva York había enviado un cuento a una revista literaria británica que mostró interés. Como sabía que iba a estar en México, y más o menos desconectada, le mandé al editor el número de celular de mi padre por si necesitaban localizarme.

Me da su teléfono y corro de regreso por el estacionamiento. Después de cruzar la calle me volteo y lo veo caminando a la tienda de suministros. Tiene los puños cerrados a los lados del cuerpo y se mueve lentamente. Con cada paso que da parece como si estuviera disculpándose con la grava por pisarla.

El bastón no se ve por ningún lado.

★ ★ ★

Unos días después, mi padre y yo estamos arrodillados con los brazos metidos hasta los codos entre la maleza que se extiende como reguero de pólvora adentro del ruedo. Hay un cuenco de plástico amarillo entre nosotros.

—¿Esto es un quelite? —le pregunto mientras sostengo un hierbajo que acabo de arrancar del suelo. Hay varias plantas muy parecidas a los quelites pero me dijo que tuviera cuidado, pues algunas son venenosas.

—Esas hojas están demasiado redondas —dice; toma una del cuenco y me la da—. ¿Ve cómo las hojas de éste son más irregulares? —lo reviso—. ¿Y nota cómo tiene un tono rojo claro abajo y alrededor de las orillas? Así es como lo puede reconocer.

Nunca había oído hablar de los quelites, pero cuando mi madre y yo estábamos en el mercado estuve a punto de comprar un ramo. La marchanta que los vendía explicó que eran un tipo de hierba silvestre, parecida a la espinaca pero todavía más nutritiva.

—No gastes tu dinero —me dijo mi madre—. Ésos crecen en La Peña por todos lados. Cuando llegues, dile a tu padre que te muestre.

Realmente estaban por todos lados; brotaban por toda la orilla de la casa, alrededor del establo y el corral, y por todo el borde del camino de tierra que lleva hasta La Mesa. Corto algunos más, los echo en el cuenco, y en eso veo a una mujer con una canasta entrar por el otro extremo del ruedo.

—Buenas tardes —dice y me hace un gesto con la cabeza cuando pasa a mi lado. Mi padre se inclina el sombrero, ve para arriba, y cuando ella lo ve se para en seco.

—¿José? José Manuel, ¿es usted? —agarra firmemente la canasta—. Pensé que estaba muerto.

—¿Muerto? —dice—. ¿Y dónde oyó eso?

—En la ciudad —responde—. Todo mundo decía que su caballo lo aplastó, que lo dejó tendido junto al río.

—La gente dice eso porque es lo que quisieran, verme muerto. Pero como puede apreciar, aquí estamos, vivitos y coleando.

—Ay, José, eso no es cierto —dice tratando de no reírse.

—Si fuera por la gente de la ciudad, hace años que estaría muerto —dice—. Lo bueno es que no depende de ellos, sino de Dios. El día que Él decide que te ha llegado la hora, una mosca podría pararse en tu hombro, patearte, y ahí se acaba ese corrido.

Se ríe y voltea a verme.

—¿Es su hija? —pregunta.

—Ey, me viene a visitar del otro lado.

—Qué bueno que venga a pasar tiempo con su padre —dice—. ¿Le gusta por aquí?

—Me encanta —le respondo, aunque no confío suficiente en mi español para tratar de explicarle por qué, decirle cómo aquí el cielo se siente inmenso comparado con el de Nueva York, o cómo disfruto que se me llenen de tierra las uñas porque eso me hace sentir más cerca de casa. O que me encanta pasar el tiempo con mi padre, cómo cada día que paso con él parece robado, como si él le hubiera tendido una trampa al destino, como si siguiera burlando a la muerte sólo para que podamos pasar un poco más de tiempo juntos. He empezado a pensar que quizá él es indestructible y que podría sobrevivirnos a todos.

—¿Cuánto tiempo se va a quedar? —me pregunta.

—No estoy segura. Tal vez cinco o seis mess —digo, aunque en realidad me voy en cuatro semanas, pero pienso que es mejor que la gente no sepa cuáles son mis planes. En mayo, cuando las clases estaban por acabarse, supe de una fuga de la cárcel federal de Zacatecas. Antes del amanecer, un convoy de camionetas SUV entró al estacionamiento de la prisión y en cinco minutos se habían ido con todo y cincuenta y tres internos. Se creía que todos ellos eran miembros del cártel de drogas más despiadado de México. En ese momento no le di mucha importancia a la fuga, y aunque en la ciudad no parece pasar nada fuera de lo normal, historias de gente a la que levantan en SUV y desaparece empiezan a surgir por todas partes. Hasta mi madre, antes de irse a Chicago, me dijo que tuviera cuidado.

—¿Cinco o seis meses? Es un buen rato —sus ojos se posan en el cuenco—. ¿Están cortando quelites?

—Ey —dice mi padre—. Cuando esta muchacha llegó hace unos días, dijo que quería recoger quelites, así que la traje para acá, ¿cómo ve?

—Está bien —dice—. Sólo tienen que tener cuidado, algunas de estas plantas son venenosas.

—Sí, eso estaría rudo —dice—. ¿Se imagina? Pasar la mañana recogiendo quelites, y luego al final del día estirar la pata.

Ella se ríe, aprieta la canasta contra el pecho y dice que se tiene que ir.

—Esa mujer es viuda —me cuenta mi padre cuando la perdemos de vista. Me dice que es de Tejones, el pequeño rancho vecino que está al otro lado del río, y que cuando estaba casada, una de sus hijas se cayó al pozo—. Era chiquita, debía de tener dos o tres años —dice mirando por encima del hombro, como para asegurarse de que la mujer ya se fue—. Luego su esposo saltó para salvar a la hija, y también él se ahogó.

—¿Los dos se *ahogaron*? —dije, casi gritando, pues esperaba que la historia tuviera un final feliz, no que de repente se pusiera peor.

—Ey —dice—. Se fueron juntos.

—Qué pendejo —digo—. ¿Por qué no usó una cuerda o algo para sostenerse?

—Quién sabe… Supongo que en el momento se apanicó, no pensó con claridad.

Echo otro ramo al cuenco; él se estira para arrancar un hierbajo y me mira de reojo.

—Es chistoso que esa mujer haya creído que estaba muerto, ¿eh?

—Ey —dice—. La gente todo el tiempo me pregunta si tengo un pacto con el diablo. Dicen: "No, José, se ha librado de la muerte tantas veces, ¿cómo le hace? Usted ha de tener un pacto con el demonio", pero les digo que sólo es Diosito que cuida de mí —echa otro puñado de quelites en el cuenco—. Yo creo que con eso es suficiente.

Me acuclillo junto a él; extiende el brazo y pone una mano en mi hombro. Lo tomo del codo y le ayudo a levantarse. Gruñe mientras se yergue. Levanto el cuenco y caminamos lentamente a la casa; él se apoya en mi hombro.

—Cuando el Relámpago me dejó junto al río, mi pierna estaba tan torcida para afuera que parecía que ya no estaba sujeta a mí —dice, tras detenerse un momento para recobrar el aliento—. Sabía que estaba herido, sabía que no debía moverme, pero me arrastré lejos del agua porque también sabía que si seguía lloviendo, en cuestión de tiempo el río crecería y me llevaría gratis al otro lado.

22. EL CIEN VACAS

Se sienta en su camioneta, con la música a todo volumen, los ojos fijos en el horizonte, donde nubes grises se encienden como brasas contra el cielo que se oscurece. Habíamos ido con un mecánico a recoger una miniván que mi padre había mandado arreglar. El mecánico acababa de volver de Oaxaca, de visitar a la familia de su esposa, y nos ofreció una copa de un mezcal que hizo su suegro. Tenía un sabor suave. Yo me detuve después de la primera copa porque ya lo sentía calentándome las venas, pero mi padre tomó algunas más.

—Hay que tener cuidado con esto, José —dijo el mecánico cuando nos íbamos—. Luego lo agarra a uno desprevenido.

¿Es eso lo que pasó? ¿El mezcal lo agarró desprevenido? Yo manejé la miniván a la casa, siguiéndolo por el camino principal, y nos detuvimos a comprar un *six-pack* antes de salir de la ciudad. Ni siquiera habíamos llegado a la curva y él ya había disminuido la velocidad y ahora iba a paso de tortuga. Probablemente ésa era la razón por la que había sobrevivido a tantos choques. Cada vez que manejaba borracho, lo hacía tan lento que, para el caso, daba lo mismo que hubiera ido empujando la camioneta hasta la casa. Cuando llegamos apagó el motor, pero la música seguía retumbando y él se negaba a bajarse de la camioneta. Rosario echó un vistazo y se metió, como diciendo: "Ahora es tu problema".

—Apá —le grito, pero la música se traga mi voz antes de que llegue a él. Está viendo al frente, donde está el burro atado al mezquite, donde lo dejó esta mañana. Aunque el burro se ha enredado en su propia cuerda, me doy cuenta de que mi padre no está viéndolo a él sino más allá. Parece perdido en sus pensamientos, en su música. ¿Siquiera recuerda que estoy aquí? Me estiro por encima de él, tomo del asiento lo que queda del *six-pack* y observo las latas vacías tiradas en el suelo de la camioneta. No se mueve. Saco las llaves del interruptor, y en el instante en que se detiene la música levanta la cabeza, como si acabara de dormirse atrás del volante y de repente se despertara. Sus ojos inyectados en sangre se deslizan en sus cuencas, voltean hacia mí y enfocan.

—¿Por qué apagó la música? —farfulla.

—Porque sí. Ya se hace tarde. Venga. Vamos a poner al burro en el corral; está ahí enredado.

—¿Cómo llegó ahí?

—Usted lo puso ahí esta mañana, ¿ya no se acuerda?

Se encoge de hombros, se mueve como para alcanzar el interruptor pero se da cuenta de que sigue con una cerveza en la mano. Se despacha lo que queda y avienta al suelo la lata, que suena al chocar con los demás envases vacíos, y empieza a buscar en el asiento del copiloto.

—¿Qué le pasó a mi cerveza? —pregunta.

—La guardé —digo, aunque siento su peso colgando de mi dedo índice.

—Vaya a traérmela —ordena.

—Apá —digo—, si no deja de tomar me voy a ir.

Me mira y parece que está a punto de decir algo, pero su rostro se frunce y se voltea. Ya una vez lo había dejado por su manera de beber. Había ido al centro en la tarde para algunos mandados, y como a las dos de la mañana me desperté con el sonido de los tambores y las trompetas que se acercaban. Era como oír aproximarse el furor de alguna pesadilla de tiempo atrás. En aquel entonces pensé que nunca debía haber vuelto a este lugar, mientras cada molécula de mi cuerpo estaba alerta, oyendo cómo se estacionaba enfrente de la casa, sabiendo que en cuestión de tiempo sonaría la primera explosión, y había deseado con todas mis fuerzas desaparecer. Pero no había modo de escapar. La única salida era por el patio... ¿Y si daba la casualidad de que yo ponía un pie ahí justo cuando él disparaba la primera bala? Podía no ser tan suertuda como él.

Me había quedado en la cama mirando la oscuridad mientras sus corridos, uno tras otro, entraban a la recámara retumbando: los mismos corridos que cuando era niña me mantenían horas despierta. Todavía me los sabía todos de memoria. Historias de hombres que amañan vías de ferrocarril para secuestrar trenes; hombres que llevan cargamentos al otro lado de la frontera sólo para descubrir que alguien los delató; hombres que se enfrentaron al pelotón de fusilamiento sin haber traicionado jamás su dignidad; hombres que entregaron la vida por el amor de una mujer; hombres que pelearon en la revolución y murieron defendiendo la patria; hombres que ensillaban a sus caballos y salían con la primera luz de la mañana a correr a todo galope por el desierto sin detenerse a descansar hasta que llegaban a la frontera; hombres que apostaban, tomaban la ley en sus manos... Algunos ganaban, otros perdían, otros lo perdían todo.

Después de estar sentado como media hora en su camioneta se volvió a largar; el volumen de la música disminuía conforme se alejaba. Cuando a la mañana siguiente no había vuelto, empaqué una bolsa con pocas cosas y pensé que primero muerta antes de estar esperando a que se apareciera y convirtiera mi día en un infierno. Salí a pie, crucé el río y esperé en el camino principal el camión de las nueve de la mañana. A la sombra del mezquite traté de sacudirme el dolor de su traición. Era la única regla, el acuerdo tácito: si se emborrachaba, yo me iba. También es cierto que habíamos compartido algunos tragos aquí y allá, así que quizá la regla se había empañado. Quizá el lugar exacto donde se había marcado la línea había empezado a desdibujarse. Me había llevado conmigo su celular. Me fui a casa de Tito y los siguientes dos días estuvo marcándome desde el teléfono de Rosario mañana, tarde y noche. Yo ignoré sus llamadas hasta que el tercer día le pidió a Rosario que me enviara una nota: *Chuyita, ¿dónde estás? Tu padre dice que lo siente. Ya no volverá a beber. Que dónde estás, para que pase a buscarte.* Dejé que pasara otro día antes de devolverle las llamadas.

Ahora está mirando el volante y las lágrimas corren por su rostro.

—Apá, vamos adentro para que pueda comer algo —digo. Comida, éste era el truco de mi madre. Sabía que si podía lograr que comiera algo, se le quitarían las ganas de alcohol y pronto se quedaría dormido.

—Orita, orita, orita —farfulla. Estira el brazo para coger las llaves y se da cuenta de que no están en el interruptor—. Déjeme oír una canción más —dice.

—¿Y me promete que después va a entrar a la casa y a comer algo?

Dice que sí con la cabeza. Le doy las llaves, le doy la vuelta a la camioneta, me acuclillo y escondo el *six-pack* en la casa del Negro antes de caminar por el camino de tierra hacia el burro. Doña Consuelo está afuera regando sus plantas.

—Tu padre ha vuelto a beber, ¿no es así? —me dice cuando estoy cruzando frente a su portón.

—Ey —digo.

—Oí la música, así lo supe. ¿Qué vas a hacer? ¿Te vas a ir otra vez? —me sorprende que sepa que ya me había ido antes, aunque parece que por aquí todo mundo sabe todo de todos.

—No, ya es tarde. Probablemente sólo me quede aquí —respondo, aunque no le digo que de algún modo me siento responsable por esto. Que yo debería haberle arrebatado ese vaso en el instante en que se terminó la primera copa. Evidentemente su tolerancia ya no es la misma de antes. Cuando era más joven podía beber dos o tres días sin parar.

—La última vez que te fuiste vi a tu padre. Andaba deprimido y yo le pregunté: "¿Qué pasa, José? ¿Tu hija se fue porque estuviste bebiendo, ¿no es así?" Y le dije que debía avergonzarse, sí. Así mismito se lo dije. Le dije: "Debería darte vergüenza, José. Cada vez que tus hijos vengan de visita, aunque tengas urgencia de beber, debes resistirte. Tienes que respetar a tus hijos. Ya los hiciste pasar pruebas muy duras". Eso le dije, no creas que no —continúa—. Él como que sólo me escuchaba, pero no decía nada. Tu padre puede ser lo que es, y ha hecho lo que ha hecho, pero eso sí, nunca me ha faltado al respeto. Por el contrario, cuando salió de la cárcel y regresó, me dijo que mientras él estuviera vivo nadie iba a venir a molestarnos, y es cierto. Sólo mira alrededor, todas estas casas abandonadas, y todos sus dueños que viven en el otro lado, ¿y crees que alguien va a venir y tratar de entrar? Nunca. Y es gracias a tu padre, porque está ahí, y todo mundo sabe de lo que es capaz.

La música entra retumbando a lo largo del camino de tierra y ella voltea a ver su camioneta.

—Bueno, allí lo tienes —dice—. ¿Pero sabes por qué tu padre es así? Por sus padres, porque nunca le jalaron las riendas, nunca le dieron un buen consejo, todo lo contrario. Te voy a contar una historia, y esto es algo que vi con mis propios ojos y oí con mis propios oídos. No creas que alguien más me la vino a contar, no, yo misma fui testigo. Ya ves que los padres de tu padre vivían en esta casa —hace un gesto hacia la casa junto a la suya—. Pues bien, cuando aún vivían ahí, un buen día su padre regresó corriendo de la escuela y venía llorando. Debe de haber tenido siete u ocho años, porque no era mucho más alto que este portón. Lo vi pasar volando, y su madre estaba afuera picando cebollas en una tabla de madera, y él fue corriendo hacia ella, le rodeó las piernas con los brazos y se escondió entre sus faldas. "¿Qué pasa?", preguntó alejándolo de ella, "¿por qué estás llorando?", exigió saber, y el pobrecito estaba llorando tan fuerte que apenas si podía respirar, pero consiguió decirle que unos niños mayores lo habían estado empujando. Creo que fue por aquella época en que le empezaron a decir el Cien Vacas, porque le había dado por jactarse de que tenía cien vacas en el rancho de su padre. Pues bien, créeme cuando te digo que ella agarró el cuchillo con el que había estado picando las cebollas y se lo dio al niño. "Pues ve y chíngatelos". ¿Te imaginas que tu propia madre te diera un cuchillo y te azuzara así? Pues exactamente eso es lo que hizo ella, y el niño se quedó ahí, con la respiración entrecortada y mirando el cuchillo en su mano, y pues bien, ahí lo tienes —ve hacia su camioneta, en la que la música sigue sonando a todo volumen—. ¿Cuánto tiempo más te vas a quedar?

—No estoy segura. Tal vez otros cuatro o cinco meses —digo, aunque en realidad me iré el fin de semana. Probablemente podría decirle la verdad, pero pienso que es mejor tener cautela, que si alguien está teniendo la brillante ocurrencia de secuestrarme, si se corre la voz de que voy a estar aquí varios meses estarán más inclinados a tomarse su tiempo. Rosario me había hablado recientemente de los hermanos Hernández, cómo entre los tres eran propietarios de la mitad de los negocios de la ciudad vecina. Su padre desapareció y recibieron una llamada telefónica. Les dieron una cantidad y una fecha. Cuando el dinero no llegó en esa fecha, les llegó un paquete: adentro venía el dedo de su padre. Juntaron el dinero con mucha dificultad, lo enviaron, e imagínate, entregar medio millón de dólares, ¿y para qué? Nunca volvieron a ver a su padre. "¿Cómo íbamos a saber que era diabético?"; ésta fue la única disculpa que recibieron de los secuestradores.

Mi madre también me había contado sobre el hijo de una señora a la que conocía. Acababa de llegar del otro lado manejando una camioneta nuevecita, y unas SUV lo detuvieron a las afueras de la ciudad. Cogieron su camioneta y lo llevaron en medio del desierto, donde le quitaron todo, lo desnudaron y lo golpearon hasta dejarlo medio muerto. Lo echaron para los buitres, pero unos días después reapareció en la ciudad, sin nada puesto, con las rodillas moreteadas y su orgullo hecho pedazos. Él fue de los suertudos.

El hijo de otra señora también había desaparecido, y cuando ella no se presentó con el dinero, los secuestradores llamaron y le dijeron que si querían volver a ver a su hijo podía ir a pescarlo a la presa. Ella quería darle sepultura, así que contrató a un buzo profesional para que recuperara el cuerpo. El buzo regresó con los ojos como platos, las manos vacías e incapaz de hilar frases enteras. Dijo que no sabía a cuál de todos traer. "Había muchos cuerpos allá abajo", le explicó.

Le digo a doña Consuelo que ya tengo que irme porque está oscureciendo y todavía tengo que llevar el burro al corral y darle agua.

Antes de llegar adonde está el burro me doy cuenta de que sus cuatro patas están enredadas en las cuerdas. Está sacudiéndose; me le acerco lentamente y le paso la mano por el cuello.

—¡Ooo! —digo con la voz grave que le he oído a mi padre usar con los caballos. Desato la cuerda del mezquite y la paso por abajo, por arriba y a través de las ramas espinosas—. ¡Ooo! —digo mientras me agacho y desenredo la cuerda de sus cascos frontales. Él me empuja suavemente la cabeza, siento su aliento húmedo en el oído. Hago lo mismo con sus patas traseras, con cuidado de no acercarme demasiado; no quisiera que me diera una patada y me mandara directito al otro lado. Cuando termino de aflojarla, la cuerda se resbala y cae al suelo.

Lo llevo por el camino de tierra. Los últimos pollos se están guardando en las ramas de los eucaliptos. La música suena más fuerte conforme nos acercamos a la camioneta, y luego más quedo cuando la hemos pasado. Suelto al burro adentro del corral, cojo la manguera, y cuando estoy llenando el bebedero sale el Negro corriendo del cuarto sin techo que había sido la iglesia; de un salto llega arriba del muro de piedras apiladas y ya va corriendo por el filo. El Negro es el perro más nuevo de mi padre. Es macizo, un labrador negro que parece tener alguna rama salvaje en su composición genética: como si fuera una cruza con pantera o con puma. Normalmente me acompaña a correr por las mañanas. Pasar por enfrente de la casa de los vecinos siempre ha sido un suplicio, pues sus tres perros invariablemente salen corriendo al camino a gruñirle amenazantes al perro que venga conmigo.

El Lobo de plano había dejado de correr conmigo, supuse que para no tener que pasar enfrente de esa casa, pero el Negro era diferente. La primera vez que los perros de los vecinos salieron a gruñirle, él se paró en seco y se les puso enfrente, con el pelo del lomo y la cola levantándose como si fuera estática de una nube que pasaba. Los tres siguieron gruñendo, pero ninguno se atravesó al camino. El Negro pasó agazapado por abajo de la alambrada y recuperó su posición adentro de la propiedad de los otros perros. Se pavoneó frente a ellos, uno por uno. Cada uno fue ladrando con menos entusiasmo que el anterior, escondió la cola entre las patas y reclinó la cabeza, hasta que todo quedó en silencio. El Negro dio una vuelta corriendo adentro del cercado y orinó en el único árbol de esa propiedad antes de alcanzarme en el camino de tierra con la lengua de fuera y meneando la cola. Si no hubiera apestado a zorrillo, habría caído de rodillas a abrazarlo.

Unos días antes, mientras corríamos por el camino de tierra a lo largo de la mesa, oí algunos gruñidos que atravesaban mi música. Cuando bajé el volumen y volteé, el Negro estaba gruñéndose con un gran perro gris en medio del camino.

—¡Negro! —grité y les aventé una piedra. Se fue derrapando por el camino y le dio al otro perro en las costillas. Fue suficiente para que se espantaran, dejaran de pelear y miraran hacia donde yo estaba. El otro perro parecía un pastor alemán. Tenía hocico largo y orejas en punta; en ese momento me percaté de que quizá era una especie de animal salvaje, pues no estábamos cerca de ninguna casa.

Pegaron una carrera. El animal desapareció en el campo y el Negro vino corriendo hacia mí. Pensé que ya no volveríamos a verlo, pero de todas formas acorté mi carrera, le bajé el volumen a la música de mi iPod y empecé a correr de regreso. Unos minutos después oí sus aullidos otra vez atravesando mi música. Me quité los audífonos y volteé. No había nada. El camino de tierra se extendía, largo y solitario, detrás de mí. Seguí corriendo a un ritmo constante y una vez más vino el aullido, y luego lo vi en el campo. Estaba como a cinco metros de distancia, corrriendo paralelo a nosotros y siguiendo el mismo paso.

—Chucho —gruñí, y le tiré una roca. Y se quedó quieto, pero al rato otra vez estaba en el campo, gruñendo y siguiéndonos. Aventé otra piedra, aminoró el paso, se detuvo. Cada vez que se acercaba demasiado le aventaba una piedra, hasta que finalmente desapareció en el campo.

—¿Ese hijo de puta la siguió? —dijo mi padre cuando llegué a casa y le conté lo que había pasado. Rosario y él seguían en el corral ordeñando las vacas. Dijo que probablemente sólo era un coyote, aunque Rosario insistió en que debía de haber sido un lobo, pues era insólito que un coyote se metiera con un perro. Mi padre la fulminó con la mirada y ella se calló—. Mañana llévese mi pistola —me dijo—, y si ese cabrón vuelve a asomar la cabeza, sólo dele un tiro entre los ojos.

Me reí y dije que con mi suerte probablemente me caería y terminaría disparándome a mí. Sin embargo, desde ese día, cuando salía a correr ya no me sentía tan tranquila como antes. Empecé a estar más alerta, ponía más bajo el volumen en el iPod y miraba hacia atrás con cierta frecuencia para asegurarme de que nadie me viniera siguiendo.

Cuando el bebedero se llena cierro la llave de agua y regreso a la camioneta de mi padre. Todavía está en el asiento del conductor; se golpea el pecho y está absorto en una conversación con alguien a quien parece ver parado frente a él. Rosario me ha dicho que hace eso cuando bebe. Se encierra en su cuarto y ella lo oye desde el otro lado de la puerta seguir hablando con alguien.

—Apá —digo encima de la música. Me mira y me doy cuenta de que unas lágrimas le caen por el rostro—. Venga, vamos adentro. Vamos a comer algo.

Llora más cuando me ve.

—No, mijita —dice y me da la espalda—. Usted no tiene idea de cuánto he sufrido.

La primera vez que lo oí decir esto quise decir: "Ah, ¿sí?, y qué me dice de todo el dolor que usted les ha causado a otros? ¿Qué hay de todas las familias que usted ha destruido, todos los niños a los que ha dejado sin padre?" Sólo mi tío tenía once hijos; la mayoría de ellos todavía vivían en la zona. Y aunque siempre han sido amables conmigo, son la razón por la que no me gusta ir al centro con mi padre: siempre estoy temerosa de encontrármelos mientras callejeo con el hombre que mató al suyo. Joaquín también tenía dos o tres hijos. "Esos pobres niños", decía mi madre, "¿se imaginan lo que sintieron cuando les regresaron a su padre en una bolsa?". Ella incluso hizo una colecta en su iglesia para ayudar con los gastos de transportación del cadáver.

—Muchos cabrones han tratado de eliminarme, pero simplemente no han podido —levanta las cejas y mueve la cabeza como para asentir a lo que él mismo dice—. Conmigo sólo dan vueltas en círculos, como perros que se persiguen la cola —dice—. Yo soy José Manuel Venegas, el Cien Vacas, y si alguien tiene un problema conmigo, sabe dónde encontrarme. En el instante en que cualquier cabrón se presente aquí, nos encargamos del asunto rapidito, y ya veremos quién es el que queda en pie. ¿Verdad, mija? —voltea a verme, y sus ojos se ven casi verdes contra las venas rojas. Hay en ellos una tristeza profundamente arraigada, y no puedo evitar pensar que tal vez su angustia sea la suma de todo el dolor que ha causado.

—Apá, aquí sólo estamos usted y yo. Deje de hablar de matar a gente —digo, aunque sé que es su orgullo el que habla. El orgullo que su madre le inculcó hace tantos años. Nunca había oído que le hubiera dado el cuchillo, pero cuando él me hablaba de Fidel y decía que ella le había dado la pistola diciéndole que nunca huyera de nadie, siempre me miraba y decía: "¿Se imagina? Mi propia madre". Ese momento había sido crucial en su vida, y aunque ahora podía recordarlo y ver cuán retorcido era eso, no conseguía rescatarse a sí mismo. Sus historias eran su identidad: su orgullo y su dolor.

—Vamos, ya está oscureciendo, entremos —le digo, aunque me doy cuenta de que no me oye. Sus pensamientos se fueron a la deriva con la música. Probablemente sigue oyendo a su madre cantándole alabanzas desde su tumba matrimonial. *Tú nunca huyes de un pleito. Aunque sepas que te van a patear el trasero, te quedas allí y peleas como hombre.* Si no hubiéramos tenido a nuestra madre contrarrestando su voz, quién sabe dónde habríamos terminado todos.

—Me he echado a muchos cabrones y no me arrepiento de uno solo —dice mirando el volante—. En lo que a mí respecta, cada uno de esos culeros tuvo su merecido. Excepto mi cuñado —aprieta los labios y trata de contener las lágrimas imposibles.

Cada vez que toma una o dos copas se pone a hablar de mi tío, de lo buen hombre que era, y de cómo desearía no haber jalado nunca ese gatillo. Pero por mucho que se lamente, mi tío no volverá, ni nos devolverán todas esas horas que mi madre pasó encerrada lejos de nosotros, prácticamente atrincherada tras la puerta de su recámara, cuando regresó de enterrar a su hermano. Tampoco borrará la culpa que ella siente. Cuando estuve aquí el verano pasado, fui con ella a visitar a la viuda de mi tío; mi madre se echó a llorar y dijo que lamentaba haberse casado con ese hombre que terminó con la vida de su hermano. Tal vez todos llevamos un poco de la culpa de mi padre, pero a fin de cuentas es él quien debe llevar el peso de todo lo que ha hecho. Podrán haberlo sacado de la cárcel, pero será prisionero de su pasado mientras viva. Quizá por eso sigue vivo: no porque siga burlando a la muerte sino porque la vida se niega a dejarlo ir: todavía no termina de pagar sus deudas aquí. Quizá sólo la muerte lo liberará de su sufrimiento. Las lágrimas le corren por el rostro y él parece quebrantado, sin poder hacer nada para ayudarse a sí mismo. Quiero cargarlo y tenerlo mucho tiempo en los brazos, como si así pudiera desenredarlo a él.

—Manuel era un magnífico toro negro —dice, con un llanto aún más fuerte—. Ése sí. Ése sí duele. Ése me pesará en la conciencia hasta el día que me muera. Pero fuera de él —recobra el aliento y da dos golpecitos al tablero—, el que se chingó, se chingó.

23. GRANIZADA

Salimos en completa oscuridad y montamos en silencio bajo la bóveda celeste. Es una madrugada sin luna y no hay nada más que el destello de la camisa blanca de mi padre guiándonos por el camino en la luz de las estrellas que alcanza a destilarse. Serpenteamos por el estrecho sendero cubierto de zarzales. Ramas espinosas salen de la oscuridad; rasguñan mi sombrero y se enganchan a mis jeans mientras los cascos del caballo se patinan y golpean las rocas. El olor de la tierra mojada revolotea en el aire mientras nos acercamos a la imponente oscuridad. Fuera del sonido del cuero rechinando y uno que otro gallo que canta a lo lejos, todo está silencioso y sereno. Pronto las estrellas se apagan tras la luz del amanecer.

—Se avecina una tormenta —dice mi padre cuando llegamos a la entrada del rancho al alba.

—¿Cómo lo sabe? —pregunto. La idea de una tormenta parece imposible, pues no hay una sola nube en el cielo.

—¿Ve esa tortuga? —señala a una que acaba de salir arrastrándose del río y ha avanzado tanto por la pendiente que está prácticamente a la entrada—. Cuando éramos niños, así es como sabíamos que se avecinaba una tormenta. Las tortugas se mueven a tierras más altas.

Pienso que va a estar buena esa tormenta, a juzgar por la distancia que la tortuga se ha alejado del río.

Tenemos nuestra rutina habitual: los perros ayudan a reunir al ganado, y nosotros amarramos el caballo y el burro a un árbol cerca del corral. Mi padre llena de sal los comederos, yo encuentro un lugar con sombra y nos preparo unas tortas para el almuerzo.

—¿Vio a Chupitos? —me pregunta mientras se sienta en la sombra junto a mí—. Está allá adentro con la Negra —hace un gesto hacia el corral, donde se ven los cuernos asomados por encima de las piedras apiladas. Chupitos es el nombre que le dio a una becerrita que perdió a su madre el verano pasado, cuando estuve aquí.

Ella y su madre habían estado pastando a lo largo del río cerca de la casa cuando la madre subió corriendo por la colina y frente a la pequeña iglesia, agitando la cabeza como si tratara de sacarse algo de la garganta. En el instante en que llegó a la casa se desplomó frente al patio. Tenía la quijada apretada y algunas briznas de pasto le salían por la boca. Vi a mi padre pasarle los dedos por el cuello y tratar de abrirle la boca haciendo palanca; decía que quizá se había tragado un chapulín, y que si estaba entero podía quedarse atascado en la garganta o en los intestinos del animal. Me acuclillé junto a la vaca y le miré los ojos. Se veía aterrada, pero luego una calma la envolvió como una sombra que pasara. Inhaló y ya nunca exhaló.

Esa tarde, cuando mi padre trajo al ganado al corral, mientras los otros becerros se alimentaban antes de que los separaran de sus madres por la noche, vi a la becerra huérfana aparecérsele por detrás a una vaca desprevenida y prendérsele de una ubre. Consiguió dar unos cuandos chupitos antes de que la vaca se diera cuenta de que no era su becerro y la pateara o le diera un cabezazo. Finalmente la becerra se rindió y fue a pararse cerca del portón. Había tres cuervos volando en círculos por arriba del campo donde su madre yacía. Veía en dirección al campo, pero sin aullar.

Mi padre no creyó que Chupitos sobreviviera. Aunque Rosario la alimentaba con un biberón, había perdido mucho peso. Y en eso la Negra, una de las mejores vacas lecheras de mi padre, y descendiente de una de las mejores vacas lecheras de su madre, dio a luz a un becerro que murió al día de nacido. Despellejó al becerro negro, hizo algunos agujeros en el cuero sin curtir, y cubrió a Chupitos con él, amarrándoselo, como una segunda piel. Al principio, cada vez que Chupitos se acercaba a la Negra ésta la rechazaba, hasta que la Negra empezó a olfatearla y terminó por adoptarla.

—Debería verla, está gordísima y preciosa, parecida a su madre. Si quiere, cuando terminemos de comer se la señalo para que le pueda tomar una foto.

—Está bien —le digo, y le paso la primera torta. Desde que Chupitos quedó huérfana, cada vez que le llamo pregunto por ella. Yo misma la habría adoptado de haber podido.

Masticamos en silencio, oyendo las dos cascadas correr con fuerza repletas de agua de lluvia. Saca los binoculares de su cartera y ve las montañas al otro lado del río.

—¿Ve esa cosa blanca? —dice apuntando a algo entre los arbustos en la cima—. ¿Es una vaca o una roca? —me pasa los binoculares.

Desde antes de ponérmelos frente a los ojos puedo ver que se trata de una roca, pero de todos modos me asomo. La única razón por la que sé que la vista le está fallando es porque un día, hacía poco, iba pasando frente a la ventana de su recámara; me asomé y lo vi sentado en la cama bajo un haz de luz. Estaba revisando algunos documentos, con un par de anteojos de lectura con lentes gruesas posados en su nariz. Hacía mucho que no se teñía el pelo y el bigote del habitual negro azabache, así que ahora tenían un brillo plateado. De pronto se veía viejo y tranquilo, como si fuera incapaz de hacerle daño a un ratón. Toqué la puerta de su recámara, dijo que pasara, y cuando entré seguía en la cama, con los papeles desparramados, pero los anteojos por ningún lado.

—Es una roca —le devuelvo los binoculares y los vuelve a guardar en la cartera.

Se termina la torta y se recuesta. Pone la cabeza en una roca y dice que se va a echar una rápida siesta antes de volver a casa.

—¿Y si hay un reno ahí abajo? —le digo. Dos semanas antes habíamos venido aquí y pasamos la mañana apilando piedras alrededor de la propiedad, para que el hombre al que contrató para reforzar la alambrada supiera dónde debían ir los postes.

—Con cuidado —me dijo al ver cómo pasaba dos manos debajo de una piedra y la levantaba—. Podría haber renos ahí abajo —empujó otra piedra con la bota y, en efecto, debajo de ella había dos alacranes güeros, casi traslúcidos, juntitos, con las tenazas enrolladas sobre sus cabezas, de modo que parecían cornamenta de venado. Ver a los dos alacranes fue como haber encendido la luz: había piedras esparcidas por todo el terreno—. Si uno de estos te pica, adiós para siempre montañas, adiós para siempre cielo azul —dijo.

—¿No tienen antídoto en el centro? —pregunté.

—Auuu, para cuando llegáramos al centro ya estaríamos más tiesos que una tabla —dijo.

Se tapa la cara con el sombrero y dobla los brazos en su pecho, metiendo las manos bajo las axilas.

—Sólo le rezo una pequeña oración. Le digo: "Óyeme, cabrón, ya sé que estás ahí abajo, pero si no me molestas no te molesto" —dice y cruza las piernas por los tobillos, una sobre la otra—. Sea como sea, ya nos despertaremos aquí o del otro lado —y empieza a roncar casi enseguida.

Me termino la torta, recojo, envuelvo el queso en la manta de cielo y tiro los restos de comida. Me tomo lo que queda de agua y me recuesto. Pongo la cabeza en una piedra, me tapo la cara con mi sombrero de paja y me concentro en los puntos dispersos de luz que se filtran por él, tratando de no pensar en los alacranes que podrían merodear allá abajo, y me quedo dormida.

Cuando despierto, mi padre y el sol se han ido, y parece que el cielo mismo se hubiera movido. Han entrado nubes grises que se ciernen cargadas de agua y a poca altura, aunque allá abajo en el valle los rayos de sol brillan a través de los espacios entre las nubes, como cascadas que cayeran del cielo.

—Vámonos porque nos agarra el agua —dice mi padre. Viene de las albercas, con la botella de agua llena hasta el tope—. ¿Vio a su vaca? —me pregunta dándome la botella.

—No —digo, y doy un trago. El agua está helada y deliciosa, como siempre. No puedo recordar cuándo empecé a tomar de esta agua, pero nunca me he enfermado.

—Si quiere, podemos caminar por el corral para que le tome una foto antes de que nos regresemos.

—La próxima vez —le digo, sin saber que en dos semanas mi vaca estará muerta.

Desatamos el caballo y el burro y colgamos las carteras en el fuste de las sillas.

—¿Por qué no se va usted en el burro? —me dice—. Será más suave para su rodilla.

—Regresemos como vinimos —como su cadera todavía no está completamente recuperada, él montó el burro y yo el caballo—. Mi rodilla va a estar bien —le digo poniendo un pie en el estribo y pasando la pierna por la silla de montar de Chemel.

Me pasa el rifle y yo cuelgo la correa de cuero en el fuste de la silla. Nunca traemos el rifle al rancho. Él normalmente trae su pistola, guardada en la parte trasera de su cinturón. Pero el día que tomó mezcales de más terminó por darme la pistola y decir que yo debía guardarla. Supuse que le habían entrado ganas de dispararla en la casa pero después recapacitó: ¿qué tal si una bala atravesaba la puerta de su recámara y yo resultaba estar del otro lado? Desde el día que me la dio no me la ha pedido; probablemente le da vergüenza haber tenido que llegar a eso.

De regreso, el caballo y el burro se mueven a un paso más veloz, y cuando pasamos San Martín, las nubes parecen haberse declarado la guerra. Desde los cuatro rincones de la tierra —norte, sur, este y oeste— se han elevado formaciones de nubes y ahora, fundiéndose en lo alto, espantan a los últimos rayos de sol. Un estruendo se desgarra entre las nubes, y en eso un látigo brillante cae con un estallido en las cumbres y campos cercanos. Cada vez que uno golpea, el caballo se impulsa hacia adelante, empieza a trotar y alcanza al burro, pero en poco tiempo se queda rezagado.

—Haga que ese caballo huevón se mueva más rápido o nos va a agarrar la tormenta —me grita mi padre por encima del viento que ruge.

Suelto las riendas y clavo los talones en las costillas del caballo, pero él ignora la suave goma de mis botas de montaña Merrell. Cuando llegué, mi padre me preguntó si no tenía otro par de zapatos, algo menos grueso que no se fuera a quedar atorado en el estribo, no fuera a ser. Otro relámpago cae retumbando en algún lugar detrás de nosotros y hace destellar el dorso de la camisa blanca de mi padre. Otra vez el caballo nos sigue el paso; voltea la cabeza de un lado a otro, como si tratara de deducir dónde caerá el siguiente relámpago.

—A lo mejor deberíamos detenernos y esperar —digo cuando alcanzo a mi padre.

—¿Esperar qué? —dice, volteando para proteger su oído del viento.

—A que pase la tormenta —digo.

Levanta el dedo índice y lo mueve de un lado a otro. Seguimos montando y vamos por el camino de tierra a La Mesa cuando dos hombres vienen a todo galope por el campo hacia nosotros. El viento infla sus camisas de cuello abotonado.

—Ándele, don José —grita uno encima del viento—. Ahí viene el agua —sus ojos se fijan en el rifle en el momento en que nos pasan volando.

Un relámpago color púrpura sale de las nubes grises con un chasquido y se separa en cinco hebras más pequeñas, que golpean contra una cresta cercana con tanta fuerza que el aire mismo parece temblar. Otra vez el caballo se pone a galopar, y yo me pongo a hacer un inventario de todo lo que podría atraer los rayos hacia mí: el rifle, las partes de la brida y los estribos: todo de metal.

—¿Y si me cae un rayo? —le pregunto a mi padre cuando lo alcanzo.

—Pues si nos toca, nos toca —dice, como si hubiera aceptado su destino. Me mira y se detiene—. A ver ese rifle —dice estirando el brazo. Se lo paso, cuelga la correa de cuero en la silla del burro y me pregunta si quiero ponerme el poncho, pero como ya casi llegamos al sendero que lleva a La Peña le digo que estaré bien.

Seguimos adelante, y cuando llegamos al sendero, el Negro va y se echa una carrera hacia la casa, adelantándosenos. Vaya tormenta, pienso, pues el Negro no se asusta fácilmente, a pesar de que desde la escaramuza con el animal salvaje no volvió a salir a correr conmigo. Era como si supiera que, fuera lo que fuera aquello que merodeaba por ahí, seguro que le ganaría. Nunca volví a ver al animal, pero justo el otro día volteé para atrás, y a lo lejos había una nube de polvo levantándose del camino de tierra y una SUV reluciente venía como bólido hacia mí. Una SUV nuevecita en ese camino a esa hora estaba tan fuera de lugar que, antes de que pudiera darme cuenta, ya iba corriendo por el camino de tierra hasta llegar al sendero. Me tiré entre las rocas y las espinas y esperé, oyendo el zumbido de las llantas al acercarse por el camino, y todo el tiempo mi corazón estuvo latiendo al compás de mis pensamientos: "Por favor no te pares. Por favor no te pares". Cuando las llantas pasaron, esperé varios minutos y luego eché una carrera a la casa.

Cuando le conté a mi padre de la SUV dijo que probablemente sólo era un norteño camino a visitar a un pariente más arriba en la montaña. A lo mejor era un norteño, o a lo mejor estaba tratando de restarles importancia a mis miedos, tal como hizo con el animal salvaje. De todas formas, después de ver la SUV dejé de correr en ese camino y me mantuve mas cerca de la casa.

Pronto estamos bajando por el sendero rocoso y me alivia salir de La Mesa, estar en tierras más bajas.

—Ahí viene el agua —dice mi padre cuando acabamos de pasar la entrada trasera de La Peña.

Antes de darme la vuelta la oigo. Por toda La Mesa, las gotas de lluvia estallan sobre el camino de tierra en el que acabábamos de estar, y mientras el muro de lluvia se mueve hacia nosotros, el agua rebota en los árboles a lo largo de la sierra y luego en los tallos de maíz en los campos al acercarse. Mi padre pasa el portón del corral y avanza bajo el cobertizo de aluminio. Yo clavo los talones en los costados del caballo pero él sigue caminando, se toma su tiempo junto a las piedras apiladas, aunque la neblina ya nos está atravesando. En cuanto el caballo llega al portón y da la vuelta para entrar, el ruido y la furia de la tormenta nos rebasan. La lluvia y granizos del tamaño de pelotas de ping-pong caen con estrépito y nos golpean en la frente.

El caballo empieza a sacudirse, se aleja del granizo y coge impulso, queriendo intentar desbocarse hacia el río. Casi me arranca las riendas de la mano, pero las sostengo con fuerza, y en eso sacude el cuello y se mueve en reversa; no hay nada que desee más que volver a estar en tierra firme, pero es demasiado tarde. Pienso en sacar los pies de los estribos por si se encabrita: no quisiera terminar arrastrada entre en las rocas como mi padre, que en ese momento me está gritando algo desde el cobertizo de aluminio; su voz se oye tan débil que es como si gritara desde una costa lejana. Las aguas lodosas a nuestro derredor están embravecidas; en el instante en que el granizo golpea el suelo, se desvanece abajo de la superficie del agua.

—¡Métalo! —oigo a mi padre gritar. Jalo las riendas y trato de girar al caballo hacia el portón, pero en el instante en que gira, el granizo le golpea la frente y lo hace sacudirse.

—No puedo.

—Oblíguelo.

—Venga usted por él —grito.

El caballo se sacude y trata de liberarse, y cuando el agua café pasa con fuerza se siente como si la tierra misma se moviera. Así es como pasa, pienso: así de fácil uno se puede esfumar. Tengo que acordarme de respirar, de mantener la calma, porque si empiezo a entrar en pánico también el caballo entrará en pánico y, me guste o no, ahora estamos juntos en esto. Me estiro, paso la mano lenta y firmemente por su cuello.

—¡Ooo! —digo en un tono firme, mientras el granizo sigue cayendo con estrépito a todo nuestro derredor—. ¡Ooo! —digo en una voz que resuena en mi pecho—. ¡Ooo! —vuelvo a pasar la mano por su cuello. Agacha la cabeza y suelto un poco las riendas para darle espacio—. ¡Ooo!

Veo las botas vaqueras de mi padre venir chapoteando por las aguas lodosas. Jala la correa de cuero que sostiene la cuerda con que se ata al caballo a un lado de la silla; la cuerda se desenrolla y cae libremente; la mitad desaparece abajo en el agua. La toma y jala al caballo a lo largo de la pared de piedras apiladas, a través del portón, y lo mete al corral, como un enorme barco remolcándonos. Inclino la cabeza para pasar por el cobertizo, y cuando estoy abajo, la tormenta empieza a sonar diferente. Es de alguna manera más fuerte: metálica, al golpear el granizo contra el techo de lámina. En el instante en que mis pies tocan el piso, quiero caer de rodillas y besar el suelo.

—Casi lo logramos —digo, aunque me doy cuenta de que él había calculado el tiempo perfectamente. Si mi caballo se hubiera movido sólo un poco más rápido, le habríamos ganado a la tormenta. Los dos estamos empapados y de pie uno junto al otro, viendo la lluvia y el granizo.

—Al menos ahora tendrá una historia que contarles a los demás cuando llegue al otro lado —me dice sonriéndome, con la emoción de la tormenta bailándole en los ojos.

★ ★ ★

Dos semanas después, tras haber pasado una semana en Chicago y otra en Maine visitando a la madre de Abigail, con quien he forjado una amistad, estoy de vuelta en Nueva York. Desde el día que me fui, él ha estado llamándome. Es sábado por la tarde y finalmente compro una tarjeta telefónica internacional, encuentro un lugar con sombra en una banca de un jardín comunitario en Brooklyn y le devuelvo la llamada.

—¿Qué tal Chicago? —pregunta.

—Estuvo bien —le comunico que a todos les di el queso que mandó. El día que me fui de México habíamos ido a casa de una pareja de ancianos que, según él, hacían el mejor queso de la ciudad. Me pidió que escogiera una rueda de queso para cada uno de mis hermanos—. Adivine qué.

—¿Qué pasó?

—¿Recuerda que tuvo que llevarme al centro a cada rato a usar internet? —algunas veces me había llevado a un café internet, y mientras yo revisaba mi correo, él, sentado a mi lado, me preguntaba exactamente cómo funcionaba el correo electrónico.

—Ey —dice.

—Antes de irme de Nueva York había enviado un cuento a una revista literaria británica —le cuento—, y mientras estuve en México intercambié algunos correos con el editor. Luego, cuando estaba en Chicago, me mandaron un *e-mail* para decirme que van a publicar el cuento en su siguiente número.

—Ah, qué bien —dice—. ¿Vio a María Elena cuando estuvo en Chicago?

—Ey.

—¿Le dijo cuándo volverá a México? —pregunta.

—Supuestamente iba a tomar el coche para allá hace unos días —le digo—, pero quizá debería llamarle, porque siempre dice que va a hacer una cosa y luego hace otra… Entonces —prosigo—, adivine de qué se trata el cuento.

—¡Sepa! ¿De qué se trata?

—Pues, mire, es chistoso, porque yo nunca hablaba de usted ni del pasado, pero luego entré a un programa de escritura y me puse a escribir, ¿y se acuerda de todo lo que pasó con Joaquín? Pues escribí un cuento sobre eso —le digo—. ¿Cómo ve?

Hay un largo silencio del otro lado de la línea.

—Y adivine cuánto me van a pagar.

—¿Cuánto? —pregunta.

Le digo la cantidad.

—¡Ah, jijo, qué bien! —dice. Prácticamente puedo oír su sonrisa cruzando por su cara—. No, hay muchas cosas que me han pasado, no tiene idea. La próxima vez que venga debería traer un cuaderno; le contaré algunas historias, y luego usted puede regresar, escribirlas y ganarse otro billete.

—Eso suena bien —y pienso que cuando regrese para las fiestas decembrinas quizá le tome la palabra. Llevar un cuaderno y hasta una grabadora.

—¿Dónde dejó la fusca? —pregunta.

—¿Todavía no la encuentra? —sé que por eso me ha estado marcando a cada rato desde que me fui: no ha encontrado su pistola, a pesar de que seguramente Rosario y él voltearon la casa de cabeza para buscarla. Después de que me la dio, nunca volvió a preguntar por ella, y cuando ya me iba, Rosario me pidió que se la dejara a ella. Estuve a punto de dársela, pero recapacité. No se habían estado llevando bien; ¿y si tenía la brillante idea de atacarlo con la pistola? ¿Y si él terminaba haciéndole algo a ella? El día que me fui la saqué de la pila de mis playeras, la envolví en una manta de cielo, la puse en una bolsa negra de plástico y la escondí abajo de un álbum de fotos azul clarito adentro de uno de los baúles de la bodega.

—La verdad es que no he tenido tiempo de buscarla —dice.

Le digo dónde está, aunque nunca volverá a ver esa pistola. Dos días después llegan los hombres de la suv y tiran a patadas la puerta principal.

LIBRO TRES

24. EL SECUESTRO

Han estado vigilándolo continuamente; observan todos sus movimientos desde el camino que pasa frente a su casa, y ese mismo día lo vieron subir con Rosario en su camioneta roja y salir de la ciudad. Cuando vuelve por la tarde, entra al lote polvoriento donde se pone el mercado los domingos. Rosario espera en el asiento del copiloto mientras él entra a una tienda de teléfonos celulares. Se queda en la tienda sólo diez minutos, pero cuando sale a los rayos sesgados del sol de la tarde todo ha cambiado. Se han bajado las persianas en las tiendas de los alrededores, se han vaciado las banquetas, se han cerrado con llave las puertas, y la mayoría de los coches que estaban estacionados cerca de su camioneta abandonaron la escena cuando las SUV negras aparecieron.

Camina por el terreno al tiempo que se desplaza por la pantalla de su teléfono cuando el sonido de la grava crujiendo bajo sus botas lo hace pararse en seco. No es el ritmo de la grava lo que desconcierta sino la ausencia de ruidos familiares. Falta la risa: los chillidos y gritos de niños jugando un improvisado partido de futbol en el lote. Se ha ido el crujido de bolsas, de los pasos de la gente caminando a toda prisa a los mandados de la tarde. Hasta la campana incesante del paletero se ha callado. Nada más que el eco de un perro que ladra a lo lejos llena el espacio a su alrededor. Levanta la mirada y se percata de las SUV estacionadas a cada lado de su vehículo, pero es la visión del hombre sentado junto a Rosario y sonriéndole detrás del volante de su camioneta lo que pone a vibrar las incrustaciones de oro en sus muelas, de modo que casi puede sentir el sabor del metal. Está quieto pero oye la grava moverse: pisadas que vienen detrás, como si su propia sombra hubiera cobrado vida.

—Vamos, viejo —tiene a un hombre con ametralladoras a cada lado.

Lo conducen al asiento trasero de una de las SUV, donde una mujer lo espera.

—Hola, mi gallinita de oro —dice; sus labios partidos se abren en una sonrisa y dejan al descubierto sus dientes color óxido. Emana de ella el hedor agrio del alcohol. Reconoce el rifle que ella lleva en las rodillas. Es el mismo que ha estado colgado arriba de su cabecera por muchos años, el mismo con el que le voló la cabeza a una víbora de cascabel cuando tenía diez. La mujer le arrebata el celular y busca en sus bolsillos; saca su pañuelo rojo y su billetera de cuero gastada. Un hombre se sube al asiento del otro lado y el convoy empieza a moverse. La SUV en la que él va sigue a su camioneta al camino principal, y para cuando pasan el último tope a las orillas de la ciudad ya le quitaron las botas y le ataron los tobillos a las muñecas.

—¿Quién es Norma Venegas? —pregunta la mujer mientras se desplaza por el directorio de su celular.

—Es una sobrina —dice.

—¿No es tu hija?

—No, es una sobrina —pasan volando por el matadero; ahí, bajo la sombra del mezquite, hay otras SUV.

—¿Una sobrina? —lo mira entrecerrando los ojos. No es una mujer fea. Probablemente en sus cuarentas, aunque una cicatriz que le cruza el pómulo, las ojeras y los dientes podridos la hacen ver mayor—. ¿Cómo se llama su hija, la que tiene una gasolinera en Jalisco?

—No tengo ninguna hija en Jalisco.

Le estrella la culata del rifle en la rótula con tanta fuerza que manda una descarga por su cadera herida lesionada.

—No te quieras pasar de listo conmigo, viejo —le dice que saben bien que tiene cinco hijas, y que se rumora que una de ellas vive en Jalisco y tiene una gasolinera, así que ¿cuál es su teléfono?

—No sé de dónde estén sacando su información —dice, aunque quizá la estén obteniendo de él, porque aunque los negocios han empezado a cerrar temprano y todos se van a su casa antes de que oscurezca, cierran con llave las puertas y se quedan guardados hasta la mañana, las cantinas siguen abiertas. Y aunque han perdido algunos clientes habituales, él no ha dejado de ir y sigue su vida como si nada. Él no se va a andar escondiendo de las SUV, o de nadie, en realidad, sobre todo no en su propia ciudad. Ha seguido frecuentando las cantinas, y después de unos cuantos tragos es inevitable: se pone a alardear de sus cinco hijas y lo exitosas que son, cómo cada una ha ganado una pequeña fortuna, y además sin ayuda de ningún hombre—. No tengo ninguna hija en Jalisco —dice.

—¿Y tu hija la que vive en Nueva York, cuál es su teléfono? —otra vez buscando entre los contactos.

—No tengo hijas en Nueva York.

—¿Quién es la muchacha que hace poco estuvo aquí de visita?

—Es sólo una sobrina —dice, apoyándose para evitar que su cuerpo caiga sobre la mujer mientras vuelan por la única curva de ese camino entre el centro y su casa.

—¿Otra sobrina? —dice con su sonrisita la mujer antes de estrellarle la culata en la otra rótula—. ¿Como se llama?

—Maria de Jesús —dice, y otra vez se desplaza por el directorio, aunque él sabe que nunca encontrará ese nombre, y para el caso ninguno de sus nombres. Todos los tiene guardados con sus apodos: Chuyita, la Flaca, Chela, la Vickie, Sonita.

Adelante, su camioneta disminuye la velocidad y da vuelta a la izquierda en el camino de tierra que lleva a La Peña. Ve a la mujer buscar en su billetera mientras la suv en la que él va también da vuelta a la izquierda. Van rebotando por el camino de tierra, a través del río, hacia arriba por la pendiente, y a través de la entrada donde los ruinosos pilares aún se mantienen en pie. Ella saca un pedazo de papel y algunos billetes sueltos. En el papel están garabateados un nombre y un número telefónico.

—Salón de Sonia —lee la mujer en voz alta mientras se mete los billetes en el bolsillo superior del saco—. ¿Quién es Sonia?

—Es mi hija.

—¿Tu hija? —dice con una sonrisa tan amplia que él le alcanza a ver las incrustaciones de oro en los molares superiores—. ¿Y ella qué hace?

—Trabaja en un salón de belleza en Chicago.

—¿No es la dueña?

—No, sólo trabaja allí —le responde, aunque se da cuenta de que ella no se lo traga.

Incluso antes de que se detengan frente a su casa observa que la miniván que recogió dos semanas antes ya no está y que han entrado a su casa. La puerta de su recámara está rayada, doblada y entreabierta. Dos hombres ayudan a Rosario a bajarse de la camioneta y subir a su silla de ruedas. La mujer se baja de la SUV, enciende un cigarro y camina haciendo un círculo completo alrededor de Rosario antes de pararse frente a ella y preguntarle cómo se llama la hija del viejo, la que tiene una gasolinera en Jalisco.

—En realidad no sé nada de sus hijas —dice Rosario.

La mujer da una larga calada y mira a Rosario con ojos entrecerrados antes de darle una fuerte bofetada.

—Llama a sus hijas —dice, aventando el teléfono de él al regazo de Rosario—. Dile que tenemos a su padre y que si quieren volver a verlo algún día pueden llamarnos a este número —anota los números en un pedazo de papel y se lo pasa a Rosario.

El convoy empieza a moverse y otra vez la SUV en la que él va sigue a su camioneta. La mujer busca en el bolsillo del asiento frente a ella y saca un rollo de papel de baño y cinta para ductos. Toma dos pedazos de papel de baño, los pone contra los ojos de él, y mientras se los sostiene, uno de los hombres le enrolla la cabeza con cinta para ductos apretada. Adentro de esa nueva oscuridad, una diferente luz se enciende en automático. El trazado de esa tierra es casi una parte de su composición genética, lo tiene grabado en los huesos. No necesita ver cuándo pasan por el río, porque puede oír la corriente de agua, y cuando dan la vuelta para incorporarse a la calle principal, el zumbido de las llantas adquiere un distinto matiz. Una vez más tiene que estabilizarse al pasar la curva para evitar que el peso de su cuerpo aplaste, esta vez no a la mujer, sino al hombre. También sabe exactamente cuándo están pasando frente a la terminal de autobuses. Puede oír los motores de los camiones en ralentí, oler el diesel, y luego vienen los tumbos, uno tras otro, al pasar los tres topes del extremo norte de la ciudad antes de salir a la carretera y al desierto.

* * *

Es lunes por la noche y estoy cenando con una amiga en mi barrio.

—Corro al baño —dice mi amiga alejando la silla de la mesa. Viene el mesero y nos deja la cuenta. Busco en mi bolsa y noto que mi celular está vibrando. Tengo dos llamadas perdidas de Sonia y un mensaje de texto suyo: "LLÁMAME URGENTE". Esto no puede ser nada bueno, pienso mientras me quedo viendo la llama de la veladora: observo cómo oscila cada vez que alguien abre la puerta. ¿Y ahora qué pasó? ¿Y si está muerto? ¿Y si mató a alguien? ¿Y si le disparó a Rosario? Hacía apenas dos días le había dicho dónde estaba escondida su pistola. El reflejo de la llama hace que las suaves hendiduras de la mesa de madera se vean oscuras y cálidas, y una parte de mí quiere meterse en uno de esos rinconcitos y quedarse ahí por mucho, mucho tiempo.

—¿Cuánto debemos? —pregunta mi amiga al regresar. En el baño se reacomodó el pelo rubio platino y se puso una nueva capa de lápiz labial rosado.

—Acabo de recibir un mensaje de mi hermana —le digo aclarándome la garganta—, y quiere que le llame de urgencia.

—No puede ser nada bueno —dice.

—Lo sé —le doy dos golpecitos a mi teléfono, que está sobre la mesa. El barman le sirve vino a una pareja que está sentada en la barra. En la pared detrás de él brillan botellas de vidrio bruñidas.

—Pues probablemente deberías llamarle —dice mi amiga.

—Cierto —alcanzo mi copa de vino tinto y me tomo lo que queda antes de llamar a Sonia. Cuando contesta me dice que acaba de colgar con Mary, que recibió una llamada de Rosario y le dice que han secuestrado a mi padre.

—¿Secuestrado? ¿Cómo? ¿Quién? —pregunto.

No conoce todos los detalles, pero según Rosario registraron la casa de arriba abajo. Habían revuelto todos los armarios y baúles, y dejado desparramados a su paso platos hechos pedazos, almohadas y ropa. Le dieron a Rosario un número adonde podía llamarles.

—¿Y? —pregunto—, ¿les llamó Mary?

—Cree que no deberíamos meternos —dice Sonia. Cuando Rosario llamó a Mary y le dijo lo que pasó, ésta se tomó unos momentos para asimilar la noticia antes de responderle con un acto reflejo: "¿Sabes qué, Rosario? A mí se me hace que él hizo algo para provocar esto, y no me voy a involucrar. Puedes llamarles y decirles que no van a recibir de mí ni un centavo, ni de ninguno de sus hijos, porque nos abandonó cuando éramos niños"—. Mary hasta se negó a anotar el número—. ¿Notaste algo sospechoso cuando estuviste allá? —me pregunta Sonia.

Le cuento cómo por toda la ciudad estaban surgiendo historias de gente secuestrada y le hablo de la suv que vi cuando salí a correr, pero fuera de eso no había observado nada extraordinario.

—¿Cuánto dinero están pidiendo? —pregunto, consciente de que mi amiga me observa desde el otro lado de la mesa. Es inglesa, diseñadora de modas, y probablemente no comprende las palabras que salen de mi boca.

—Quieren como quinientos mil pesos, o dólares, algo así —no está segura de la cantidad, pues a Mary ni siquiera le interesaba oírlo.

—¿Llevaba su pistola? —pregunto, ya sintiéndome culpable de haberla escondido.

Sonia no sabe si la llevaba. Decidimos que mientras no sepamos qué vamos a hacer, lo mejor es no responder ninguna llamada de Rosario ni de números desconocidos. Dice que una mujer se la pasa hablando a uno de sus salones y pregunta por ella, pero ya les dijo a sus empleadas que digan que ya no trabaja allí.

Mi amiga y yo pagamos la cuenta y me voy a casa. Paso la siguiente hora caminando de un lado a otro del departamento y sintiéndome completamente inútil. Lo primero que hacemos es borrar nuestras voces de las contestadoras. Todos cambiamos el mensaje para que si alguien llama sólo oiga la respuesta automática repitiéndole el número que acaba de marcar. Si llaman los secuestradores, no podrán estar seguros de adónde llamaron, y si no pueden localizarnos, no nos pueden amenazar.

Rosario llama esa noche y deja varios mensajes en los que me suplica que le devuelva la llamada, y aunque suena genuinamente alterada, no lo hago. Hay muchas incógnitas: ¿Y si mandamos el dinero y piden más dinero? ¿Y si mandamos el dinero y luego van tras nuestra madre? Ella llevaba ya una semana de regreso en Valparaíso. ¿Y si mandamos el dinero y de todas formas lo matan? ¿Y si Rosario está conchabada con los secuestradores? ¿Por qué la dejaron a ella como la intermediaria? O peor, ¿y si él tenía algo que ver con esto? ¿Y si él lo provocó, se metió con la persona equivocada o le debía dinero a alguien? ¿Por qué prácticamente había exigido saber cuándo regresaría Mary a México?

Esa noche me acuesto y doy vueltas en la cama preguntándome dónde podrá estar en ese mismo momento. Imagino que probablemente lo tienen con los ojos vendados y atado a alguna silla de madera en una casa abandonada en las afueras de la ciudad y que deben de estarlo hostigando, caminando en círculos alrededor de la silla y preguntándole: "¿Dónde están tus hijas? ¿Pues no que te procuraban tanto?" Para entonces, el único mensaje que Mary les mandó a los secuestradores ya debe de haberles llegado: *De mí no van a recibir ni un centavo, ni de ninguno de sus hijos, porque nos abandonó cuando éramos niños.*

Si él estaba lo suficientemente cerca como para oír la conversación, en ese momento debe de haberse dado cuenta de que su pasado podría estar alcanzándolo: aunque todos habíamos vuelto y habíamos restablecido una relación con él, nuestro pasado seguía siendo una línea oscura trazada entre nosotros. Supongo que dondequiera que esté, ya debe de estar calculando, tramando, ideando un plan para salvar su pellejo, porque ese día, cuando el sol se puso y ninguno de nosotros les había devuelto la llamada a los secuestradores, lo único que debe de habérsele aclarado fue que él mismo tendría que arreglárselas como pudiera.

Secuestrado. Esa palabra me da vueltas y vueltas mientras el ventilador zumba en la ventana, y no consigue aliviar mayormente el sofocante calor húmedo de agosto. Qué mundo tan extraño. Qué inmenso espacio gris: qué alivio. La muerte es un infinito agujero negro del que nada se puede recuperar. Que esté secuestrado está bien: hay esperanza.

El martes a primera hora le mando un correo a mi amigo en la ciudad de México, el periodista. Él me pone en contacto con un amigo suyo, otro periodista, que tiene una conexión directa con el jefe de la división de secuestros del gobierno federal mexicano.

—Entonces, aquí su amigo me dice que su padre no es precisamente un ciudadano ejemplar —dice el federal cuando le llamo.

—Eso es cierto —le contesto—, pero de todas formas es mi padre.

El federal me dice que la cosa con los secuestradores es que normalmente van tras una recompensa monetaria y que mientras cooperemos, probablemente no le harán daño a mi padre.

—¿Ya habló con los secuestradores?

—No.

—¿Ha hablado con su padre?

—No.

—¿Cómo sabe si sigue vivo? —pregunta. Esto ya se me había ocurrido, pero traté de no detenerme en eso. Me explica que lo primero que tengo que hacer es llamar a los secuestradores, decirles que cooperaremos, pero que si por favor antes me dejan hablar con mi padre para asegurarme de que está bien. Cuando sepamos que está vivo y bien, podemos empezar a negociar—. Yo la guiaré por todos los pasos —dice—, y si en algún momento la situación se intensifica o los secuestradores empiezan a amenazarla, entonces tiene que hacérmelo saber y nosotros actuaremos en consecuencia.

—¿No pueden mandar a las tropas federales a rescatarlo? —pregunto, imaginando que los policías de alguna manera podrían localizarlo y los soldados descenderían en la bodega a media noche. En un abrir y cerrar de ojos, antes de que los secuestradores pudieran reaccionar, el sitio estaría rodeado de vehículos blindados y helicópteros.

—Paso a paso —dice—. Primero necesita llamarles, hablar con su padre; luego llámeme a mí y a partir de ahí le diré qué hacer.

Después de colgar llamo a Mary. Creo que, como vive en México, ella debería ser nuestro contacto, la que hable con los secuestradores.

—No deberías haber llamado a la policía —me dice, y pregunta si les di mi nombre.

—Claro que les di mi nombre —le digo, y explico que confío en mi amigo, que él nunca me pondría en contacto con un federal deshonesto.

—Aquí no puedes confiar en nadie, mucho menos en los policías —dice, expresando un sentimiento que la mayoría de la gente de Valparaíso, y probablemente de todo México, comparte. Para entonces parecía de lo más evidente que los federales habían estado detrás de la fuga de la cárcel: estaban enterados de todo y habían permitido que pasara. ¿De qué otra manera era posible que cincuenta y tres internos escaparan en cinco minutos y no hubiera ninguna resistencia? No se había disparado una sola bala.

—A lo mejor deberías agarrar a los niños y salir de allí —le digo—. Vete a Chicago hasta que todo esto pase.

—No me voy a ningún lado —y me pide que deje de llamarle, porque probablemente los secuestradores están oyendo todas nuestras conversaciones. No está paranoica: todo mundo sabía que los cárteles de la droga habían instalado torres de vigilancia y habían estado interviniendo llamadas de celulares.

El miércoles en la mañana nos enteramos de la última amenaza. O mandamos el dinero al final del día o van a tirar su cabeza por el muro del patio. Roselia llama a varios contactos que tiene en México para ver si alguien puede ayudar. No sólo no pueden ayudar, sino que vacilan en discutir cualquier cosa por teléfono. Llama a algunas agencias de detectives privados en Chicago, todo sin éxito. Se pone en contacto con el FBI, pero como mi padre no es ciudadano estadounidense, no hay nada que puedan hacer. Sonia me dice que llame al federal y que lo haga mandar las tropas.

—Mary no quiere que los federales se involucren —digo, y aunque pienso en volver a llamar al federal, sé que sólo va a preguntarme por qué todavía no he llamado a los secuestradores.

Cuando hablo con Yesenia, que está en Oakland, dice que no hagamos al federal mandar las tropas porque cada vez que los soldados se involucran en estas situaciones todo termina en un tiroteo masivo, y qué tal si queda atrapado en el fuego cruzado.

—Hasta donde sabemos, mi apá ya está del otro lado —le digo, y en el instante en que lo pronuncio desearía no haberlo hecho.

Las dos nos quedamos calladas un largo rato.

—¿De verdad piensas que podrían haberlo matado? —su voz apenas se oye.

—Piénsalo —le digo—. Con la reputación que tiene apá, no hay manera de que lo dejen salir, aunque mandemos el dinero. No te metes con alguien como él y luego lo dejas libre como si nada hubiera pasado. Creo que Mary tiene razón: no debemos meternos. Con el tipo de vida que ha llevado, tiene que estar de acuerdo con que así lo hagamos. Si alguien sabe negociar para salir de algo así, es él.

Más tarde, en la cama, mirando al techo y oyendo el escándalo de mis vecinos en su patio trasero, deseo que hubiera un modo de enviarle un mensaje —señales de humo, clave Morse— o de encontrarlo en un sueño y decirle que aunque no llamemos a los secuestradores, eso no significa que no estemos tratando. Porque ¿y si sí lo matan? ¿Y si se va de este mundo pensando que todos le dimos la espalda, que no lo queremos? El aire flota caliente y denso en mi recámara, y cuando finalmente me quedo dormida, la luz del sol inunda mi ventana. Mi padre sale de la luz y está parado frente a mí. Tiene más o menos la misma edad que cuando se fue de Chicago: cuarenta y cinco. Se ve alto y fuerte y lleva sombrero vaquero negro, jeans y un chaleco negro de cuero sobre una camisa vaquera a cuadros. Me sonríe, me hace un gesto con la cabeza, y luego se da la vuelta y se desvanece en la luz blanca. Me despierto con una enorme presión en el pecho, jadeando y pensando que deben de haberlo matado. Que vino a despedirse.

En la mañana checo con mis hermanas: nada ha pasado volando por el muro, todavía… Para el medio día, aún nada: ni su cabeza, ni su mano, ni siquiera un dedo: nada. El único mensaje que nos llega ese día más tarde es que su fianza se ha bajado a 50 000 dólares. Con los cárteles no se negocia: o mandas la cantidad que piden o nunca más vuelves a ver a tu pariente: es así de simple. No sólo no ha pasado volando su cabeza por encima del muro del patio, sino que su rescate ha disminuido en 450 000, y no puedo evitar preguntarme a qué se habrá debido, qué encantos habra desplegado? ¿Qué paisaje les habrá pintado, qué clase de trato habrá alcanzado, para conservar la cabeza sobre los hombros?

Esa noche Mary se despierta con unos fuertes golpes, con lo que suena como alguien que trata de entrar por su puerta principal. Hace que sus dos hijas adolescentes suban por las escaleras de caracol a la azotea y les dice que se escondan en casa de los vecinos. El ruido se hace más fuerte, y cuando se detiene no hay más que el sonido de las sirenas que se acercan y una mujer gritando: le grita a alguien que por favor cuide a sus hijos. La puerta de un coche se azota y se traga la voz de la mujer; luego unas llantas rechinan al pasar por la puerta de Mary casi al mismo tiempo que suenan ráfagas de ametralladora. Mary está segura de que en cualquier momento van a entrar como bólidos en su casa. Pero no: las explosiones y las sirenas se van y al rato desaparecen en la lejanía.

—Pasé el susto de mi vida —me dice Mary al día siguiente cuando hablé con ella. Para entonces ya oyó que un convoy de SUV había ido a levantar a una mujer de su colonia, pero con todos el estrépito alguien llamó a la policía, y justo cuando las SUV estaban arrancando con su rehén, la policía cayó sobre ellos y abrió fuego. Persiguieron a las SUV por varios kilómetros y los obligaron a abandonar dos de sus vehículos destruidos en la avenida principal: hubo cinco personas muertas.

—¿Creees que sean los mismos tipos que tienen a mi apá?

—No lo dudaría —dice.

—¿Por qué no te vas a Chicago y te quedas hasta que las cosas se tranquilicen? —le sugiero, pero se niega a irse.

Ese mismo día recibimos otro mensaje. Otra vez disminuyeron su rescate: los secuestradores quieren que mandemos 10 000 dólares o lo que podamos. La pareja de Roselia bromea con que si aguantamos suficiente, puede ser que nos pidan que mandemos lo necesario para cubrir sus gastos de comida, para al menos quedar tablas.

—Voy a llamar a los secuestradores —dice Roselia—. Esto es ridículo: no voy a dejar que maten a mi apá por 10 000 dólares.

Llama a Rosario para que le dé el número de los secuestradores, pero antes de que tenga chance de decir nada, Rosario le informa que ella ya consiguió los 10 000. Le prestó el dinero Raúl, el novio de Alma, y dice que tendrían que liberar a mi padre en cuanto el giro se autorice en su cuenta. Lo más probable es que en un día o dos.

El viernes en la tarde, la última ola de rumores ya está filtrándose por toda la ciudad y desplazándose hacia la frontera. La gente dice que vieron a mi padre paseando con los secuestradores, platicando con ellos en la gasolinera de Valparaíso... que tal vez no lo secuestraron, sino que más bien se unió a ellos.

★ ★ ★

—¿Cuándo lo dejaron ir? —le pregunto a mi padre cuando hablo con él unos días después. Aunque ya conozco la respuesta a mi propia pregunta, también sé que probablemente nuestra conversación esté intervenida, y por eso no puedo preguntar lo que de verdad quiero saber: sobre el tiroteo en la colonia de Mary, los rumores de que la gente lo vio paseando con los secuestradores, y si de verdad se les había unido.

Me dice que lo soltaron enfrente de su casa el sábado en la noche.

—¿Encontró su pistola? —pregunto, y me dice que ni siquiera había tenido chance de buscarla, que los amigos debieron de encontrarla porque registraron toda la casa y se llevaron todo lo de valor: su televisión, su estéreo, sus cadenas de oro, sus abrigos de piel y el rifle de su padre. Vuelvo a sentir una punzada de culpa por haber escondido su pistola. Quizá si la hubiera traído habría tenido cómo defenderse, aunque también perfectamente podría haber conseguido que lo abatieran a tiros en ese lote polvoriento, pues su pistola no podía competir con las ametralladoras, y su corrido habría tenido un final diferente.

—No, méndigos. Había una mujer con ellos, ella era la mera mera. Se la pasó estrellándome la culata del rifle en las rodillas y pidiéndome los números de teléfono de mis hijas —dice—. Y yo todo el tiempo les dije que se equivocaban, que no tenía ninguna hija, excepto Sonia, y eso sólo porque encontraron en mi billetera el número de su salón, pero ellos parecían convencidos de que tengo una hija que vive en Jalisco que hasta tiene su propia gasolinera —dice—. Y a huevo querían que les diera su número de teléfono, que les dijera dónde vive, pero ¿cómo pretendían que diera información que no existe? Imposible, ¿verdad?

—Ey —digo, y sé que me está diciendo exactamente lo que no puede decir—. Me alegra que esté bien —digo, aunque lo que realmente quiero decirle es: "No le dimos la espalda. Que no hayamos llamado a los secuestradores no significa que no estuviéramos tratando". Pero no digo nada, porque si los secuestradores están oyendo pueden ir y levantarlo otra vez.

—De todas formas estoy bien, vivito y coleando —dice, aunque más adelante Rosario me dijo que cuando lo soltaron venía deshidratado, había perdido peso y sus rodillas estaban hinchadas y moreteadas—. La que no tuvo tanta suerte fue su vaca —me informa que el domingo, después de la última vez que hablamos, fue al rancho y la encontró tirada de costado. Su respiración era superficial pero seguía viva. El lunes en la mañana fue al veterinario y se llevó una vacuna para ella y planeaba volver al rancho el martes temprano—, pero me recogieron el lunes en la tarde y eso fue todo —acababa de estar en el rancho el día anterior, y entre los coyotes y los buitres prácticamente no quedaba nada de mi vaca.

—A lo mejor se fue ella en lugar de usted —digo. Esto es algo que él una vez me dijo: que en México los indígenas piensan que si la muerte viene por ti, puedes eludirla, engañarla para que se lleve un alma distinta en vez de la tuya.

—Es lo mismo que dijo Rosario —responde—: que quizá la Parca se chingó a su vaca en mi lugar —me dice que no me preocupe, ya mandó recoger otra vaca para mí, y pregunta cuándo volveré.

—Tal vez vaya cuando se terminen las clases en diciembre —le digo—. Para las fiestas.

—Aquí la estaré esperando —me dice, aunque probablemente sabe tan bien como yo que no voy a ir para las fiestas ni en un futuro cercano: con el secuestro las cosas han cambiado.

* * *

En los siguientes meses se la pasa cambiando de teléfono celular, como si fueran desechables. Parece que cada mes tiene un nuevo número. Yo me la paso reprogramando los nuevos números en mi celular, con el nombre de "Apá". Esa palabra de tres letras ya no se siente como si fuera una mentira. Se siente como si la palabra misma estuviera hecha de carne y hueso. La mayor parte de las veces, cuando marco este número mi llamada no pasa porque el receptor no tiene suficiente crédito. Eso, o mis llamadas se van directo al correo de voz, en cuyo caso cuelgo, pues él no sabe cómo recuperar sus mensajes. Si sí contesta, es difícil tener una conversación con él. No sólo se siente como si nos estuvieran vigilando, sino que la mayoría de las veces está tomado: arrastra las palabras y no se le entiende.

—¿Quién habla? —gruñe en el teléfono.

—Soy yo, apá, soy yo.

—¿Quién? —pregunta, y al momento siguiente ya no está. O bien cuelga o bien abandona la llamada.

Mary me dice que le ha llamado algunas veces y él le dice que está en su rancho, pero más adelante ella se entera de que todo el tiempo había estado en su casa. Una vez le dice que está en La Mesa escondiéndose.

—¿Escondiéndose de quién? —pregunta—. ¿De quién se está escondiendo, apá? —antes de responder, él cuelga o abandona la llamada.

Luego empieza a aparecerse en casa de Mary, con los ojos desorbitados y fatigado, rezumando alcohol. Ha perdido peso, se le cayeron todos los dientes, y una barba blanca incipiente brota de su barbilla como agujas. Se ve mucho más viejo. Es como si los años que consiguió conjurar con pura fuerza de voluntad le hubieran caído de sopetón. Se sientan en la escalinata de su entrada, y aunque ella insiste en que entre, se dé un baño, coma algo caliente, él se niega. La rodea con los brazos, la acerca a él y estalla en llanto. Se pone a hablar de esos hombres, dice que son crueles y hacen cosas horribles, horribles: matan a gente inocente, incluso mujeres y niños; que él no había querido hacerlo, pero que no se preocupe, porque mientras él esté vivo nadie va a venir a molestarla.

—¿No quería hacer qué, apá? —pregunta. Él se separa de ella y se le queda viendo como si tratara de recordar quién es. Venas rojas atraviesan el blanco de sus ojos, y Mary no puede evitar preguntarse cuánto tiempo habrá pasado desde que no duerme una noche completa—. ¿Qué es lo que no quería hacer? —pregunta. Él se levanta y mira a su alrededor como un hombre que acaba de recobrar el conocimiento, y al momento siguiente está dando manotazos a las ramas bajas de la higuera en la entrada y regresando a trompicones a su camioneta. Se mete, despierta al conductor, y se va.

Encontró alguien que lo llevara y viajó tres horas para pasar apenas veinte minutos con ella. Es como si hubiera ido hasta allá sólo para que lo abrazara, como si ella fuera su última oportunidad: una balsa salvavidas en ese terreno siniestro.

Se aparece unas cuantas veces más después de ésa. Sus visitas siempre son iguales, siempre breves; él llora y dice que no había querido hacerlo, que esos hombres son crueles y hacen cosas horribles, pero que no se preocupe, porque mientras él esté vivo nadie la va a molestar.

Cuando se va, ella se queda con una gran desazón, pensando que el secuestro había sacudido su mente hasta que se desprendió de sus bisagras.

* * *

—Tenemos que ayudar a mi apá —dice Sonia un día que me llama cuando menos lo esperaba. También ella ha oído que ha estado bebiendo mucho, que se ha aparecido en casa de Mary—. Tenemos que sacarlo de ahí.

—¿Adónde irá?

—No lo sé, quizá puede ir a quedarse con Yesenia en Tulum —dice, porque para entonces Yesenia estaba trabajando de masajista en una playa del sureste de México—. O quizá podemos hacer que de alguna manera cruce la frontera.

—¿Cómo? —pregunto. Unos dos años antes ya habíamos tratado de conseguirle una visa para Estados Unidos. Sonia llenó todos los papeles, y unos meses después recibió una carta. Le habían dado una cita; necesitaba presentarse en el consulado de Estados Unidos en Guadalajara en tal y tal fecha y traer ciertos documentos: su acta de nacimiento, su acta de matrimonio, estados de cuenta bancarios, registros de los animales y escrituras de sus terrenos. Yo di con él todas las vueltas por la plaza para recoger lo papeles que necesitaría. Para entonces, la cárcel se había reubicado en las afueras de la ciudad, había dos bancos en la plaza y la mayoría de las oficinas de gobierno despachaban en el edificio donde alguna vez había estado la casa con los arcos de piedra caliza rosada.

El día de la cita, realmente estaba vestido para el papel. Con tenis, jeans, un rompevientos verde oscuro de J. Crew y una gorra de beisbol, era fácil creerle; estaba muy americano, pensé. Le dio a la mujer tras el mostrador sus papeles, todos cuidadosamente ordenados adentro de un sobre manila. Le hizo varias preguntas: ¿Cuál era el propósito de este viaje? ¿Cuánto tiempo planeaba quedarse? ¿Dónde se quedaría? Las respondió todas con una sonrisa y haciéndole ojitos, y ella sonrió de vuelta. Quizá al tratar de ser convincente, se había convencido a sí mismo de que podría funcionar, de que podría usar sus encantos para regresar a Estados Unidos... hasta que la mujer puso una almohadilla frente a él. Le aseguró que no era nada del otro mundo, sólo era una formalidad, y ¿sería tan amable de colocar el pulgar en la almohadilla? Incluso antes de hacerlo supo que la farsa había terminado.

—A lo mejor podemos llevarlo a Tijuana y pagarle a un coyote que lo cruce la frontera —dice Sonia—. O a lo mejor mi tío Antonio le presta sus documentos.

Mi tío Antonio, el hermano mayor de mi padre, llevaba años viviendo legalmente en Estados Unidos. Se parecían lo suficiente para que tal vez mi padre pudiera usar sus papeles y lo lleváramos a Tijuana, donde podría atravesar la frontera. Pero ¿realmente tendría el valor para cruzar? Ya no era fácil como alguna vez, allá en los años setenta y ochenta, cuando fue y volvió numerosas veces y trataba a la frontera del mismo modo que a la ley: como una simple recomendación.

Por otra parte, ya no era tan joven y atrevido como antes. Además, ¿cruzaría sabiendo que viviría en los suburbios y para desplazarse estaría a merced de los demás? No habría modo de que consiguiera una licencia de conducir legal, e incluso si consiguiera una chueca, ¿se arriesgaría a que lo detuvieran, cuestionaran y arrestaran? ¿Iría sabiendo que ya no habría cabalgatas solitarias a la luz de la luna, no más caballos, ganado, aire fresco de la montaña ni inmensos cielos azules? ¿Nada más que su cuerpo transportado de una casa de los suburbios a otra, aunque los años siguieran apilándose en él como una avalancha imparable que terminaría por empujarlo al rincón iluminado de un asilo de ancianos?

—¿Dónde viviría? —pregunto.

—No lo sé —dice—. Conmigo, supongo.

—¿Y si sigue bebiendo?

—A lo mejor podemos llevarlo a Alcohólicos Anónimos.

Las dos nos quedamos calladas.

25. ESTRELLITA DEL MAR

Estamos convencidas de que no va a lograrlo. Lleva días bebiendo. Un día antes de que su vuelo salga de Guadalajara le llamo al final de la tarde.

—¿Quihubo? —grita por encima de la música que retruena en el fondo.

—Apá —le digo—, ¿va a venir a vernos o no? —mis dos hermanas y yo planeamos un viaje a Tulum y le compramos un boleto. Han pasado siete meses de su secuestro y ninguna de nosotras ha ido a verlo.

—¿Quién habla?

—Soy yo, apá —es la misma conversación que he tenido con él los últimos cinco días. No parece recordar que tiene que tomar un avión. Me dice que espere un momento y luego lo oigo platicar con alguien, gritarle por encima de la música—. ¿Con quién está?

—Con nadie —dice, y luego farfulla algo incoherente sobre ensillar su caballo y montar hacia el rancho.

—Apá, si no deja de tomar, no lo van a dejar subir al avión.

—Oh, oh, oh, okay, okay, está bien —dice, y se va.

Después de colgar el teléfono se las arregla para meterse a la regadera y ponerse ropa limpia. Echa sus artículos de aseo, calcetines, ropa interior, y un cambio de ropa en una mochilita beige. Luego encuentra a alguien que lo lleva a la terminal de autobuses y sube a un camión que lo lleva a la ciudad vecina, donde cabecea por una hora en la estación antes de abordar un camión nocturno a Guadalajara. Llega a Guadalajara a las seis de la mañana, y aunque su vuelo no saldrá hasta la una de la tarde, toma un taxi directo al aeropuerto, pasa seguridad, encuentra su puerta de embarque, y se sienta, cabeceando y viendo cómo se llenan y vacían los asientos a su alrededor mientras los demás llegan poco a poco a la puerta y suben al avión. La joven detrás del mostrador le pregunta adónde viaja y él le dice que a Cancún, a reunirse con sus hijas.

—Faltan varias horas para que salga ese vuelo —le dice—, ¿por qué no sale a dar una vuelta y respirar un poco de aire fresco, come algo y luego regresa?

—No; con la suerte que tengo, si salgo a dar una vuelta me perderé y terminaré por perder el avión —dice.

Se queda. Si ya ha llegado hasta allí…

* * *

El día siguiente de su llegada es un domingo, y Yesenia nos deja a él y a mí en las ruinas mayas de Tulum; dice que tiene que ir al centro y hacer algunos mandados.

—¿Adónde iba Yesenia? —pregunta mientras caminamos por el sendero, cubierto de conchas blancas trituradas.

—A reunirse con mi amá —digo.

—¿Su madre está aquí? —la cara se le ilumina.

—Ey —digo. Yesenia y yo habíamos estado viajando por Guatemala con mi madre, y como supusimos que no había modo de que él lo lograra, mi madre decidió seguir con nosotras hasta Tulum.

—¿Cuánto tiempo se va a quedar? —pregunta.

—Se va mañana o pasado.

—¿Por qué tan pronto?

—¿Por qué cree? —le pregunto y lo miro.

Se encoge de hombros, aunque debe de saber que es por él. Cuando descubrimos que estaba en camino, mi madre fue y se registró en un hotel, pero no sin haber opuesto resistencia e insistido en que debía ser él quien se quedara en un hotel y a ella debían permitirle quedarse en casa de Yesenia. Pero ¿cómo íbamos a pedirle que se quedara en un hotel después de haberlo hostigado tanto con que viniera a vernos?

—¿Ve aquella línea blanca? —le digo señalando hacia el mar, donde, a lo lejos, las olas rompen lo largo del arrecife y forman una línea continua en la superficie. Asiente con la cabeza y le digo que allá hay un arrecife rebosante de toda clase de vida oceánica. Le cuento que Yesenia es amiga de un hombre maya al que apodan el Capitán, que se va remando en su lancha hacia el atardecer, arroja su red, y luego al día siguiente regresa poco antes del amanecer y saca su pesca—. La última vez que estuve aquí pescó un tiburón —digo—. Lo vendió a una de las pescaderías del pueblo, y luego agarró la jarra días enteros.

—Pobre amigo —dice mirando el mar—. Eso está rudo. Yo ya no voy a beber. A veces, cuando bebo demasiado, digo cosas, digo probablemente más de lo que debería, y luego al día siguiente no me acuerdo de nada.

—Tito siempre dice que un hombre puede consumir alcohol toda su vida, pero llega el día en que el alcohol empieza a consumir al hombre.

—Eso dice Andreíta, ¿eh? No, caraja viejita, siempre dice las cosas como son.

Tiene razón. Aunque Tito ya tiene noventa y tantos años, nunca nada se le escapa.

—¿Adónde vamos a llegar? —dijo cuando se enteró de que se introdujeron a México las semillas genéticamente modificadas—. ¿Semillas estériles? —dijo—. ¿Se imaginan? Eso un día podría acarrear el hambre mundial, y posiblemente la extinción de la raza humana.

Paseamos por atrás de la pirámide más grande de la zona. Se asienta sobre un acantilado que da a las aguas azul turquesa del Caribe. Los turistas sonríen y entrecierran los ojos bajo el sol matutino mientras posan para tomarse fotos enfrente de la pirámide. Observo cómo voltean a ver a mi padre cuando pasamos. Él destaca entre las chanclas, los vestidos de tirantes y las gorras de beisbol con su sombrero y botas negras vaqueras, jeans y camisa de cuello abotonado color vino con un ribete beige y en el dorso una cabeza de toro con cuernos que se despliegan hacia los hombros. Me siento como si estuviera caminando con una reliquia de tierra firme. No me sorprendería si la gente empezara a pedir tomarse una foto con él.

—¿Cómo se va a regresar Pascuala a Zacatecas? ¿Va a tomar un autobús o el avión? —pregunta.

—Creo que va a tomar el autobús porque quiere parar en la ciudad de México para visitar una iglesia en la que tiene unos conocidos.

—Bueno, supongo que ése ha sido siempre su negocio —dice mientras caminamos por el sendero—. Eso sí, los hermanos y hermanas siempre han sido su prioridad. Creo que si no se hubiera convertido en aleluya, podríamos haberla hecho.

—¿No sería muy loco que usted y mi amá tuvieran una reconciliación aquí y terminaran regresándose juntos a Zacatecas? —digo.

—Ouh, bueno fuera —sonríe, y advierto sus dientes blancos: qué blancos y perfectos son. Trae una dentadura completamente nueva. Ya no está el borde dorado que alguna vez lució en los incisivos centrales ni las incrustaciones de oro que cubrían sus molares superiores. Aunque quiero preguntarle qué pasó con sus dientes, no lo hago, temerosa de cuál podría ser la respuesta—. No, imagínese la cara de la gente si llegamos a la ciudad tomados del brazo después de todos estos años —habían pasado veintitrés años de su separación, y recientemente se habían separado oficialmente: ya estaban legalmente divorciados. Mary había ido con mi madre el día que firmaron los papeles y me dijo que mi padre se la pasó tratando de hacerle plática a mi madre, hasta que ella cogió su bolsa, se salió furiosa de la sala y esperó en el vestíbulo a que llegara el abogado.

—¿Quiere parar y descansar un rato? —le digo cuando llegamos a un grupo de arbolitos: uno de los pocos lugares sombreados de toda la zona. Hay dos grandes rocas blancas, una junto a la otra, bajo la sombra. Nos sentamos en una; él se quita el sombrero y lo deja en su rodilla—. Se siente bien la sombrita, ¿eh? —busco en mi bolsa de paja y saco una botella de agua.

—Ey —dice.

Doy un trago y le ofrezco la botella. La toma, bebe. Nos quedamos un rato en silencio viendo pasar a las parejas y a las jóvenes familias, y siento el peso de todo lo que quiero decirle, de todo lo que no he podido decirle por teléfono. Da otro trago y me devuelve la botella.

—¿Sabe qué? Cuando lo secuestraron… —le digo, volteando a verlo—. Estuvimos intentando… —le cuento que Roselia llamó a agencias de detectives, al FBI, prácticamente a todos sus conocidos en México. Que mi amigo periodista me puso en contacto con el federal y pensé en pedirle que mandara las tropas, pero Mary no quería que los federales se involucraran, y Yesenia temía que si había un tiroteo él pudiera quedar atrapado en el fuego cruzado—. Una decía que sí, otra que no, y al final de la semana no nos habíamos movido ni un centímetro a la izquierda o a la derecha —le digo—. ¿Usted qué pensó cuando oyó que no habíamos llamado? ¿Pensó que lo habíamos abandonado?

—No: sabía que era una situación difícil —dice viendo hacia el sendero, donde un niño y una niña como de seis y ocho años corren hacia nosotros—. Está bien que se hayan mantenido al margen. Esa gente es despiadada.

— No llamamos a Rosario porque pensábamos que podría tener algo que ver; nos parecía curioso que la hubieran puesto de intermediaria —le digo.

—No me sorprendería si sí tuviera algo que ver —dice—. Muchos de esos hombres son de la sierra, de la misma región que ella, arriba en las montañas. Allí siembran sus cultivos, la mota, la amapola, todo. Allá lo cultivan y luego lo bajan en cantidades industriales —me explica que tienen a sus vigilantes apostados en los extremos de la ciudad. Hay dos SUV en la gasolinera del norte, y otras dos enfrente del matadero del sur, y todo el día están vigilando el camino que pasa enfrente de La Peña y se extiende de las montañas, en un extremo, casi hasta la frontera, del otro.

Los dos niños llegan gritando y riendo y arrojan los brazos a la roca frente a nosotros.

—Chapucero —grita la niña. Se quedaron sin aliento y están discutiendo sobre quién ganó y quién hizo trampa. El niño voltea y le sonríe a mi padre: los niños y los perros siempre se han sentido atraídos hacia él. Mi padre los saluda con la mano, lo saludan de vuelta, y luego se van y se echan una carrera hacia donde están sus padres.

—¿En algún momento pensó que hasta ahí llegaba? —le pregunto.

—Por momentos sí —mira hacia el pasto bañado por el sol y empieza a narrar los sucesos de aquella tarde. Cuando lo levantaron en el lote lo condujeron a una de las SUV; en el asiento trasero había una mujer con el rifle de su padre entre las rodillas. La apodaban la Mona; todos ellos tenían apodos, pero ella era la principal, la que daba las órdenes. Ella le vendó los ojos con cinta para ductos y papel de baño y se la pasó diciéndole su "gallinita de oro"—. No sé, supongo que pensó que iba a recaudar una fortuna con ustedes —dice. Otra vez los niños están abrazando la roca, riendo y discutiendo. Detrás de ellos llegan sus padres y se sientan en la roca enfrente de nosotros. Aunque mi padre está viéndolos, me doy cuenta de que sus pensamientos están en otra parte—. Hay un campamento en el desierto donde entrenan a sus reclutas, sobre todo muchachos, algunos tan chicos como de ocho o nueve —dice—. Muchos de ellos no tienen casa y los recogen en la calle, les ofrecen trabajo, comida y dinero, y luego hacen que se envicien con el polvo blanco, hasta que a la larga los muchachos quieren trabajar sólo por el polvo.

—Pobres muchachos —digo.

—No, ¿se imagina una vida así? Esos niños crecen y nada les importa un carajo —dice—. En ese mismo campamento tienen unos grandes tanques llenos de ácido, y allí es donde se deshacen de los cuerpos. Hay un hombre apodado el Sopero, y todo el día está metiendo una vara larga adentro de los tanques, constantemente picando y removiendo, y...

—¿Usted vio eso? —volteo a verlo.

—Ey.

—Pensé que le habían vendado los ojos.

—Lo hicieron —me dice viéndome fijamente—. Me tuvieron en el asiento trasero de una Suburban todo el tiempo, y a veces se detenían en el campamento a dejar a alguien, y mucho tiempo me dejaban solo en la camioneta o sentado bajo un árbol, y si echaba la cabeza para atrás y levantaba un poco la cinta, podía ver lo que hacían —frunce la nariz como si todavía pudiera percibir el hedor del ácido, como si todavía pudiera ver los trozos de carne humana volando por los aires como leños—. Son horribles las cosas que hacen, horribles.

La familia se levanta y el padre se lleva a los niños a empujones y nos mira por encima del hombro mientras se alejan. Mi padre no parece darse cuenta. En su rostro se ha instalado un aire solemne.

—¿Sabe?, la gente de la ciudad anduvo diciendo que lo vieron paseando con ellos —le digo—, que ha de habérseles unido.

—La gente dice lo que quiere creer. Fíjese cuántas veces han dicho que estoy muerto, pero aquí estamos, ¿verdad? —levanta la ceja—. Al final me hice amigo de ellos, pero eso es sólo porque una noche les ayudé —saca el sombrero de su rodilla y contempla su interior como si pudiera ver esa noche desplegándose frente a él. Narra los detalles con voz tranquila. Que las suv cruzaron el límite del estado, fueron a Jalisco a levantar a un hombre, e hicieron tal alboroto al tratar de forzar la puerta principal que para cuando entraron, el hombre se había escapado o escondido, y por todo el ruido los vecinos llamaron a la policía y las sirenas ya se acercaban.

No se molestaron en buscar al hombre. En lugar de él se llevaron a su esposa, y desde el asiento trasero él podía oírla gritar. Hubo azotes de puertas de coche, los gritos se fueron, y al rato la Mona estaba de vuelta a un lado de él y un hombre del otro, y luego siguieron avanzando, rebotando por un camino de tierra. La Mona le gritaba al conductor que manejara más rápido, y todo el tiempo las sirenas se iban acercando. Hubo algunas explosiones aisladas en la lejanía, y luego los alcanzaron ráfagas de ametralladora. Se agachó cuando los vidrios se hacían añicos a su alrededor y sintió cómo se desplomaba muerto sobre él el hombre que iba sentado a su derecha. Estaba seguro de que él sería el siguiente, aunque casi pudo sentir la bala que le perforaría el cráneo, así que hizo lo único que siempre hacía en estas situaciones de vida o muerte: se puso a rezar, a pedirle a Diosito que tuviera misericordia de su alma. Y luego deben de haber llegado a otra carretera pavimentada, porque de pronto ya iban más rápido, y las explosiones y sirenas se perdían a la distancia. Le da vueltas al sombrero, ajeno al guardia de seguridad, que caminó a la sombra y ahora está con el pie apoyado en la roca que la familia acaba de desocupar.

A pesar de la estática de sus *walkie-talkies* podía percibir el pánico en sus voces. Dos de las SUV tenían las llantas ponchadas, y a algunos de los que venían en la SUV detrás de ellos también les habían dado. Se detuvieron, azotaron puertas, la puerta de su lado se abrió, y desapareció el peso del hombre.

—Vamos, viejo —alguien lo agarró del brazo y lo empujó por el asiento resbaloso. Por encima del ulular de las sirenas que se acercaban alcanzaba oír a la Mona hablar de dejar a la mujer porque le habían dado, y de todas formas muerta no les iba a servir de nada.

Lo hicieron subir a otra SUV, y de nuevo estaban en marcha; pasaban volando las curvas de una carretera, las sirenas cada vez más fuertes, y la Mona gritando que tenían que salir de esa carretera o nunca iban a perder a los federales. El conductor dijo bruscamente que no podía hacer nada: ése era el único camino que llevaba de vuelta a Zacatecas. Estaban tan tensos que por un minuto pensó que podían dispararse unos a otros, y ahí es cuando vio su oportunidad. Sabía que si estaban en uno de los únicos caminos que van de Jalisco a Zacatecas él podría ayudarlos, y se lo dijo.

—Si necesitamos tu ayuda, viejo, te la pediremos —dijo la Mona.

—Sí, viejo —dijo el conductor—, estamos cerca de Huejúcar. ¿Por qué? ¿Conoces algún camino secreto? —le dijo que no había otro camino, sólo el terreno.

No parece darse cuenta de que el guardia de seguridad ahora está con los dos pies en el suelo, los brazos cruzados y mirándonos… o no le importa. No me sorprendería si viniera a pedirnos que nos retiráramos.

—Todos se quedaron callados —dice, y describe cómo nadie hablaba, aunque sus miradas deben de haber estado bailando entre sí, y todo el tiempo las sirenas se iban acercando más, y en eso sintió el dolor de la cinta para ductos prácticamente arrancándole la piel del rostro. Afuera estaba oscurísimo, poco antes de romper el alba. Apagaron los faros y él los fue conduciendo fuera de la carretera, a través de las calles de Huejúcar, girando a izquierda y derecha, mientras las sirenas seguían ululando en la carretera. Cuando atravesaron el pueblo llegaron a una senda de tierra que llevaba a la ladera. El camino terminaba en el campo; cambiaron a tracción de cuatro ruedas y, mientras daban volantazos entre nopales y magueyes, él trató de orientarse. Habían pasado años desde la última vez que montó a caballo por aquellas partes y no estaba seguro de adónde iban, pero confió en sus instintos. Cuando las estrellas empezaron a apagarse, el paisaje ya resultaba familiar.

—Como en una hora ya estábamos en las inmediaciones de La Laguna —dice—. El abuelo de Pascuala tenía un rancho cerca de ahí, y cuando estábamos recién casados montamos allá varias veces. Si salíamos al amanecer, llegábamos a su rancho hacia mediodía.

Cuando llegaron a La Laguna supo exactamente dónde estaban, y a la hora en que los primeros rayos iluminaban el horizonte, ya prácticamente estaban pasando frente al portón de su rancho. Hasta tuvo el impulso de decir: "Oigan, ¿y si de una vez me dejan aquí? Yo ya hice lo que me tocaba", pero no dijo nada; pensó que era mejor mantener la boca cerrada. Además no quería que supieran dónde estaba su rancho. Miró pasar la entrada y enseguida estaban avanzando y bajando entre las rocas, cerca de Santana.

—¿Cómo es que conoces tan bien estas tierras, viejo? —le preguntó la Mona, y él dijo que en su juventud varias veces había atravesado ese terreno a caballo, había montado hasta Monte Escobedo y de regreso.

Temprano en la mañana estaban pasando los topes de la orilla sur del pueblo. Se pararon en la gasolinera y hasta lo dejaron pasar al baño sin escolta.

—Después de ese día fueron mucho más amables conmigo —dice—. Hasta la Mona. Era una mujer muy severa. Pero deberías haber oído cómo le cambiaba el tono cuando llamaba uno de sus hijos: sonaba como la puritita verdad cuando les decía que también los extrañaba, y preguntaba cómo les iba en la escuela, si obedecían a su abuela, si habían recibido los regalos que les envió, y ji ji ji y ja ja ja. Fuera de eso, era despiadada.

Nos quedamos un rato en silencio. Yo quiero terminar de entender esta historia; ahora tengo poca claridad sobre cuáles partes son ciertas y cuáles inventadas. Él parece saber un montón sobre sus campamentos y sus rutas, ¿y por qué había ayudado a sus captores a escaparse de la policía? ¿De verdad los había guiado por la zona o sólo estaba tratando de hacerse pasar por el héroe? Quizá incluso antes de que lo secuestraran ya se había enredado con ellos de alguna manera. ¿Por qué le había preocupado tanto saber cuándo volvía Mary de Chicago? A él lo levantaron en el lote casi en cuanto ella hubo vuelto.

—¿Supo del tiroteo que hubo en la colonia de Mary? —le pregunto.

—Ey.

—¿Piensa que fue el mismo? —digo, pensando que tiene que ser.

—No lo creo —dice—. Que yo sepa, esa gente que me levantó nunca pasó cerca de su colonia —dice—. Pero si estaba con los ojos vendados, ¿cómo sabría si pasaron cerca de su colonia o no? Quizá si la policía no se hubiera aparecido, los secuestradores a continuación habrían tirado a patadas la puerta principal de Mary. Pero ¿traicionaría de esa manera a su propia hija? ¿Llevar al cártel justo enfrente de la puerta de su casa? ¿O tal vez ellos lo habían obligado a llevarlos a la puerta de su casa y en lugar de eso él los llevó a la puerta de la casa de su vecino? *No se preocupe, mijita: mientras esté vivo, nadie va a venir a molestarla.* Estoy llena de tantas dudas que empiezo a pensar que de hecho tal vez nunca lo secuestraron, me convenzo de que la próxima vez que lo vea su puerta estará intacta y el rifle de su padre estará colgado sobre su cabecera. Ahora hay dos guardias parados firmes junto a la roca, como pilares.

—¿Tiene hambre? —pregunto—. Hay un buen sitio de mariscos aquí abajo en la playa. Podemos ir caminando, sentarnos con los pies en la arena y comer un ceviche y una cerveza helada.

Nos levantamos y caminamos por el sendero. Me cuenta que después de que lo soltaron, la Mona y algunos de los otros venían a cada rato por su casa para tomarse una cerveza con él, pero a él no le gustaba estar con ellos y normalmente le pedía a Rosario que les dijera que no estaba. Dice que un día se apareció la Mona prácticamente a exigir que le dijera quién cuidaba de él, a qué santo se encomendaba. ¿Y era cierto que tenía un pacto con el demonio?

—No sé, supongo que oyó las historias que se contaban en la ciudad —dice. Éste es un rumor que lo ha perseguido toda la vida: que tiene un pacto con el diablo, pero no sé bien cómo empezó—. Pero le dije que sólo era Diosito quien cuidaba de mí. No pareció convencerse, pero bueno, no mucho después de eso, su corrido terminó. Supe que su convoy anduvo en un tiroteo con los soldados y que murió en el fuego cruzado.

—Pobre mujer —digo, y no puedo evitar sentir lástima por sus hijos.

—Pobre nada —dice—. Para como vive esa gente, la mayoría no duran mucho.

★ ★ ★

Una noche antes de que mi madre parta de Tulum, mis dos hermanas y yo nos encontramos con ella para cenar en La Nave, una pizzería de hornos de leña en el pueblo, administrada por una familia italiana.

—¿Cómo está tu padre? —pregunta mi madre cuando ya estamos en nuestra mesa.

—Parece estar bien —digo, y pienso que sí, de verdad se ve bien: saludable, a pesar de que Mary dijo que había bajado mucho de peso. Debió de haber recuperado casi todos los kilos que bajó—. Tiene una nueva dentadura —digo—. Tal vez sus secuestradores le tiraron los dientes.

—¿Cuáles dientes? —dice mi madre—. Su padre nunca tuvo dientes. Desde que nos casamos ya no los tenía. Se los tiró una mula cuando era adolescente —dice—. ¿Por qué? ¿Te dijo que los secuestradores le tiraron los dientes?

—No le pregunté de sus dientes y él no dijo nada —viene la mesera y nos deja los menús—. Dice que se hizo amigo de los secuestradores y que a cada rato pasan a buscarlo —digo.

—Su padre es un mentiroso —dice—. Para decirte una verdad te cuenta diez mentiras. Si esos hombres van a la casa a buscarlo es porque debe de habérseles unido.

—Me dijo que no; dijo que se hizo su amigo pero sólo porque una noche los ayudó a escapar de los federales, los guio de Jalisco a Zacatecas por el campo.

—¿Eso te dijo?

—Ey.

—Quién sabe —dice—. Su padre sí conoce esas tierras como la palma de su mano. Mi abuelo tenía un rancho por ahí, cerca de La Laguna. Cuando estábamos recién casados íbamos allá a montar a caballo todo el tiempo.

—Es lo que me dijo.

—A lo mejor sí los ayudó —frunce el entrecejo—. Pero eso sí, su padre no tiene amigos, él no confía en nadie. Fingirá ser su amigo, pero en cuanto vea una oportunidad de desquitarse, lo hará.

★ ★ ★

Entra al mar de costado, como cangrejo, apoyándose firme para que no lo arrollen las olas de un metro que vienen hacia él. Las olas rompen y el agua espumosa pasa con fuerza por arriba de sus rodillas. Lleva aquí una semana y todavía no se sumerge completamente en el océano. Cuando acababa de llegar se quitó las botas, se dobló los jeans a las rodillas y caminó a la orilla del mar; dijo que la arena se sentía bien: nunca antes había sentido arena en los pies descalzos. Sólo una vez había ido a la playa, en algún lugar de California, pero se quedó con las botas puestas y bajo la sombra de un árbol a tomar cerveza con sus cuates.

—Tiene que entrar más allá de donde rompen las olas —le grito—. No está hondo, ¿ve? —alzo los dos brazos para que vea que estoy parada. El agua me llega justo arriba de la cintura.

Él levanta un dedo y lo mueve de un lado a otro. No sabe nadar: una vez, cuando era niño, casi se ahoga en el río. Rompe otra ola, y el agua le golpea el muslo y moja un poco el traje de baño que Sonia le trajo de Chicago. Llegó con un cambio de ropa: un par de jeans y una camisa negra vaquera, así que llamé a Sonia un día antes de que tomara el avión en Chicago; le compró traje de baño, playeras y chanclas. Le presto mi gorra negra de beisbol, que dice STIHL en el frente con grandes letras anaranjadas. La llevó un día al pueblo y al regresar me preguntó si yo era consciente de que STIHL era una marca de motosierras. Le expliqué que un amigo me la había regalado porque justamente así me decían de cariño en Nueva York: Motosierra.

En realidad fue Martin al que se le ocurrió el apodo. Él y yo habíamos ido a ver a un grupo musical y más tarde supuestamente nos íbamos a reunir con unos amigos en una fiesta de azotea en SoHo. Yo me había tomado un *gin and tonic* de más y camino a la fiesta tuve un altercado con unos buscapleitos.

—¿Y por qué no llegaron anoche? —preguntó mi amigo cuando nos topamos con él al día siguiente.

—Si no llevaba a Maria a su casa antes de la medianoche, se iba a convertir en motosierra.

Mi padre no me hizo ninguna pregunta, y probablemente ni quería saber cómo había terminado con semejante apodo, aunque debió de entender que el combustible de esa parte de mí que es una motosierra es precisamente su sangre. Que los "nervios de acero" de los que estaba tan orgulloso habían terminado por convertirse en una motosierra. Rompe otra ola y una vez más el agua pasa con fuerza por sus muslos.

—Tiene que venir un poco más adentro —le grito agitando los brazos sobre la cabeza—. Estoy parada, ¿lo ve?

Da dos pasos vacilantes, agarra la cadenita del Santo Niño de Atocha que lleva en el cuello, la gira y deja que le caiga en la espalda. Su pecho y su vientre están llenos de cicatrices. Cada una de ellas tiene una historia detrás, aunque cuando era niña pensaba que así había nacido. Me solía preguntar cómo habría sido su vida si hubiera nacido en otro tiempo y lugar. Si hubiera tenido una vocación o un oficio, si hubiera podido canalizar en algo como la música o la escritura toda esa pasión que se convertía en violencia.

Se arrodilla y se apoya para que no lo tire el agua que ahora viene con fuerza hacia su pecho. Cuando pasa la ola, ahueca las manos, recoge un poco de agua, se moja la cabeza y los hombros. Espera a que la siguiente ola rompa y pase, aguanta la respiración y sumerge la cabeza en el agua. Inmediatamente vuelve a sacarla y hace un esfuerzo por respirar, como si hubiera descendido hasta el fondo del océano y de regreso.

★ ★ ★

El día que se va le ayudo a acomodar sus cosas en la mochila: la ropa extra que Sonia le trajo, las chanclas y todo lo que recogió en sus caminatas matutinas por la playa. Desde que llegó, su reloj interno ha funcionado con el mismo horario, y aunque mis hermanas y yo dormíamos hasta las siete u ocho de la mañana, él estaba levantado desde las cinco, caminando por la playa, conversando con los hombres mayas que barren la basura de la playa frente a la hilera de hoteles boutique. Más tarde volvía de sus caminatas con conchas y pedazos de coral que había recogido en el camino. Ponía todo a secar en la terraza y decía que se lo iba a llevar a su casa para ponerlo en la mesa frente al retrato de la Virgen de Guadalupe.

—Cuando llegue a su casa no se olvide de limpiar la estrella de mar, o va a empezar a oler feo —le digo mientras la meto en una bolsa de plástico y la pongo en el bolsillo externo de la mochila, separada de todo lo demás. La estrella de mar seguía viva cuando la encontré flotando cerca de la orilla la noche anterior. La llevé a la cabaña para mostrársela, y él la tuvo un rato en la mano, mirándola sobrecogido mientras el animal le enrollaba los brazos en sus dedos. No sabía que algo así existía: una estrella viva, no en el cielo sino en el mar. La estrellita del mar, la llamó, y dijo que eso sería un bonito apodo para mí. Cuando sugerí que la devolviéramos al mar, parecía confundido.

—¿Por qué quiere hacer eso? —dijo—. ¿Y qué tal si esta cosa nos va a traer buena suerte, y usted va y la echa al agua?

Le expliqué que si no lo hacíamos, la estrella moriría.

—Hagamos esto: dejémosla fuera del agua esta noche, y si en la mañana sigue viva, la echamos de regreso al océano. Pero si está muerta, me la llevo. Obre Dios, obre Dios —dijo, y la colocó en una mesita de madera cerca del baño. Casi pude oírla luchar por su vida toda la noche. Deseé nunca haberla encontrado.

Pongo hasta arriba de su ropa un ejemplar de la revista literaria británica donde el año anterior me publicaron, y cierro la maleta. Cuando se la mostré, la tomó y hojeó las páginas.

Estaba en inglés, así que no entendía una sola palabra. La abrí en la página donde empezaba mi cuento. Había allí una fotografía en blanco y negro de mi madre y él parados frente a la casa con los arcos de piedra caliza rosada. En la foto se ve nevar. Mary y Chemel, como de dos y cuatro años, están entre ellos dos. Mi padre lleva un gran sombrero blanco, una camisa negra de cuello abotonado, pantalones negros y botas negras vaqueras; de su cinturón cuelgan una navaja y una pistola.

—¿Dónde está su foto? —me preguntó, y le dije que el cuento no era tanto sobre mí como sobre él.

Vamos hacia el pueblo y abordamos la combi a Playa del Carmen, a una hora de camino. Había quedado de ir con él a la estación de autobuses en Playa y acompañarlo hasta que se subiera al camión que lo llevaría al aeropuerto de Cancún. Cuando llegamos a la terminal nos dicen que el siguiente camión al aeropuerto saldrá en una hora. Después de comprar su boleto nos vamos a caminar por el malecón, encontramos un lugar donde sentarnos y nos tomamos unos raspados. Él pide de mango, yo de frambuesa, y mientras los sorbemos vemos a los turistas, en su mayoría blancos, pasar con bolsas de compras y frapuchinos de Starbucks. Él busca en su bolsillo y saca la bolsita de manta que el curandero maya le dio y dice que cuando regrese va a vaciar el contenido alrededor de su casa; el hombre le dijo que eso tendría que revertir cualquier maldición.

Nos habíamos encontrado al curandero por accidente unos días antes. Estábamos en el pueblo vecino, y camino de regreso vimos a un lado de la carretera un letrero escrito a mano, algo sobre hierbas medicinales mayas. Como Yesenia está tomando una clase de herbología, se detuvo. Caminamos por unos estrechos senderos de tierra flanqueados por plantas con etiquetas en jarrones de barro, cubetas de plástico y viejas ollas de peltre. El curandero estaba en el otro extremo del terreno, bajo una palapa, dando una clase a un grupo de estudiantes de medicina alemanes. Alzó la mirada cuando nos oyó venir. Era un hombre de piel oscura, bajo y robusto, y cuando su mirada se posó en mi padre se detuvo a mitad de una oración y parpadeó dos veces, como si estuviera viendo doble. Los estudiantes alemanes se hicieron a un lado y mi padre avanzó al frente. Caminó hacia el curandero como si hubiera tenido una cita, como si uno hubiera estado esperando al otro.

—¿Tiene algo para romper un hechizo? —preguntó mi padre—. Si por ejemplo alguien le echa a uno la sal, ¿tiene algo que se la quite de encima?

El hombre asintió con la cabeza y ambos salieron y caminaron por el sendero; el hombre señalaba y cortaba hojas de diferentes plantas aquí y allá. Los estudiantes alemanes los seguían de cerca; escribían en sus cuadernos, anotaban antídotos para quitarse de encima la sal, notas que probablemente al ser traducidas se perdieron antes de que la tinta llegara a la hoja. Mi padre y el hombre siguieron por el sendero, pasaron a una cabañita y cerraron la puerta tras ellos.

Cuando mi padre salió, como quince minutos después, llevaba en la mano la bolsita de manta e iba sonriendo de oreja a oreja. Dijo que el hombre le había dicho que la razón por la que nadie había podido matarlo era que el espíritu de un soldado cuidaba de él. Y no era la primera vez que oía eso. Una vez que fue a la sierra con Rosario, un chamán huichol le dijo lo mismo.

Cuando nos terminamos los raspados deambulamos un poco de regreso a la terminal y encontramos la fila de su autobús.

· —Cuando veníamos para acá, de repente el avión empezó a temblar —me dice—. De la nada, de pronto empezó a moverse así y así, y todos los que estaban sentados cerca de mí se pusieron a rezar y a persignarse.

—El temblor es normal —le digo, y le explico lo mejor que puedo cómo la turbulencia tiene más que ver con las nubes que con el avión, aunque me doy cuenta de que está nervioso por el vuelo—. No va a pasar nada —le digo—. Dicen que es más probable que uno muera en un accidente automovilístico que en uno de avión.

—¿Por qué no viene conmigo al aeropuerto? —dice cuando la gente empieza a subirse—. ¿Y si me pierdo?

—No hay manera de que se pierda —le aseguro—. Este camión va directo al aeropuerto.

—¿Cuándo cree que vuelva a visitarme? —pregunta cuando estamos casi en la puerta.

—A lo mejor voy en el verano —le digo, aunque sé que no lo haré, y él también ha de saberlo. Le había dicho a su hermana que la peor parte de haber sido secuestrado era que ya nunca íbamos a pasar tiempo con él. Hace siete meses que fue el secuestro, y en la ciudad las cosas se han deteriorado tanto que recientemente el cártel mató a balazos a un niño en pleno día y la policía nunca se apareció. Prácticamente no queda una fuerza policiaca, y entre los que quedan es difícil saber quién sigue siendo honesto y quién trabaja para el cártel.

—Tengo una preciosa yegua blanca para que monte la próxima vez que venga —me dice sonriéndome—. Es perfecta para usted, muy linda y mansa.

Llegamos al principio de la fila y nos abrazamos. Le doy un beso en el cachete, él me hace un gesto con la cabeza y sube al camión. Su barbilla había temblado unas horas antes, cuando se despidió de Sonia y Yesenia, pero ahora no tiembla. Ha estado aquí dos semanas y supongo que está listo para regresar a su ganado, su ladera. El día anterior, cuando estábamos sentados en la playa al atardecer, señaló las formaciones de nubes color pastel en el borde del mar y dijo que parecían montañas.

Estábamos admirando los tonos violeta cuando un águila salió volando de la selva y aterrizó en la cabaña de paja junto a la nuestra. Desplegó las alas en toda su envergadura y dejó ver sus plumas con rayas blancas y negras debajo de las beige. Se quedó un largo rato en esa posición, como si quisiera asegurarse de que captábamos toda la complejidad de su belleza. Remontó el vuelo, regresó a la selva y desapareció.

26. LUNA AZUL

Es miércoles en la noche, poco después de las once, y acabo de quedarme dormida cuando oigo el teléfono zumbando en el buró. Tengo dos llamadas perdidas de Sonia y un mensaje de texto: "Llámame urgente".

¿Y ahora qué hizo?, pensé. Habían pasado ocho meses de que estuvimos en Tulum, y aunque por una temporada dejó de beber, había empezado de nuevo. Recientemente había llamado a Sonia llorando para decir que estaba solo como perro, "como un pinche perro". Rosario lo había dejado para siempre; se había ido hacía tres meses. Él una vez me dijo que si alguna vez llegaba al punto en que no pudiera valerse por sí mismo, o ya no quisiera estar en este mundo, se metería una bala en la cabeza y así terminaría ese corrido. Sabía que era el tequila el que hablaba. Podrá haber tenido el valor de dispararse en la pierna cuando era adolescente, pero nunca tendría el de meterse una bala en la cabeza. Sin embargo, eso es exactamente lo que hizo su primo Máximo unos años antes. Era Nochebuena, y mi padre y él habían estado bebiendo; luego Máximo fue a su casa y se voló la tapa de los sesos. Si había algo a lo que mi padre temiera más que a ninguna otra cosa, era la muerte. Tenía miedo de lo que pudiera estarlo esperando del otro lado.

—¿Qué pasa? —le pregunto a Sonia cuando finalmente le llamo.

—Tengo malas noticias —dice, y de repente un solo pensamiento me atraviesa, como una súbita plegaria: *Por favor que no sea mi madre.*

—¿Qué pasó? —pregunto.

—Se murió mi apá.

—Eso es imposible —le digo. Oír usadas en la misma frase esas dos palabras, *murió* y *apá,* parece mentira—. ¿Cómo?

—Hubo un accidente de coche —explica.

—Probablemente no sea él —digo sin querer creerlo—. ¿Quién te llamó?

Ella había pensado lo mismo, que la gente de la ciudad otra vez andaba diciendo que se había muerto cuando no era cierto. Entonces llamó a nuestra prima Norma y le pidió que fuera al lugar del accidente y confirmara si era él.

—Acabamos de colgar —me dice—. Es él.

—¿Y definitivamente está muerto? ¿Checó su pulso? ¿Alguien llamó a una ambulancia? —pregunto, consciente de que mi voz se está quebrando—. ¿Dónde está amá?

—Viene de regreso de la ciudad de México.

—¿Él dónde está?

—En el camino, en algún sitio cerca de la curva.

Después de hacerle toda clase de preguntas para las que no tiene respuesta —¿estaba bebiendo?, ¿iba manejando él?, ¿iba solo?—, colgamos. Me siento en la cama mirando al abismo por un largo rato, tratando de no pensar en él, allá tirado, en algún lugar al lado del camino, a tres mil kilómetros de mí. Busco en mi teléfono y me detengo en esa palabra de tres letras: *Apá.* Allí está, casi al principio de la lista. Me entra el impulso de llamarle, como si en una de ésas pudiera contestar. La última vez que hablé con él le dije que unos editores estaban interesados en un libro mío, que a lo mejor él acabaría teniendo un libro entero dedicado a él, y no sólo un corrido.

—Está bien, mija —dijo, y casi puedo oír la sonrisa desplegándose por su rostro—. Sígale echando ganas a la vida, y sin mirar atrás.

Ésas fueron sus últimas palabras para mí.

★ ★ ★

—Usted es la hija de José, ¿verdad? —me pregunta la mujer detrás de un puesto del mercado cubierto cuando entro con mis dos hermanas un viernes en la mañana. El olor de las naranjas recién exprimidas y el orégano persiste en el aire y el lugar bulle con risa, conversaciones a voz en cuello y el tintineo de las cucharas contra los platos de cerámica. La vida sigue como si nada.

—Ey —digo, y aunque quiero preguntarle cómo sabe quién soy, la manera como los marchantes de otros puestos me miran de soslayo me revela que todo mundo sabe exactamente quiénes somos.

—Usted es profesora, ¿verdad? —pregunta al limpiarse las manos en su delantal a cuadros blancos y verdes. Le digo que sí porque no tengo ganas de explicar que sólo fui profesora como parte de mi máster en Bellas Artes. Me da el pésame y dice que mi padre a menudo comía en su puesto y que al llegar siempre le decía que tenía una hija igualita a ella. Definitivamente hay un parecido.

—Su padre estuvo aquí el otro día —me dice—. Se sentó exactamente ahí —señala hacia la banca que está frente a mí, y parece imposible estar ocupando el espacio que su cuerpo recientemente abandonó—. ¿Dónde está su padre ahora? —pregunta.

—En Fresnillo —le digo. El día anterior, después de haber pasado todo el día viajando, llegué a la funeraria en Fresnillo. Mary y mi madre ya estaban allí, junto con la hermana menor de mi padre. Cuando metieron su ataúd, su bigote estaba negro azabache, recién teñido, y en la cabeza una tela blanca de lino le ocultaba el cráneo, que había quedado gravemente fracturado en el accidente. Nos quedamos velándolo toda la noche, tomando turnos para dormir a ratitos en sillas plegables. Algo no se sentía bien en todo eso: el olor viciado del lugar, el brillo de las luces fluorescentes, el café frío en el rincón. No era lo que él hubiera querido—. Hoy lo vamos a trasladar a La Peña.

Mi tía protestó; decía que no debíamos llevarnos a mi padre a La Peña, que nosotras mismas no debíamos ir: era muy peligroso. Había rumores de que tenía algo escondido en la casa, drogas o armas, o las dos cosas. ¿Y si el dueño de eso venía a buscarlo? Supusimos que estaba exagerando, o quizá que tenía algún motivo oculto para querer que permaneciéramos lejos de su casa. Ella es la que vendió casi toda su herencia cuando él estuvo en la cárcel.

—Qué bueno que lo lleven a La Peña —dice la mujer, no viéndome a mí sino a alguien o algo detrás de mí—. Ése era su hogar. Eso es lo que él hubiera querido—. Sonríe cortésmente y sigue revolviendo su enorme olla de menudo.

Después de comer caminamos hacia el coche rentado y nos encontramos con Rafael, el joven al que mi padre contrató para arreglar los postes de la alambrada del rancho. Nos da el pésame y nos pregunta cuándo será la misa funeral.

—Mañana a mediodía —le dice Sonia—. En la iglesia de la plaza.

—Es bueno saberlo. La gente ha estado preguntando, pero nadie parecía saber nada —se quita la gorra de beisbol, ladea la cabeza y entrecierra los ojos por el sol—. Ayer fui a buscarlo a La Peña, y algunos otros también fueron, pero no estaba ahí. Rosario y Miguel estan allá, adentro de la iglesia —dice. Rosario y Miguel iban con mi padre la noche del accidente: los tres habían muerto. Rosario y Miguel eran también de La Peña. A Miguel nunca lo conocí, pues recientemente se había regresado a La Peña de algún otro lugar. Y aunque Rosario vivía en Texas, lo vi una vez, brevemente, durante las fiestas del 3 de mayo, que habían tenido lugar adentro de la iglesia donde ahora yacía su cuerpo. Cuando supe que otros dos hombres se habían ido con mi padre, no pude evitar pensar que se los había llevado con él para no cruzar al otro lado él solo—. ¿Dónde está su padre ahora? —pregunta Rafael.

Sonia le dice que su ataúd deberá estar llegando a La Peña a primeras horas de la tarde.

—Qué bueno que los tres vayan a estar juntos —dice—. Se fueron juntos, así que es lógico que se queden juntos—. Estira el cuello a un lado y parece que está tratando de ver por encima de su hombro sin ver realmente—. ¿Puedo preguntarles algo? —dice.

—Claro —dice Sonia.

—¿Qué tan bien conocían a su padre?

—Bastante bien, ¿por qué?

—No, por nada —se vuelve a poner la gorra de beisbol y se la jala hasta que le tapa las orejas.

—Mire, no hay nada sobre mi padre que nos pudiera sorprender —le dice Sonia.

Él respira profundo y empieza a hablar rápido, como si le estuvieran tomando el tiempo.

—Estuve con su padre hace dos semanas y me pidió que les dijera que recen mucho por él. Dijo que había hecho algunas cosas muy malas, y que les dijera que le pidieran a Dios que tenga misericordia de su alma —echa un vistazo a la acera detrás de Sonia—. En su casa hay un cartel rojo, tal vez lo han visto. Tiene el retrato de un pirata o conquistador español.

Ella sabe cuál, todas lo conocemos.

—Me pidió que les dijera que agarren ese cartel y lo quemen —voltea a ver a otro lado, hacia el lote de grava donde se pone el mercado al aire libre todos los domingos—. Sí saben que su padre tenía un pacto no con Dios, sino con el Otro…

—Ok —dice Sonia—, lo quemaremos.

Hace un gesto con la cabeza, dice que nos verá más tarde en La Peña, en el velorio, y se da la vuelta para irse, pero se detiene como si de pronto hubiera recordado algo, como si hubiera sólo una cosa más que quisiera decir. Mira a mi hermana, aprieta los labios, hace un gesto con la cabeza y se aleja.

—Qué extraño —dice Sonia cuando estamos todas en el coche camino a La Peña. Dice que había llamado a mi padre unos días antes y le dijo que a lo mejor íbamos a verlo por las fiestas decembrinas, para las que sólo faltaban seis semanas. Ninguna de nosotras había vuelto desde que lo secuestraron. Pero Yesenia, ella y yo habíamos estado incitándonos entre nosotras, diciendo que si una iba, la otra también iría, casi retándonos a entrar juntas en ese territorio nuevo y desconocido adonde los norteños ya no llegaban en camionetas nuevas y relucientes, porque ya prácticamente nunca llegaban. Hasta los locales parecían tener apuestas sobre quién podría manejar el coche más destartalado, porque lo último que todos querían era llamar la atención y convertirse en blanco. Para entonces la mayoría de las suv habían sido sustituidas por Hummer blindadas, que pertenecían a un diferente cártel, y cada vez era más difícil saber quién en la ciudad seguía siendo honesto y quién trabajaba para los cárteles. Cuando Sonia le dijo a mi padre que las tres podríamos ir en diciembre, su respuesta no fue el habitual "Mi casa es su casa" o "Aquí estaré esperándolas". Dijo: "A ver si me alcanzan". En ese momento ella no le dio mayor importancia al comentario, pero ahora parecía tener un sentido completamente nuevo.

—Es como si mi apá hubiera sabido que se iba a morir —dice Sonia al pasar el último tope a las orillas de la ciudad.

—Probablemente sí sabía —dice Yesenia—. Mucha gente tiene sueños premonitorios y lo sabe. Pero lo del cartel rojo sí está muy loco.

—Ese cartel siempre me ha dado escalofríos —digo al recordar cómo, no una, sino dos veces me encontré a un alacrán negro merodeando debajo de él. Quizá, después de todo, sí tenía un pacto con el Otro, y no puedo evitar preguntarme a cambio de qué cosa habría valido la pena vender su alma. ¿Reconciliarse con cada uno de sus hijos en esta vida, quizá? Pasamos el yonke y al rato ya vamos volando frente al matadero y por la curva, donde algunas personas se arremolinan.

En la entrada de La Peña, uno de los pilares de piedra caliza ya no está: ha sido demolido y sustituido con una réplica de cemento. Hay coches y camionetas estacionados sin ningún orden por todo el terreno, y la gente merodea por los patios de casas que por lo general están todo el año cerradas. Nunca había visto a tanta gente en La Peña y sin embargo se siente vacía, lúgubre. Un brasero humea frente a la pequeña iglesia. Sus altas puertas de madera están abiertas de par en par, y adentro dos ataúdes yacen uno al lado del otro, flanqueados por flores blancas y en espera de que llegue mi padre.

Los pollos se dispersan cuando nos paramos frente a su casa. La vieja camioneta Ford azul está estacionada frente a los eucaliptos; tres perros que estaban debajo de ella salen y se acercan al coche gruñéndonos y ladrándonos. Nunca había visto tantos. Hay un dóberman alto, un perro callejero amarillo con franjas negras que le atraviesan el lomo y que por eso parece un tigre miniatura, un cachorro de pastor alemán… pero ningún rastro del Negro.

—¿Crees que muerdan? —pregunta Sonia y baja un poco su ventanilla. El cachorro empieza a menear la cola. Abro mi puerta, apenas una rendija. El dóberman mete el hocico, ladrando y olfateando, y en unos momentos también él empieza a menear la cola. Bajo despacio del carro y camino hacia el patio. Abro el portón, los pollos salen disparados, y el gato amarillo de mi padre y un gato blanco con ojos azul celeste salen de abajo del lavadero de pizarra. Maúllan como si expresaran una sentida queja.

—Pobres animales —dice Yesenia—, han de estar muriéndose de hambre.

Buscamos la llave en los escondites habituales: adentro de las plantas que están en hilera frente al muro de concreto, abajo del lavadero y atrás del bloque de piedra caliza al lado de la puerta de su recámara.

—Esto probablemente es de cuando lo secuestraron —dice Sonia mirando la puerta. Está doblada en varios lados y oxidada allí donde la pintura azul se descascaró. Una nueva chapa de seguridad ha sustituido la vieja, y parece como si el brillo del ojo de la cerradura me desafiara; no puedo hacer nada para sofocar el súbito destello de culpa que siento por haber dudado de él.

Encontramos la llave maestra; en la pared del cuarto libre, arriba de la cama, donde siempre ha estado, cuelga el cuadro de fieltro rojo. Observo al hombre del retrato y por primera vez me percato del ligero parecido entre mi padre y él. El retrato de la Virgen de Guadalupe está flanqueado por flores de plástico descoloridas, y la mesa verde de madera frente al marco está cubierta de las conchas y pedazos de coral que él recogió en sus caminatas matutinas por la playa en Tulum. Atrás de las flores de plástico, en la orilla inferior del cuadro, está metida la estrella de mar. La tomo y me la pongo en la mano. Lleva ocho meses muerta y todavía despide un olorcito.

La echo en mi bolsa y camino hacia a su recámara por la bodega, donde Yesenia está llenando varias latas con granos de maíz y comida para perro. Abro las persianas de la cocina y veo que el pestillo de la puerta que da al corral está descorrido. Aunque el Relámpago y su otro caballo desaparecieron pocas horas después del choque, en esta casa todo parece estar como él lo dejó. En el cuenco de madera de pino sobre la mesa de la cocina hay algunas manzanas verdes, dos plátanos pasados, tres papas y una cebolla amarilla. Dentro del refrigerador hay una jarra de plástico anaranjada llena de leche, con una espesa capa de crema solidificada. A su lado, una jarra blanca con frijoles pintos. El congelador está repleto de carne roja fresca, aún no completamente congelada.

También en su recámara todo parece estar como lo dejó. Su cama está hecha, y su pistola sigue en el mismo lugar donde él siempre la guardaba, el mismo lugar donde su padre la guardaba, y su padre antes de él: debajo de su almohada. Nunca antes había visto esta pistola: una magnífica Magnum .357 completamente cargada y amartillada. Su celular está en una silla al pie de la cama, cargándose. Le había llamado el martes y mi llamada entró directo al buzón de voz. Luego descubrí que el martes había estado en el rancho marcando a todos los becerros que nacieron en la temporada de lluvias. Allá en el rancho, el servicio siempre fue irregular. El clavo oxidado del que el rifle de su padre alguna vez estuvo colgado sobresale de la pared atrás de su cama. Quisiera que hubiera manera de encontrarlo y decirle que siento mucho haber dudado de él alguna vez.

En el otro extremo del cuarto, en la cama libre, todos sus sombreros están colocados en fila. Aunque él siempre los guardaba en sus cajas o bien colgados de la pared y con una cubierta de plástico, ahora todos están, según parece, expuestos. Junto a los sombreros hay dos impresiones enmarcadas de la foto en blanco y negro que siempre estuvo colgada en la pared de su cuarto. En ella se lo ve montado sobre el Tapatío, el caballo negro que tuvo en su juventud. Una vez me contó que había enseñado a ese caballo a bailar. Bajó la foto, mandó hacer dos impresiones, las enmarcó y las colocó en la cama junto con la original. Los sombreros y las fotografías están cuidadosamente organizados en dos filas que parecen decir: "Escoge uno".

Sonia se queda viendo estos objetos expuestos en la cama y parece pensar lo mismo que yo: mi padre sabía que iba a morir. No era una mera premonición, sino algo más concreto: una amenaza o una advertencia. Quizá vio la oportunidad de desquitarse, fue por ella, y sabía que en cuestión de tiempo vendrían a buscarlo y nuevamente tirarían a patadas su puerta principal. Y quizá sabía que la segunda vez podría no correr con tanta suerte, que la segunda vez no habría bastado con sus encantos, ni con los del planeta entero, para salvarse. Sea como sea, no iba a salir huyendo. Era como si hubiera aceptado su destino.

Vamos afuera y una vecina se acerca. Nos da él pésame y dice que ya hicieron espacio para mi padre adentro de la iglesia, junto a los otros dos.

—¿Quién podría haber previsto algo así? —dice, y nos cuenta que, apenas una semana antes, dos hombres de un rancho que está un poco más abajo por el camino también habían volteado su camioneta en esa curva y murieron. Y sólo unos días antes de eso, una furgoneta con cinco estudiantes también se había salido del camino en la curva, y qué extraño que gente que aquí creció, y toda la vida atravesó esa franja de terreno, viniera a morir en el mismo lugar.

Ella había visto a mi padre el día del accidente. Eran como las tres de la tarde; acababa de darles de comer a sus caballos y estaba saliendo del corral cuando se topó con Manuel y Rosario. Iban en la Suburban de Rosario con dirección al centro, a hacer algunos mandados, y él les pidió un aventón. Su compadre, un mecánico, estaba haciéndole unos arreglos a su Bronco negra y quería ver si estaba lista. Esta mujer los había visto irse juntos los tres, y un poco después de las nueve le llegó la noticia. Alguien de Tejones, el ranchito cercano a la curva, llamó. La gente de ahí oyó el ruido cuando la Suburban se salió volando del acotamiento. El vehículo iba a ciento cuarenta kilómetros por hora y dio entre seis y nueve vueltas azotando por el costado del camino en un furor de luces girando y metal aplastándose, y lanzó por los aires a cada uno de sus pasajeros en esa noche de luna. Cuando se detuvo, aún retumbaba la música entre ese revoltijo confuso: los tambores y trompetas de algún corrido, como si estuviera dándoles serenata a los hombres, diciéndoles adiós.

—La policía apagó la música —dice, y explica que su esposo, otras personas de La Peña y ella salieron al lugar y esperaron con los tres cuerpos hasta que los recogieron. Era una noche gélida y la luna brillaba: en pocos días habría luna llena. Sus rayos iluminaban las tres sábanas blancas que cubrían los cuerpos. Los tres hombres habían caído boca abajo. A Miguel le faltaba un brazo. Las piernas de mi padre estaban cruzadas en los tobillos, no llevaba zapatos, y su cráneo estaba hundido. Si su Bronco hubiera estado lista, no habría estado con los otros dos—. Eran casi las tres de la mañana cuando llegó el vehículo del médico forense de Fresnillo para llevárselos —dice, y me rompe el corazón oír que mi padre había estado tumbado seis horas al costado del camino antes de que lo recogieran. Le agradezco por haber esperado con él y dice que no fue ninguna molestia, que era lo mínimo que podía hacer, pues a fin de cuentas eran vecinos—. La gente seguido me preguntaba si no me daba miedo vivir junto a ese vecino —dice—. Les decía que por el contrario, tenerlo de vecino era como tener un guardia de seguridad en La Peña. Quién sabe que va a pasar ahora que ya no está.

Nos dice que los músicos que normalmente tocan en los festejos de La Peña llamaron y ofrecieron ir a tocar por algunas horas la tarde del velorio, gratis, pues conocían a los tres hombres. Está preparando una gran olla de café y pregunta si podemos comprar galletas y algo de pan en la panadería del centro, pues va a ser una larga noche y mucha gente vendrá a presentar sus respetos. Apenas ayer un camión como con veinte personas, la mayoría originarias de La Peña, llegaron de Texas.

—Probablemente habrá gente que venga sólo a ver si es cierto, si de verdad José está muerto. Su padre era famoso por burlar a la muerte —nos dice—, pero bueno, se nos fue el héroe del valle —bromea con que, ahora que no está, la gente tendrá que buscar algo más de que hablar, pues él era el que siempre estaba allí armando líos e inventando historias. Tiene razón. Había una larga lista de historias, mitos y rumores que lo rodearon toda su vida, y aunque se había ido, sus historias no murieron con él.

—¿Cuál de ustedes es la escritora? —preguntó una mujer que había venido a la funeraria la noche anterior. Su esposo y ella tienen una cantina en las orillas de la ciudad, y mi padre era un cliente habitual—. Hace dos semanas me trajo un libro; me dijo que su hija había escrito uno de los cuentos y me pidió traducírselo. —hablaba el inglés con soltura, pues su esposo y ella habían vivido varios años en California antes de regresar a Valparaíso. Y así, entre servir tragos y limpiar mesas, empezó a repetirle trozos y destellos de su propia vida.

Durante los siguientes días, incluso años, la gente narrará historias sobre él. Mi tío Antonio me contará la historia del tiroteo con Fidel, cómo todo empezó por un malentendido sobre un toro. Será en su mayor parte la misma historia que mi padre me contó, aunque en la versión de mi tío es Salvador el que tenía doce años, y mi padre era un poco mayor.

Cierro la casa, echo la llave maestra en mi bolsa y vamos de regreso al centro. La gente sigue merodeando por la curva. Nos orillamos y nos estacionamos junto a los coches y camiones que están parados en el camino de tierra que corre paralelo al pavimentado. Hay trozos rojos y anaranjados de calaveras y vidrios rotos desperdigados. El parabrisas sigue tirado en el acotamiento, y aunque está completamente astillado, todos los fragmentos de vidrio siguen en su lugar, unidos por el hule negro que los bordea. Alguien ha hecho con piedras el signo de la cruz para marcar el sitio donde se encontró cada cuerpo, y justo a un costado del camino hay dos cruces de piedra una al lado de la otra. Junto a las cruces está el espejo lateral. En la puerta, cables rojos y azules se alargan desde la base de donde se desprendió. La mitad del espejo sigue dentro del marco, y veo en él el reflejo de mi bota negra de moticiclista y tras ella el inmenso cielo azul.

—¿Sabe dónde encontraron a José? —le pregunto a un hombre más o menos de la edad de mi padre que lleva un sombrero vaquero de paja y un estuche de cuero para el celular colgado del cinturón.

—José estaba hasta allá —dice señalando a la alambrada que se extiende por el costado del camino de tierra. Del otro lado de la alambrada hay un campo abierto con tallos de maíz resecos, y atrás está el río que corre entre Tejones y La Peña. Desde donde estoy parada puedo ver la entrada a La Peña—. Él es el que fue arrojado más lejos —dice el hombre—. ¿Ve esas huellas de derrape? —señala hacia el camino, y justo antes de la curva hay dos conjuntos de largas líneas negras serpenteantes que se entrecruzan y luego se separan, antes de desaparecer en el pasto crecido—. La camioneta empezó a revolcarse donde terminan esas líneas y se llevó esa señal —con un gesto nos muestra una señal de tránsito verde ligeramente doblada que dice en letras blancas TEJONES—, pero la gente de Tejones ya lo volvió a levantar. Dicen que oyeron cuando la camioneta golpeó la curva, oyeron el chirrido del metal y las voces de los hombres que gritaban mientras el vehículo daba vueltas en una trayectoria como de veinticinco metros —dice, y mientras habla, prácticamente puedo ver la camioneta azotándose por el terreno, como un imponente toro que se sacudiera negándose a bajar, y sin embargo baja.

—Deben de haber ido volando —dice el hombre—. No, pobres, la camioneta cayó más o menos por aquí. —está parado cerca de las dos cruces—. Rosario y Miguel estaban prácticamente junto a ella, pero José estaba como a veinte metros —empieza a cruzar el camino de tierra en dirección a la alambrada y se detiene frente a un poste de madera inclinado—. José cayó en algún punto por aquí, y luego o bien gateó o bien se arrastró, no sé; supongo que se impulsó hacia el campo con toda la ansiedad de la muerte encima de él. Pueden ver el rastro que dejó.

El hombre camina por la alambrada señalando el pasto aplastado con surcos de sangre seca. En la tierra hay huellas, no de un zapato, sino de algo más chico, tal vez un codo o una rodilla. Los brazos de un nopal se extienden por el alambre de púas, y uno de ellos tiene una mancha café oscuro de donde las espinas han sido arrancadas por completo. Había oído que mi padre tenía algunas espinas en la cara cuando lo encontraron. Los rastros continúan en una línea recta a lo largo de la alambrada, en dirección a su casa. Herido como estaba, esta vez su instinto no fue quedarse quieto y esperar a que llegara la ayuda, sino seguirse moviendo. ¿De qué estaba tratando de escapar?

El movimiento se detiene repentinamente al pie del huizache, y allá, junto a la tercera cruz de piedra, hay un charco oscuro de sangre seca. Algunas hojas prendidas a briznas de pasto a su alrededor revolotean en la brisa. Me acuclillo y arranco del pasto una de las hojas y paso mi pulgar sobre la sangre seca de su superficie.

—Aquí es donde encontraron a José —dice el hombre, y yo soy vagamente consciente de que está parado en algún lugar detrás de mí—. Como pueden ver, ahí es donde dejó su sangre. ¿Y cómo lo conocían, a todo esto?

Me quedo viendo el charco oscuro donde la vida se le escurrió. Es como mirar un hoyo negro: un espacio tan denso que nada se escapa de él, ni siquiera la luz.

—Era mi padre.

EPÍLOGO
EL CORRIDO DEL CIEN VACAS

Mi padre ya había escrito su propio corrido. Unos días después de su entierro lo encontramos dentro del baúl verde que estaba en el rincón de su cuarto, junto con su testamento, viejos títulos de propiedad, documentos judiciales, cartas, recortes de periódico. Cada una de mis hermanas se había llevado un sombrero, y yo me llevé la fotografía en blanco y negro original, los recortes de periódico y varios documentos viejos. Puse todo adentro de la misma mochila beige que llevó a Tulum y me la traje a Nueva York. La mochila estuvo al pie de mi cama por varias semanas, pues tenía la intención de revisarlo todo. A la larga, verla se volvió algo insoportable: un constante recordatorio de que mi padre había muerto. Finalmente la metí abajo de mi guardarropa, detrás de una hilera de zapatos, y se quedó allí tres años, hasta que reuní el valor de revisarlo. No había regresado a México desde que lo enterramos, aunque sabía que la gente de La Peña erigió al borde de la carretera, en la curva, un monumento en memoria de los tres hombres.

Me serví un vaso de vino, puse la fotografía de mi padre en un estante de madera en la cocina, junto a un pequeño cactus, y esparcí todos los documentos en el piso de la sala.

Él había guardado todo: recortes de periódico de cada vez que hubo alguna nota sobre él, los documentos judiciales con todos los testimonios de cuando pasó lo de mi tío y lo de mi hermano, y cartas de amor que le escribieron algunas mujeres mientras estuvo en la cárcel. Empecé a revisar los testimonios y me topé con el del hombre que mató a mi hermano. Hasta ese momento no conocía su nombre porque todo mundo siempre se refirió a él como el méndigo cojo. Su nombre era Herman Sinmental y declaraba que el día que le disparó a mi hermano no había bebido, aunque había estado muy angustiado y se había pasado todo el día oyendo voces, como solía pasarle. A veces también tenía visiones de mujeres desnudas y niños jugando en un lago de fuego. Declaraba que sus hermanos le dieron la pistola, y más tarde ese mismo día, cuando su padre le dijo que le había disparado a Chemel Venegas, no recordaba nada.

—Tu hermano era todo vitalidad —me dijo José, un hombre que conocí en el velorio de mi padre. Fue uno de los veinte que fueron en autobús desde Texas, pues uno de los otros hombres que murieron con mi padre era su hermano. José vivía en La Peña cuando mi hermano estaba allí; eran de la misma edad e iban juntos a todas partes. Le pregunté si conocía al hombre que había matado a mi hermano.

—Sí, cómo no, méndigo cojo —dijo gritando por encima de la música cuando estábamos afuera de la iglesia calentándonos las manos cerca del brasero y tomábamos café con tequila en vasos de poliestireno—. Tu hermano siempre le daba aventones, igual que todos, pero él lo llevaba hasta la puerta de su casa. Aunque en realidad eran sus dos hermanos los que se traían algo con Che —dijo—. Una vez estábamos en un rodeo y los dos aparecieron con algunos más. Se pusieron a hostigar a tu hermano, a decirle cosas, pero él no les hizo caso. Che era muy tranquilo, nunca buscaba broncas, pero eso sí, si las broncas venían a buscarlo a él, tampoco se echaba para atrás. Ya nos íbamos del rodeo cuando uno de ellos aventó una botella y le pegó a tu hermano en la espalda. Todos nos detuvimos, queríamos agarrarlos, pero nos dijo que no nos metiéramos. Se dio la vuelta, y debe de haber habido seis o siete, y uno por uno vinieron a él, y créeme cuando te digo que así como venían, así caían —dijo—. ¿Sabías que Che era karateca?

Mi hermano era cinta negra. Siempre le habían encantado esas viejas películas de Bruce Lee, y mientras José hablaba, prácticamente podía ver a mi hermando parado en el campo y el polvo levantándose a su alrededor mientras él los tiraba al suelo: un vaquero cinta negra.

—Bueno, desde entonces la traían con él, pero en realidad había empezado mucho antes, porque a Che y a uno de los hermanos les gustaba la misma muchacha, y a ella le gustaba Che —dijo—. Incluso, en la noche en que lo mataron él había ido a despedirse de ella, a decirle que aunque se iba para el otro lado, algún día volvería, pues había decidido que quería quedarse aquí.

—Ah, ¿sí? —esto era algo que no sabía; siempre había pensado que a mi hermano no le gustaba vivir en México y había supuesto que los últimos dos años de su vida habían sido deprimentes. Aunque tenía sentido que hubiera querido quedarse: ¿qué caso tenía regresar al otro lado y volver a su trabajo en la fábrica, donde día con día se la pasaría respirando gases tóxicos por muchos años más?

—Él mismo me lo dijo. Hasta su corrido lo decía, ¿no te acuerdas? —algo en su manera de plantear esta pregunta me hizo sentir como si nos conociéramos de años atrás. Mi padre ponía el corrido de mi hermano noche tras noche, y aunque yo había memorizado todos los demás, no podía recordar una sola palabra del de mi hermano—. Es difícil creer que tu padre ya no esté —dice—. Cuando le tendieron la emboscada salí de mi casa por la mañana y su camioneta seguía prensada contra el muro del otro lado del camino de tierrra, y sólo en la puerta del conductor conté cuarenta agujeros de bala.

A la mañana siguiente del velorio, el cartel rojo había sido reducido a cenizas en el brasero frente a la iglesia. Uno de los primeros mensajes que nos llegaron de mi padre fue el que nos transmitió Rafael cuando nos dijo que quitáramos ese cartel y lo quemáramos, pero nos había dejado mensajes con otras personas, entre ellas doña Consuelo.

—Cuando se lleven a su padre de aquí, pídanles a los músicos que toquen "Las golondrinas" —dijo. Ella estaba en su patio colgando la ropa limpia cuando oyó la música venir de la casa de mi padre, así que cruzó el camino de tierra para buscarme. La camioneta blanca que iba a llevar su ataúd a la iglesia del centro ya estaba estacionada enfrente de su patio, con el ataúd colocado en la caja trasera, cuando los músicos tocaron desde la sombra del mezquite: una última despedida—. Hace dos semanas vino su padre; había estado bebiendo y yo le hice una torta —dijo—. Estábamos sentados en la cocina y me pidió que les dijera que cuando se lo lleven de aquí, se lo lleven con esa canción.

"Las golondrinas" es una balada que se pregunta dónde encontrará un nuevo hogar la golondrina que se ha ido de aquí. Mientras la tocaban, la procesión salió de La Peña. Me senté junto a su ataúd y el sol de mediodía brilló con fuerza mientras las montañas lejanas devolvían el eco de los tambores y las trompetas. Había algunas personas dando vueltas por la curva, y enfrente del matadero, bajo la sombra del mezquite, había dos Hummer estacionadas una junto a otra, como dos alacranes cómodamente posados en una piedra húmeda.

—Sus hermanas y usted tienen que tener cuidado de con quién hablan y qué dicen —me dijo uno de los conocidos de mi padre cuando vino al velorio. Le pregunté si pensaba que corríamos algún tipo de peligro por estar ahí, aunque claro que no habríamos podido irnos de la ciudad y abandonar el ataúd de mi padre—. No, nada de eso —dijo—. Es sólo que hoy van a venir muchos cabrones. A algunos puede que los conozcan, pero a otros probablemente no. Y sus hermanas y usted tienen que tener cuidado, eso es todo —sugirió que nos quedáramos en un hotel o en el centro con algún pariente mientras terminábamos de poner en orden todos los asuntos de mi padre. Dijo que debíamos hacer lo que tuviera que hacerse y que nos fuéramos de la ciudad lo más pronto posible—. Usted y sus hermanas tienen fama de adineradas, y ahora que no está su padre, a algún imbécil pueden empezar a ocurrírsele ideas brillantes —dijo.

Cuando pasamos el matadero seguí mirando atrás; no me habría sorprendido que las Hummer nos siguieran; nadie las habría detenido. Había pasado año y medio desde la fuga de la cárcel, desde que las suv llegaron a la ciudad como plaga, como una nube de polillas que empezó a carcomer el tejido de la comunidad y a dejar hoyos donde tantos habían muerto o habían desaparecido. Empezó con los secuestros, aunque después la gente simplemente empezó a esfumarse. Alguien desaparecía y luego no había ninguna llamada, ningún rescate que pagar: no había nada más que el sentimiento cada vez mayor de que el gobierno le había dado la espalda a la gente, de que los cárteles y el gobierno eran dos caras de una misma moneda.

Antes de que la procesión llegara al centro podíamos oír los tambores y trompetas retumbando en la plaza. Su ruido superaba el nuestro cuando nos detuvimos en la plaza. Parecía que todo el pueblo estaba allí, como si todos los que una y otra vez habían afirmado que mi padre estaba muerto hubieran venido a despedirse de él. Uno de mis primos se me acercó en el velorio y me habló de la primera vez que en la ciudad se dijo que mi padre estaba muerto.

—Cuando tu padre era adolescente, tendría quince o dieciséis años, estaba en un rodeo, sacó su pistola y la descargó hacia el cielo, como siempre hacía —me dijo mi primo—. Dos federales lo abordaron. "José", le dijeron, "ya te lo advertimos: danos la pistola. Puedes ir a pagar la multa y recogerla el lunes en la mañana". ¿Y qué crees que hizo tu padre? Encabritó al caballo y salió a todo galope. Los dos federales fueron tras él, disparándole desde los dos lados. Adelante, el camino estaba cerrado con barricadas. Alguien había atravesado sus camionetas, y los federales se detuvieron, pensando que tu padre también tendría que hacerlo. Bueno, créeme cuando te digo que su caballo saltó por encima del camión y desapareció en el desierto. Unas horas después, cuando no había reaparecido, todo mundo empezó a decir que había muerto por un disparo de los federales. Los federales mismos juraban que querían darle al caballo, pero habían visto el polvo desprenderse de la espalda de tu padre cuando las balas le dieron. Entonces imagínate la sorpresa de todo mundo cuando unos días después él estaba en la plaza como si nada hubiera pasado. Desde entonces la gente le temió a tu padre y empezó a decir que debía de tener un pacto con el diablo.

La procesión se detuvo enfrente de la iglesia cuando sonó la primera campanada. Sus altas puertas de madera estaban abiertas de par en par, y seis hombres subían el ataúd de mi padre por las escalinatas mientras en la plaza serpenteaba un desfile. Muchachas en vestidos largos floreados y moños en el pelo daban vueltas y vueltas con sus parejas, que llevaban sombreros vaqueros y pañuelos en el cuello. Detrás de las parejas de bailarines había una banda, y detrás de ésta, adolescentes vestidas como Adelitas. También ellas llevaban vestidos largos y la icónica carrillera revolucionaria cruzada sobre el pecho. Era sábado 20 de noviembre de 2010, el centenario del inicio de la Revolución Mexicana. Fue ese mismo día, cien años atrás, cuando el pueblo de México se levantó en armas contra un gobierno opresor.

Sonó la segunda campanada en el momento en que los hombres estabilizaban el ataúd de mi padre frente al altar. Ésta era la misma iglesia en la que lo bautizaron y se casó. La tercera y última campanada sonó al tiempo que yo me sentaba en el banco de hasta adelante junto a mis hermanas. Cuando el sacerdote iba como a la mitad de su sermón, una mujer entró por la puerta lateral y se sentó al pie del púlpito. Aunque estaba frente a nosotros, su mirada estaba en el ataúd. Yo la había visto varias veces por la ciudad y, sin importar el tiempo que hiciera, siempre llevaba los mismos pantalones de poliéster y un suéter azul marino. Llevaba el pelo cortísimo: parecía como si ella misma se lo hubiera tusado con un machete. Si no hubiera sido por sus grandes pechos, que prácticamente descansaban sobre su vientre, evidentes debajo del amplio suéter, podría habérsela confundido con un hombre.

—No, no, no, no, no —empezó a cantar, mientras se balanceaba para adelante y para atrás. El sacerdote no le hizo caso. Él decía que cada uno de nosotros tiene su hora señalada con Dios—. No, no, no, no, no —su cántico se hizo más fuerte, y todo ese tiempo mantuvo la mirada fija en el ataúd. El sacerdote ajustó su volumen para superar el de ella, y al rato los techos altos devolvían el eco de sus voces, amplificadas por la acústica de la iglesia. Parecía que estaban discutiendo, y tuve la sensación de no estar en una iglesia sino en un tribunal, donde el alma de mi padre estaba sometida a juicio. ¿Y si en efecto hubiera tenido un pacto con el diablo? Mi amor por él era incontenible, al grado de que estaba convencida de que podría ser el antídoto: lo único suficientemente fuerte para romper cualquier hechizo.

La mujer se levantó y se inclinó sobre el ataúd, estirando el cuello de un lado a otro, como algún ave prehistórica. Caminó en un semicírculo alrededor de él con la oreja cerca, como si estuviera escuchando o susurrándole algo. En eso trató de alcanzar la tapa, aunque sus dedos se detuvieron justo antes de tocarlo. Sus manos se sostuvieron unos momentos en el aire; parecía estar tratando de superar alguna dificultad. Luego se dio la vuelta y regresó por donde vino.

Después de la misa los hombres alzaron el ataúd en hombros y salieron por la puerta lateral. Los músicos tocaron quedo mientras salimos y pasamos por el río y subimos la colina al cementerio en las afueras de la ciudad: el cementerio que por años había vivido en mi memoria. La casa que mi hermano construyó para mi madre seguía junto a él; ella nunca vivió allí y probablemente nunca lo haría. Antes de que llegáramos la vi parada en la reja de hierro de la entrada, esperando a mi padre. Llevaba un vestido largo azul claro que ondeaba en la brisa y un sombrero blanco de ala ancha. Según me contó más tarde, cuando recibió la llamada le dijeron que había habido un accidente y que corría el rumor de que el hombre con el que había estado casada varios años había muerto en él.

Bajaron al Toro Negro. Ése fue el único pensamiento que le pasó por la mente. El Toro Negro fue inmortalizado en un corrido que cuenta la historia de un célebre toro al que nadie había podido bajar, aunque muchos lo habían intentado.

Al día siguiente de que enterramos a mi padre nos buscó el último de sus mensajeros.

—Su padre tenía mucho dinero en esa casa —dijo el hombre—. Hace apenas dos semanas estábamos tomándonos unos tragos ahí; me llevó a la bodega y movió un viejo cofre de madera que estaba contra la pared, y en la pared había un gran agujero lleno de armas y dinero —dijo—. Tenía muchas viejas monedas de plata, y me pidió que les dijera que las busquen. Que busquen en la casa, por todos lados.

Mis hermanas y yo registramos toda su casa pero no encontramos nada, aunque para entonces lo que yo más quería en la vida era irme de la ciudad. Pensaba que a quienquiera que perteneciera aquello vendría a buscarlo. Durante varios días, ya de vuelta en Nueva York, en el instante en que me quedaba dormida, mi mente volaba a su casa y buscaba en vano el tesoro escondido. Me subía a la chimenea, que daba a un laberinto de cuartos para los que no había salida. Otras veces el suelo de piedra caliza se convertía en polvo bajo mis pies y yo caía en un desagüe infestado de víboras de cascabel.

Un buen día Rosario me dijo que esas cosas pertenecían a mi padre. Que todavía tenía varias de las armas que se había llevado desde Chicago, entre ellas una ametralladora. Si había algún tesoro escondido, era posible que Alma y Rosario lo encontraran. Las dos habían venido para el funeral, y les dijimos que debían quedarse a vivir en La Peña. Tal vez ésa era su herencia, la casa y el tesoro, aunque mi padre también tenía un seguro de vida del que Rosario era la beneficiaria.

Me serví otra copa de vino y escudriñé los documentos. Escondidos entre las actas de nacimiento y los certificados de defunción había viejos títulos de propiedad que se remontaban a finales del siglo XIX, junto con varios borradores de su corrido. Tradicionalmente, una persona no escribe su propio corrido. Normalmente se escribe para conmemorar una vida cuando la persona ya ha muerto, pero mi padre había contratado a unos músicos para que le compusieran uno. Se titulaba "El corrido del Cien Vacas", y la versión definitiva estaba adentro de una funda de plástico; incluso estaba firmada ante notario. Su corrido estaba incompleto, por supuesto, pues él no tenía manera de saber cómo terminaría su vida. Podía haber sabido que sus días estaban contados, incluso podía haber aceptado su destino, pero no sabía cuál sería el último verso de su balada.

Cuando murió volvió a salir en los periódicos, y yo guardé una copia del artículo en la mochila. Según la nota, la noche del miércoles, antes de las nueve de la noche, una Suburban azul en dirección al sur por la carretera rural 44 se salió del camino y se volcó varias veces, ocasionando la muerte de sus tres pasajeros: Miguel García, cuarenta; Rosario Bueno, cincuenta y ocho, y José Venegas, sesenta y nueve. Desde la primera vez que mi padre llegó a los titulares, cuando pasó todo con Joaquín, nunca creí en los periódicos, pues la mayoría de las veces tan sólo arañaban la superficie de la verdadera historia. Todavía podía oír a mi padre riendo. *¿Se imagina? Matar a un hombre por una pinche cerveza.*

A la mañana siguiente del funeral tocaron a la puerta de Tito. Era un hombre que conocía a mi padre desde que eran niños y había venido a decirnos algo de lo que toda la ciudad debió ser consciente pero no se atrevía a decir. El miedo que los cárteles infundían silenció a la comunidad. El hombre era buen amigo de una pareja de Tejones, y la noche del accidente vieron que cuando la Suburban salió volando del acotamiento había dos Hummer siguiéndola muy de cerca, prácticamente montadas en su estela. Mi padre había sobrevivido al accidente y uno de los hombres de las Hummer lo golpeó en la nuca con la culata de un rifle. Así es como terminó su vida.

Puse todos los periódicos en una pila, los documentos judiciales en otra, las actas de nacimiento y los certificados de defunción en otra más, como si al organizar todo pudiera empezar a comprender qué era un hecho y qué era un mito. La historia de la vida de mi padre estaba escrita entre esas pilas de papel, y las historias que contenían eran mi patrimonio. Esto es lo que había heredado de él: no el tesoro escondido, su ganado o su rancho, sino sus historias.

El día que trajimos al ganado desde el rancho me paré en la meseta, donde todavía podía dar una vuelta de trescientos sesenta grados y ver el horizonte a todo mi alrededor. Mi madre estaba junto a mí mientras veíamos a las vacas entrar poco a poco al corral. Al levantarse el polvo alrededor de ellas sentí cómo el mundo de mi padre ya se alejaba de mí. Él era la puerta por la que yo había entrado a ese terreno. Bajar su ganado se sintió como el fin de una era, como si la montaña misma se hubiera desmontado. Él no tenía un hijo que se fuera a hacer cargo del ganado o el rancho. Chemel habría sido el indicado, y ahora ambos yacían bajo la misma lápida, bajo el mismo nombre, detrás de las rejas del cementerio que por años me había rondado. Donde había una cruz, ahora había cuatro.

—Mire —le dije a mi madre—, ésa es Chupitos —ella ya conocía la historia de la becerra huérfana que fue adoptada por la Negra. La última vez que hablé con mi padre me contó que Chupitos estaba preñada. Ahora estaba ahí, en el corral, y siguiéndola de cerca, un becerro recién marcado que era igualito a ella.

AGRADECIMIENTOS

Según Virginia Woolf, "una mujer debe tener dinero y una habitación propia para poder escribir". En un paisaje urbano en constante cambio, encontrarse con alguno de estos requisitos se ha vuelto cada vez más difícil. Así, siento la necesidad de agradecer a las dos personas que posibilitaron esa situación ideal de vida mientras escribí este libro. George Wanat: gracias por no subirme la renta en estos años, ni siquiera cuando se levantaron las torres de Brooklyn a la orilla del río, se dispararon las rentas y se transformó el barrio; eres el casero más generoso del planeta. Elspeth Leacock: gracias por compartir tu cabaña en los veranos y por salvarme de la ciudad (y muchas veces de mí misma).

Este libro no habría cristalizado sin el aliento y el apoyo de varios amigos y colegas que leyeron el manuscrito y en el camino me ofrecieron una valiosa realimentación. Gracias a todos en Hunter, sobre todo a Colum McCann, Vanessa Manko y Peter Messina. Estoy eternamente agradecida con *Granta* y John Freeman por haber sido los primeros en publicar mi obra. Mi más honda gratitud a todos en Wylie Agency, especialmente a Sarah Chalfant, por la orientación y todo el esfuerzo en favor de esta autora. Muchas gracias a Kate Guiney, así como a Gabriella Doob y todos los demás en Farrar, Straus and Giroux. Estoy en deuda con mi brillante editor, Eric Chinski, cuya paciencia, aliento y agudas correcciones hicieron de éste un libro mucho más sólido.

Al final, nadie merece más reconocimiento que mi familia, especialmente mi madre y mi abuela; ambas me ayudaron a llenar las lagunas. También estoy profundamente agradecida con mis hermanos por estar allí mientras pasábamos tiempos difíciles, y una vez más mientras estuve refriteando nuestras vidas. Cualita, Nena, Chavo, Chela, Sonia, Jorge y Yesi: es su amor y su apoyo lo que me da firmeza. Y por último Chemel, mi amado hermano: gracias por cuidar de mí desde el otro lado. Podrás haberte ido, pero tu influencia perdura.